クラウス・ブリンクボイマー
Klaus Brinkbäumer
渡辺一男＝訳

# 出口のない夢

## ――アフリカ難民のオデュッセイア

Der Traum vom Leben
Eine afrikanische Odyssee

新曜社

DER TRAUM VOM LEBEN

*Eine afrikanische Odyssee*

By

Klaus Brinkbäumer

目次



装幀——難波園子

コーラへ

亡命地に完全な平穏と安全を望んでも、それはむなしい。最後の瞬間まで、死の瞬間まで、故国が肉体を離れることはない。

M・バルグーティ

彼らはみずからの過去と歴史を放擲した。ここで彼らの人生を送るという試みのためにすべてを断念したのだ――故郷では与えられなかった人生を生きるために。そして、彼らはいまや非情な現実の前に立たされる。

G・ペレック『私たちは新世界』

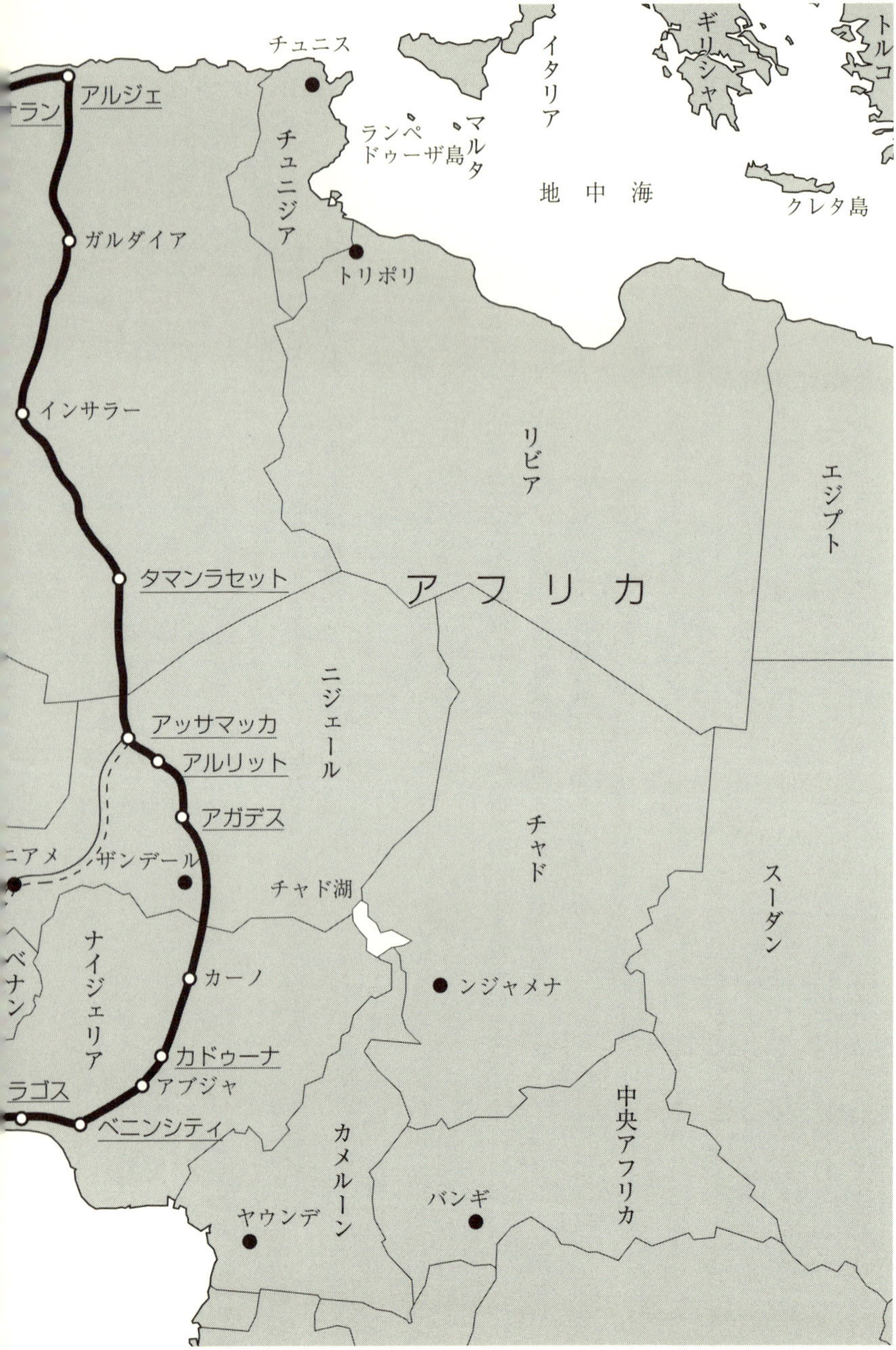
チュニス
イタリア
ギリシャ
トルコ
アルジェ
オラン
チュニジア
ランペドゥーザ島
マルタ
地中海
クレタ島
ガルダイア
トリポリ
インサラー
リビア
エジプト
タマンラセット
アフリカ
ニジェール
アッサマッカ
アルリット
アガデス
チャド
ニアメ
ザンデール
チャド湖
スーダン
ベナン
ナイジェリア
カーノ
ンジャメナ
カドゥーナ
アブジャ
ラゴス
ベニンシティ
中央アフリカ
カメルーン
バンギ
ヤウンデ

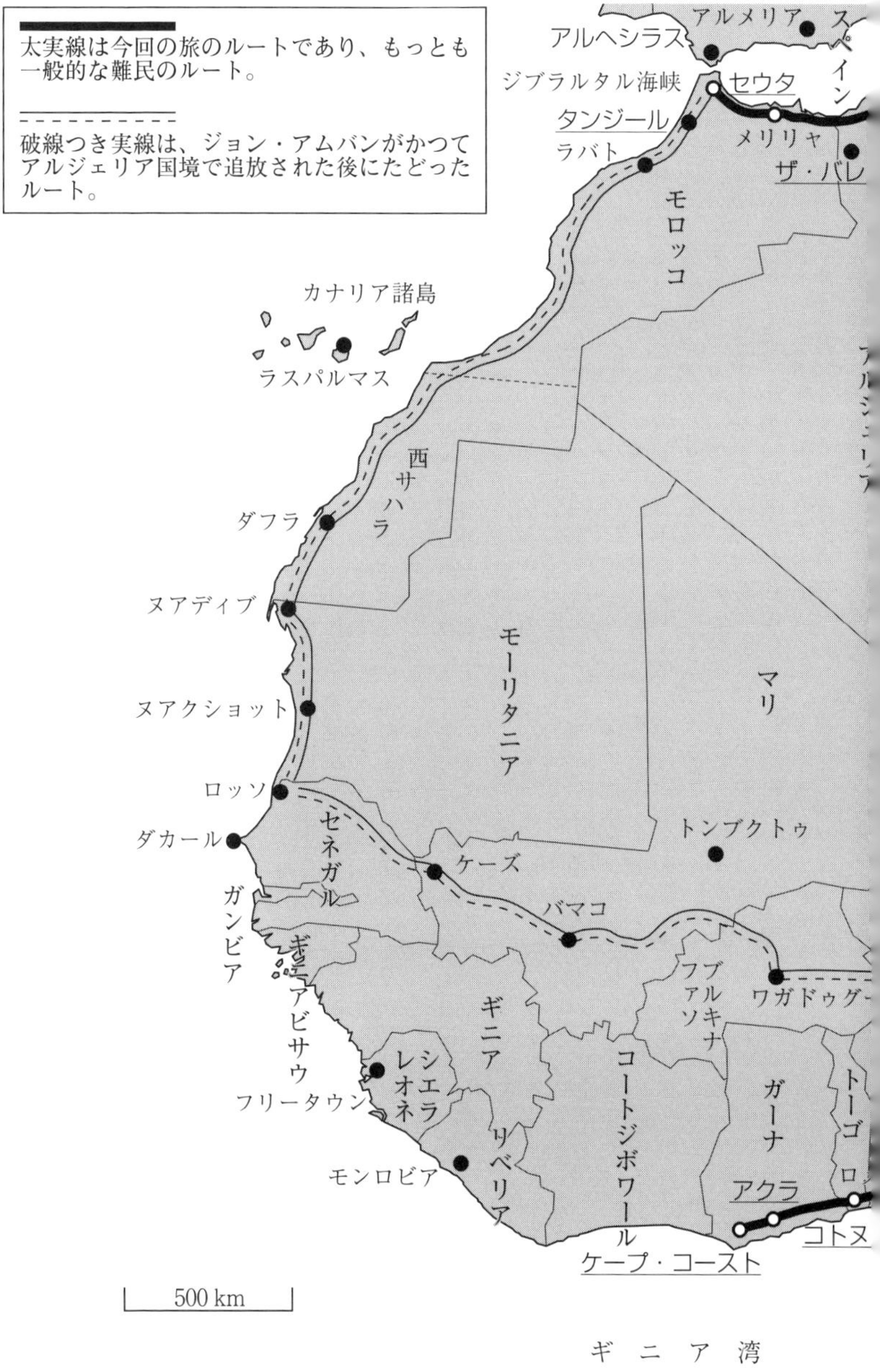
太実線は今回の旅のルートであり、もっとも一般的な難民のルート。
破線つき実線は、ジョン・アムバンがかつてアルジェリア国境で追放された後にたどったルート。
アルメリア
スペイン
アルヘシラス
ジブラルタル海峡
セウタ
タンジール
メリリャ
ラバト
ザ・バレ
モロッコ
カナリア諸島
ラスパルマス
西サハラ
ダフラ
ヌアディブ
モーリタニア
マリ
ヌアクショット
ロッソ
トンブクトゥ
ダカール
セネガル
ケーズ
ガンビア
バマコ
ギニアビサウ
ブルキナファソ
ワガドゥグー
ギニア
シエラレオネ
フリータウン
コートジボワール
ガーナ
トーゴ
リベリア
モンロビア
アクラ
コトヌ
ケープ・コースト
500 km
ギ ニ ア 湾

# 第一章　故郷（一）

神はまずアフリカを創造した
神に想像力と勇気がまだ備わっていたときに。

A・フラー『猫を殺す——アフリカ兵士との旅』

旅人をすっかり変えて、別の人間にしてしまう旅がある。ひょっとして彼は旅の後で以前に戻りたいと思うかもしれない。しかしそれは不可能だ。かつての状態はすでに失われていて、かつての彼はもはや存在しない。なぜなら、彼の世界は彼の旅によって別の世界になってしまったからだ。それが旅の魅力かもしれない。だが同時にリスクでもある。ヨーロッパへ行こうとするアフリカ人のリスクがそれだ。

ジョン・エコ・アムパンは、かつて旅の途上でアフリカは彼の故郷だと言っていた。その後、その確信はあやしくなる。彼は友人を失い、習慣を失い、気候を失い、歌を失い、笑いを失った。旅先で人びとのなかに混じり、ヨーロッパ人が暮らすように暮らすことを習得した。彼はヨーロッパふうの衣服を身にまとい、ヨーロッパ人のように働く。ヨーロッパ人のテレビを買い、ヨーロッパ人の洗濯機を買い、それどころかヨーロッパ人の野菜を買う。長いことそれらの野菜には味がなかった。温室で栽培されるからだ。彼には同棲している女性がいる。彼女の故郷はヨーロッパだが、彼の故郷はヨーロッパではない。

彼は彼女のようでありたいと思った、いつでも。彼はヨーロッパ人になりたかった。

「ぼくはヨーロッパ人にはなれない」と彼は言う。

それでは彼の故郷は現在どこなのか?

彼が帰還の途についたとしても、つまり逆方向への旅、アフリカへ戻ろうとしても、アフリカにも彼の家はもはやないことはわかっている。帰郷の旅は最初の数年間は金銭的に不可能だったし、今では肉体的にきつい。さらに、あまりにも多くの時間がすぎ去ってしまったために、彼は帰郷を恐れた。

ジョン・エコ・アムパンは四六歳。短く刈った髪、左の頬には半月形の傷痕がある。それは一種の烙印で、ファンティ族の目印だ。ジョンの身なりを記せば、グリーンのTシャツ(腹部に傷痕がある)、グレーのリーバイスのジーンズ、ブルーの野球帽にヘッドフォン。さらに、ヨーロッパ土産のDVDプレーヤーと無数のポリ袋。

ジョン・アムパンが二番目の旅を始めるのは、秋のある月曜日のこと。私たちはフランクフルトのライン・マイン空港のA55ゲートで落ち合う。マルクス・マッツェルはカメラマンでルール地方はヴィッテンの出身、ジョン・アムパン、そして私。私たちは三人で旅に出る。まずガーナへ。そこでジョンは彼の家族に再会する。一四年を経て初めての訪問。それからトーゴ、ベナンを通ってナイジェリアへ、さらにジョンの足跡をたどって北を目指す。ニジェール、サハラ、アルジェリア、モロッコを通ってアンダルシアまで。

私たちが追おうとするのは、ヨーロッパに行くためにすべてを残したまま故郷を後にする者たちの足跡である。彼らは、地獄と化した故郷を離れて、貧困や戦争から遠ざかれば、パラダイスを、安全と豊かさを見つけられると思っている。私たちは当時のジョンの旅を再構成したいと考えている。また今日の難民がどのような旅をし、彼らがいかに生き延びるのかを知りたいと思う。さらに、彼らが語ることに耳を傾けたい。なぜ故郷を離れたのか、いかなる事情があったのか、どこへ行きたいのか、何を夢見ているのか。彼らの旅がいかなるものかをこの目で確認したい。そして、彼らの体験のいくばくかを感じ取り、経験したい。

「こんなことはもう二度としないでください！」とジョンは言う。それは彼なりの歓迎の言葉だ。彼がスペインのマラガからフランクフルトに着いた後、空港近くの「シェラトン」で一泊するように手配しておいたからだ。彼は電車《エス・バーン》でフランクフルト市内に行き、アフリカ料理店を探すが、結局「マクドナルド」に落ち着く。店内のテレビではコートジボワールの内戦が報じられている。そして今朝、チェックインの際に彼はチケットを見て驚いたのだった。チケット代金は優に一〇〇〇ユーロを超えている。ビジネスクラス。ルフトハンザ航空では、復路を予約しないかぎり、こうするほかはない。「どうかしているよ。これだけの金があったら何ができると思う？」とジョンは言う。「節約しなくちゃいけないのに」。

しかしその後、ジョンはにやっとして、こう言う。「当時、ぼくが逆の道をたどったときには、四年以上かかった。徒歩で、何の権利もなく。それがきょうは、ビジネスクラスでご帰還というわけだ。まるで大統領だね。しかもたった八時間！」。

アクラではジョンはどんなふうに迎えられるのだろうか。これほど長い年月を経て妻子に再会する情景を彼はどのように思い描いているのだろうか。

「ぼくたちアフリカ人のことを知っているだろう」と彼は言う。「ぼくたちは踊り、抱き合う。金切り声、涙、そしてプレゼント。どれだけの人が空港に来るかはまったく予想がつかないけど、何人かは来てくれるだろう。それからパーティーだ。たいへんな祝祭になるだろうね」。

一人の男がアフリカ行きの飛行機に搭乗する。復路に就こうとするその男は、かつて往路に四年以上を要した男だ。

ヨーロッパにいたるまでの四年の旅のあいだ、男が知るすべてのアフリカ人と同様に、男もまたこの大陸をパラダイスだと思っていた。

ヨーロッパ。それは微笑む人間の大陸。満ち足りた人間の、夢見る人間の、働きかつ愛し、賢明で幸福な人間の大陸。

その男はなかほどの列、座席番号10Dに座って、ドイツの新聞をめくっている。

『ビルト』紙〔ドイツで最大発行部数を誇る芸能スポーツ新聞〕には、コラムニストのフランツ・ヨーゼフ・ヴァーグナーが、五度目の結婚をしたヨシュカ・フィッシャー〔「緑の党」所属で、シュレーダー政権下で外務大臣を務めた。五度の結婚歴がある〕に宛てた手紙が載っている。「そしてまた六度目、さらに七度目の結婚が続く。そうして、愛を求め続けた男に死が訪れる」。

ドイツのニュースとも数週間はさよならだ。

後部の第46列には、一人のナイジェリア人男性がドイツの国境警備官三人に囲まれて座っている。日常業務。まったく普通の強制送還だ——アフリカ路線ではいつもそうであるように。捕えられて放り出される男はヘッドフォンで音楽を聴いている。質問は禁じられている。国境警備官の答えは「ノー・コメント」。

この光景は、10Dの座席の男にとって、奇妙なコントラストにちがいない。当時セウタの手前で埃のなかに横たわって、フェンスを越えるチャンスをうかがっていた男にとっては。男と官憲との間にある障害は、官憲があらゆる権利を保持していて、男には何の権利もないことだった。彼らは男を南部に送り返すか、サハラに連れ戻すか、拘留するか、それどころか殺すことさえありえた。

その同じ男が今や旅券にスタンプを押してもらってボーディングカードを手にして搭乗し、シャンパンに赤ワインを飲んでいる。彼の官憲との唯一の問題といえば、あの当時何を感じていたかをビデオカメラに向かって語ることが禁じられたことだ。機長がだめ《ノー》だと言うので、ルフトハンザ航空にかけあってくれるように求めると、ルフトハンザ航空の広報室は協議の結果、やはり「ノー」だという。「これがドイツ式のやり方なの？　ぼくが質問に答えたいかどうかを自分自身で決めることができないなんて」とアフリカ出身の男は言う。私たちはもうとっくにバーゼルをすぎ、コルシカ島を横断して、タマンラセットの上空を飛んでいるところだ。タマンラセットは大砂漠のただなかにあって、密航斡旋業者《シュレッパー》たちの中心地である。当時ジョンが前進を阻まれた地だ。一四年前に。

ジョンは何を期待しているのか。

「興奮している。うれしいよ。いちばん下の娘は一四歳だ。一度も会ったことがない。最近では、写真を送ってくれと言うと、いつも拒まれた。「ダディー、私を見たいなら、会いに来て」と言うんだ。家族は、ぼくがほんとうに帰国することを信じなかったよ。一四年も経っているからね。あと二、三時間もしたらぼくの人生は変わる」。アフリカ出身の男はこれだけすべてを一気に語る。それはあたかもワンセンテンスのように聞こえる――息継ぎも、句読点もなく。

来年には息子が大学に行く、と彼は言う。ヨーロッパからの仕送りで。

彼のスペインの友人たちからは、この帰郷の旅を終えたら、アフリカに留まらずにまたヨーロッパに戻って来るように頼まれているという。

もちろんヨーロッパに戻るだろう、と彼は言う。しかし将来は、金があれば、数ヵ月ごとに往復したいと。

彼はもう一杯赤ワインを所望する。スペイン産を。そして、ガチョウの団子添え《クネーデル》を。

「サンキューはドイツ語では何て言うの？」と男は質問する。私がそれを教えると、「ダンケ」と彼は言う。

ドイツは年に約六万人の移民を公式に受け容れている。「ヨーロッパは出生率が低下しているので、移民の労働力が必要になる」とジュネーブにある「国際移住機関」（ＩＯＭ）の事務局長ブランソン・マッキンレーは言う。また、「われわれが取るべき方法は、合法的なルートをつくり、統合を容易にすることだろう」と述べるのは、ロンドンの国際戦略研究所のジョナサン・スティーブンソンだ。ドイツで年金受給者と就業者の関係を、いわゆる老年人口指数を長期的に一定に保とうと思えば、毎年二〇万の移住者を迎え入れる必要があるという。

これは現実とはかけ離れている。

現在西アフリカを出発する者たちは、絶望し、希望し、夢見つつ、ヨーロッパに向かう。彼らのうちのごく少数がヨーロッパにたどり着く。多くの者は、監獄か収容所に入れられ、病気になるか死ぬ。あるいは金が尽きて挫折するか、不運のために、あるいは政治状況の変化が原因で、期待は裏切られる。彼らは砂漠のなかをかろうじて移動しているから、情報が入って来ないのだ。あるいは彼らはすでにほぼ目標に達していて、約五〇〇〇キロにおよぶ陸路の行程を経て、余すところわずかに地中海の一四キロという地点までやって来る。そして、彼らのゴムボートは沈没する。彼らが旅の途上にあったことは誰一人知らない。「大量出国《エクソダス》は現に生じている。彼らを待ち受けている旅の危険も、法律も、政府や沿岸警備隊もこれを止めることはできない」と『ニューズウィーク』誌は書く。「北アフリカはヨーロッパだけの問題ではなく、今後数十年の問題である。それはヨーロッパの未来に暗い影を投げかけている」。

「強制送還やボート沈没のニュースが事態を変えることはないだろう」とジョン・アムパンは言う。「人びとは出発するだろう、ますます多く、ますます遠くへ。彼らには一度の短いアフリカの人生しかない。ヨーロッパで何が彼らを待ち受けているかを、彼らは知らない。彼らはテレビを見ている。しかし、そこでどんなヨーロッパを見ているかと言えば、それは光り輝く友好的なヨーロッパだ。そのようなヨーロッパが彼らを待っているというわけだ。彼らは成功した者たちの物語を耳にする。嘘っぱちのほら話。そうして彼らは出かける。というのも、多くの者にはこの唯一のチャンスしか見えないからだ」。

昨日、ジョンは彼の妻に電話をして、家に帰ると言った。「止めてよ」とヴァイダー。「からかうのは止めて。できもしないことを約束しないでちょうだい。子どもたちには何も言わない。結局はやって来ない父親に待ちぼうけを食わせられて時間を無駄にする子どもたちを見たくないから」。これまで幾度もジョンは帰郷すると事前に通知しておきながら、旅券の不備で不可能になったり、金欠に陥ったり、あるいは彼自身が病気になったり、その他諸々の事情で約束を果たせなかった。彼のいちばん下の娘アリスは電話で話すとますます口数が少なくなった――距離があまりにも遠くなると、言葉が出て来なくなる。

週に一度の電話、たいてい一分くらい。電子メール。ヨーロッパからアクラへ毎月二〇〇ユーロの送金。これでアフリカの家族の生活が賄われる。

このような故郷脱出の実態を理解するのに、ジョン・アムパンほどふさわしい同伴者を見つけることはできまい。彼はすべてを経験した。一〇年前からアンダルシアのアルヘシラスに居住し、そこでモロッコからやって来る者たちの面倒を見ている。彼は私たちとの、彼にとっては二度目の旅に同意してくれた。彼はアフリカの九つの言葉に加えて、英語、スペイン語、フランス語を話す。

ジョンのような人物がいなければ白人ジャーナリストには閉ざされたままの扉を、彼ならば開けてくれるだろうと私たちは期待している――「シュロイザー」や「シュレッパー」〔ともに難民の手引きをする密航斡旋業者の意〕と接触することを、そしてアフリカ難民の世界への扉を開くことを。

ジョンはアクラに着陸する。秋のある月曜日、一八時一二分、一四年ぶりの帰郷だ。

娘のアリスは、父親がヨーロッパにいることを知っている。だが、それは手紙や電話によるだけだ。彼女が学校に通えるのは、父親が毎月ガーナに送金してくれるからであることも承知している。しかし、父親に会ったことはないし、触れたこともない。キスをしたことも、一緒に遊んだこともない。

それからジョンは税関で立ち止まる。故郷の地を踏むためには金を払わなければならないと言われる。五〇ドル、なぜ？　西アフリカではそうなっているからだ。私は払い、あなたも払う。賄賂を使わずにはちょっとした親切もサービスも受けられない。金を出さずには障害を除去できない。金を渡さなければ、手荷物は隈なくチェックされる。ジョンはこれらの事情に通じている。だが、それでも腹立たしい。「ここはぼくの国だ」とジョン。「なぜきみたちはぼくの祖国であるここでぼくから金を取るのだ？」。

ガラス窓の向こう側の女性は微笑んでいる。白人のレポーターと同じく白人カメラマンは通過オーケー。ジョンはそこに立ったまま、悪態をつく。すると女性はこう言う。「あなたの旅券には出国のスタンプがないね。いつガーナを出たの？　弁護士を呼ぶこともできるけど、そうなると一週間かかる。それとも今ここで払うのであれば、丸く収めることにする。そうすれば入国オーケー」。彼は支払う。すると、女性税官吏は彼に彼女の電話番号を渡す。電話して欲しい、と彼女は言う。ジョンがひどく気に入ったようだ。ジョンはベルトコンベアーが廻っているところへ行って、彼の手荷物を取り上げる。笑みはない。さあ出口だ。広告ポスターには「行くぞ、ドイツ二〇〇六」と書かれている。ガーナのサッカー代表チームのことだ。彼らは心から歓迎されるだろう、ヨーロッパで。

アクラ空港のガラスのドアを通り抜けると壁が感じられる。熱と湿気の壁、熱帯の重苦しい蒸し暑さ。

ジョンのように、あるいは私のアフリカ旅行の端緒を開くことになった女性ジョイのように、ヨーロッパにたどり着いた者たちのかつての故郷の重苦しい蒸し暑さ。

## ジョイの場合

何が起こるかを予感していたら、それでも彼女はそれを試みただろうか？　彼女が夜の海とゴムボートのことを知っていたら？　そのボートに五〇人もの人間が乗り込むことを知っていたら？　モンスターのようなタンカーの船首波がゴムボートをいかに翻弄するかを聞き知っていたら、そしてその波のために頻繁に——実際には波が来るたびに——誰かがボートから投げ出されて溺れることを事前に聞かされていたら、彼女はどうしていただろうか？

「もちろんそうした」とジョイは言う。「生き地獄のような故郷にいることを思えば、失うものは何もない。命さえ惜しくはない」。

ジョイ・オフォニは二三歳の細身の女性だ。髪は短く、歯が一本欠けている。彼女はナイジェリア北部のカーノで、無給の聖職者の六番目の子どもとして生まれた。私たちがアルヘシラスで偶然彼女と出会ったとき、彼女は単独でドイツへ行く手立てを探していた。「ドイツ人は親切で、ドイツには仕事がある」と彼女は言って、室内アンテナが斜めについた、画像障害のひどい白黒テレビを見ていた。

ジョイ・オフォニはヨーロッパへの、パラダイスへの参入をすでに果たしていた。つまり長い戦いを経た勝利者だった。しかし、彼女は当局が「非合法」と呼ぶところの存在、すなわち、偽造旅券を保持する人間だ。それゆえ、彼女は二ヵ月来アルヘシラスの町外れの暗い部屋に身を潜めて、待っていた。何を？「私をドイツに連れて行ってくれない？　私に何か良いことが起きても悪くはないでしょ？」。そう言って、彼女は赤い上着を掻き合わせた。パラダイスは寒い。そしてまた彼女はテレビに見入った。

アンダルシアにはジョイのような者が何千人もいるし、向かい側の北アフリカには彼女と同じことを目論んでいる者が何万人もいる。スペイン政府、ドイツ政府、ＥＵの移住専門家たちによって用いられる「非合法」とか「洪水」あるいは「雪崩《なだれ》」といった言葉は、これらの人間を指している。よそ者に対するスペイン人の、ドイツ人の、ヨーロッパ人の不安と憎悪を掻き立てる攻撃的な言葉の数々が出てくるのも、これらの人間が存在するからだ。

ヨーロッパは国境を廃止した、ヨーロッパ内部では。しかし、外に対しては壁を高くする。特にアンダルシア沿岸でそれが著しい。そこには監視塔とフェンスが立ち並び、赤外線装置を装備した治安警察《ガルディア・シビル》が海岸線と国道三四〇号線をパトロールしている、あたかも危険地域であるかのごとく。ヨーロッパは自衛する。私たちは「死のパトロール」に出かける治安警察の中隊長ホセ・マヌエル・レベロ・ゴメスに同行する。警戒施設はすばらしく機能しており、もう長いこと誰もここを潜り抜けた者はいない、と彼は誇らしげに語る。しかし同時に、ゴメスのような人物は現実主義者でもある。「正直に言えば」と彼は認める。「難民がまたどこかに抜け穴を見つけることはもちろん承知している」。

「彼らは彼らの道を見つける、必要とあらば暴力をもって。ヨーロッパに向けて旅立つアフリカ人、彼らは若くて屈強だ」と私に語ったのは、難民援助組織「アルヘシラス・アコへ」のスポークスマン、エンカルナ・マルケスだ。

「飢えた者が食べ物を探すことを止めさせることはできない」とジョイは言ったものだ。ヨーロッパの防御戦はとりわけ難民の潜入方法をますます狂気じみたものにする。その結果、グラン・カナリアやフエルテヴェントゥラにいたる少なからぬ難民のルートが延長されるか、あるいは別の者たちは、タンジール港でトラックの下に潜りこまざるをえなくなる。

じじつ多くのアフリカ人はジブラルタルの路上でトラックに潜り込もうとする。なぜなら、そこからはもうパラダイスが見えるからだ。タリファやアルヘシラスの町の灯が見える。晴れた夜には、対岸のバーのネオンサインが灯台のように瞬くのが見える。ジブラルタル海峡はもっとも狭いところでは一四・二キロしかない。だが問題は、この海峡のいたるところが非常に危険で殺人的であることだ。地中海と大西洋が出会うから、風と潮流がすさまじい。この海峡を毎日九〇隻のタンカーに加えて無数の旅客船が行き交うから、毎夜衝突事故が起きる。難民のボートはいつも無灯火だから、船の航海士は気づかない。ボートはゴム製かプラスチック製なので、レーダーでは捕捉できない。だから死者がどれだけ出るのか、誰にもわからない。

「昨年は六〇人の死者が出た」と語るのは治安警察のアルフェレス・アロンソだ。それらの死体は醜く水ぶくれしている。死体はときには優雅なリゾート地マルベラに流れ着くこともあるが、たいていは水上スポーツのメッカとして知られるロス・ランセス海岸に運び寄せられる。海岸線は四・六キロ続く。そこでカイト・サーフィンを楽しむ者たちは死体の間を縫ってスラロームをすることになる。

「スペインの海岸では一年間に六〇人の死者だったけれど、モロッコ側の死者の数と海の中に消えた幾百もの死体は数えられない」、と非合法移民の援助組織「アルヘシラス・アコヘ」の人たちは言う。それゆえ、彼らはジブラルタル海峡を世界最大の大量墓地と呼ぶ。この海峡で毎年二〇〇〇人の移民が死んでいるとウィーンの「国際移民政策開発センター」（ＩＣＭＰＤ）は推定する。

ジョイと同年齢の人間は本来ならばまだ死ぬはずはなく、生命力に溢れている。

「最初の渡航のときには、五〇人以上がゴムボートに乗り込んでいた。波が来ると、ロヴェッツが見えなくなった。私の友達だった。消えてしまった。叫び声もなかったし、何も見えなかった。ただ黒い水ばかり」とジョイ・オフォニは語った。二人は一年半の間寝食を共にしてきた。ジョイとロヴェッツ、この二人の女性はまさにアフリカを抜け出ようとするところだった。

移住する者は誰でも、生まれ育った土地に自分の居場所はもはやないと感じる瞬間を経験している。ジョイがナイジェリアを出てゆく決心をしたのは一八歳のときだった。彼女は六年間学校に通った——教師自身が読み書きできない村の学校を学校と呼べるかどうかは別として。村では多くの死者が出た、とジョイは言う。あるときは彼女の部族が優勢になり、またあるときは別の部族が力を得た。将来の展望はまったくなかった。「アフリカ人はわけもなく自分の大陸を見捨てる、とでもヨーロッパ人は思っているの？」とジョイは問いかけて、欠けた歯の隙間からふっと息を吐き出す。そして、こう続けた。「ドイツではひょっとして銀行で働くことができないかな？」。

ジョイの旅立ちに際しては、彼女の家族と家族の友人たちが手持ちの金を出し合った。それ以来彼らはみなパラダイスから小切手が送られてくるのを待っている。ジョイの旅はまず徒歩で、バスで、ヒッチハイクで、いわゆるマールボロ・ルート〔タバコ密輸ルート〕を経てニジェールへ、さらにアルジェリアへと続いた。サハラはラクダの背に乗って越えた。もちろん旅の途上では多くの男たちがいて、彼らはじつに危険だった。警官は難民を収容所へ入れたり、国境まで連れ戻す。砂漠を抜ける道を知っているガイドもいれば、知っていると称するだけのガイドもいる。窃盗犯。強姦者。さらに人身売買者。彼らは少女たちを飛行機に乗せてヨーロッパへ行く手助けをするが、行き先はヨーロッパの売春宿だ。出立時の金はジョイの助けになったが、手持ちの四〇〇〇ドルはやがて尽きた。アルジェリアのマグニアにたどり着いたが、そこからは歩いてゆくほかなかった。それでもついに、二〇〇一年一一月にモロッコのタンジールに到着した。

タンジールは当時すでに難民の集結地点だった。旧市街《メディナ》の狭い一角には湿って腐敗した臭いが漂っている。商店やバーの前ではどこでも男たちがマリファナを吸い、ミントティーを飲み、待っている。彼らの目指すところはただ一つ、ヨーロッパだ。誰もが少なくとも一人の情報提供者を知っており、いつどの船長が次のゴムボートを出すのかがわかる。明後日、明日、あるいは今夜。

これらの男たちはゴムボートに乗り込む代金として一〇〇〇ドルを要求する。ボートの中央なら一五〇〇ドル。中央ならば海に落ちることはめったにない——ボートの底が浅瀬の岩で切り裂かれるまでは。二五〇〇ドル出せば救命胴衣《ライフジャケット》も手に入る。トラックのトレーラーに潜り込んでフェリーで海峡を渡るパッケージツアーは四〇〇〇ドルだ。たとえば、ナイジェリア出身のコリンズは難民集結所のブローカーをしている。コリンズは彼自身ヨーロッパへ渡るつもりだったが、二年前からタンジールに居ついている。手数料収入で悪くない生活が送れるからだ。「ボートに乗せてもらうまでに、何度も金を払わなければならないこともある」とジョイは言う。

ジョイは三ヵ月間ホテル「モナコ」に住んでいた。入り口が油で汚れた宿の一つで、そのような安宿ではフロントの男がすべてを取り仕切る王様だった。男の口が堅ければ、それは良い。またあちこちの情報を入れてくれるなら、それはなおありがたい。だが、フロントの男が警察から金を受け取っていることもある。そういう場合には、朝の四時に警察の手入れがある。難民たちはいつもジーンズとシューズを身につけたまま眠り、手入れがあると、みないっせいに窓から飛び出す。

ジョイが待ちわびていた金を入手したのは二月だった。彼女の叔母のプリンセスがすでに数年前にスペイン移住を果たしていて、アルヘシラスでウェイトレスとして働いていた。彼女がジョイに送金してくれたのだ。ジョイはブローカーに支払いを済ませた。ラッキー。そう彼女は思った。小型トラックに乗って東へ、セウタの町外れまで運ばれた。そこからパラダイスまではわずか一四キロだ。

ジョイの最初の渡航は二〇〇二年二月一〇日から一一日にかけての夜だった。ジブラルタル海峡に嵐が生じるときはいつもそうであるように、嵐は突然やって来た。五〇人の乗客は両手で水をボートの外に掻き出した。タンカーが見えたときには、もう数メートル手前に迫っていた。ロヴェッツは海に沈み、その後でさらに二人が海に落ちた。船長《スキッパー》は方向転換して、モロッコへ戻った。

それからジョイはセウタ郊外の山の中で眠り、泣き、待った。彼女の二度目の試みは二月二一日だった。今度の乗船者は三二名だけだった。しかし、舵を取る二人の男は事情に通じていないようだった。彼らは、四五分かかる、と言った。しかし、新米の男たちはボートに十分な燃料を積んでいなかった。一八時間海峡を漂流した後、治安警察のボートがやって来るのが見えた。

難民にとっては一世一代の命懸けの行為が、治安警察にとっては日常業務である。アルフェレス・アロンソと彼の部下たちは赤外線装置を用いて、ボートが向こう側のセウタの海岸から出航する様子を観察できるし、ボートに何人乗り込んでいるか数えることができる。それどころかボート上で生じる強姦行為まで確認できる、頻繁に。濡れてすっかり凍えたジョイは警官によってゴムボートから引き出されて、他の同乗者たちのいるところへ連れてゆかれた。タリファの港内にある赤十字《クルス・ロハ》のコンテナのなかである。そこでは、かつては港内酒場を経営していたが今ではタリファの善人としてボランティア活動に精を出しているルイス・イダルゴのような男たちが、マットレスや靴やビスケットの包みの間に立って、新たに到着したアフリカ人たちを待ち構えている。

「連中は毎日やって来る」とイダルゴは言って、岩礁で破壊されたボートの残骸が残されている岩を指し示した。一九八八年の万聖節の翌日、つまり一一月二日に初めて死者が運ばれてきた。二三人の死体が海岸に打ち寄せられたのだ〔海岸のパロマ《ロス・ランセス》〕。それが始まりだった。

そして、ボートがやって来るたび、あの夜のパロマと同様の光景が繰り広げられた。近隣に住む人びとが茶や毛布を運んできた。潜水夫が死者を探して、死体を陸に引き上げた。それらの死体は数週間そこに留め置かれた後に荼毘に付されて、骨壷はフェリーでモロッコへ戻される。モロッコ人とナイジェリア人は藪のなかに駆け込む。数時間後にはもう強制送還されるからだ（ＥＵはできるだけ多くのアフリカ諸国と協定を結ぼうと腐心している。その協定とは、移住者を調査せずにただちに本国に送還することを合法化するものだとされる。ガーナやナイジェリアとはすでに協定が結ばれている）。そのような協定をスペイン政府とまだ締結していない国々からの難民は、警官が来るのを待つか、またはみずから電話で連絡を取る。強制送還されることはないからだ。いずれにせよただちに送還されることはない。難民には四〇日間の滞在許可が与えられる。それだけの期間があれば、ヨーロッパの大都市のどこかに姿をくらますことができる。フランスやドイツ、あるいはオランダへも十分に行ける。タリファからはもはや国境はないからだ。

それゆえ、事態は奇妙なじらし合いの様子を呈する。なぜかと言えば、アンダルシアはもともと外国人を必要としているからだ。何の文句も言わずに働く移住労働者がいなければ、アルメリア地方における果物と野菜の生産は成り立たないであろうし、ビニールシートで覆われた三万五〇〇〇ヘクタールの土地で年に三回の収穫は不可能だろう。しかし、ヨーロッパは妥協しない。問題は員数であって背景事情などお構いなしのヨーロッパにとって、ジョイのような人間は敵である。「私たちは命令に従うだけだ」とアルフェレス・アロンソは言う。

ジョイはナイジェリア北部のカノの出身だが、それでもやはり幸運だった。叔母のプリンセスが難民援助組織「アルヘシラス・アコへ」の人たちに引き合わせてくれたのだ。何者かによって「移民、ノー！」とスプレーされた「アルヘシラス・アコへ」の建物で、ジョイはガーナ出身のジョン・アムパンと出会った。彼はアルヘシラスで、ここに到着したばかりの者たちの世話をしていた。彼はジョイに宿泊場所を提供し、弁護士を手配し、ピザを運んできた。日曜日にはジョイを迎えに行って、教会まで連れて行った。しかし、ジョン・アムパンも弁護士も、ジョイがこの二ヵ月アルヘシラスの町外れの、マットレスとお粗末なテレビの置かれた地下室で、木箱とゴミに埋もれて例の赤い上着に身を包んで潜伏するほかなかった現実を変えることはできなかった。ジョイのような人間には何も約束されておらず、誰にも守ってもらえず、病気にならないように祈るしかない。彼らは私たちの大陸の陰の人間であり、公式には存在しない人間なのだ。というのも、ジョイがひとたび家の扉の前に姿を見せれば、たちまち捕えられて、数時間後にはもうラゴス行きの飛行機に乗せられるからだ。

「ジョイ」というのは「楽しみ」とか「喜び」を意味する。ジョイはテレビを通じてパラダイスの現実を知った。ついに幻想が消えたとき、彼女はブラウン管を蹴飛ばした。

私たちがジョイの物語を、つまりジブラルタル海峡を渡ってヨーロッパにやってくる人間の、あるいはまさにその過程にある人間の物語を調べていたとき、写真家のマルクス・マッツェルと私は初めてジョン・アムパンと出会った。二〇〇二年春のことだった。ジョンは当時地中海沿岸の都市アルヘシラスのなかを車で走り回って、移住者の相談にのり、官憲から尋問された場合には、時間を稼ぐために、いかに応答する必要があるかを説明していた。さらに弁護士と話をし、移住者たちの寝場所やタオルやパンを手配した。毎週土曜日には祭《フェスタ》りを催したが、そのときには移住者のために料理もした。

ジョンは私のために通訳を引き受けてくれた。ジョイはジョンを信頼し、いつか彼女は私を信頼してくれるようになった。ジョンが橋渡しをしてくれたのだ。それから数ヵ月後、マルクスと私は、アフリカの放浪《オデュッセイア》の旅の物語を初めから物語るというアイディアについて議論を交わした。長い全行程をみずから旅すること、密航斡旋業者《シュレッパー》を見つけて、移住者の隠れ場所を探り当てること。私たちは現実に生じていることを理解したいと思ったのだ。

一九六七年三月にルール地方のシュヴェルムに生まれたマルクス・マッツェルは、レポーターが好んで同行する数少ない写真家の一人だ。すなわち、彼は自分で準備をし、旅の計画を一緒に立て、運転手や援助組織や話し相手を自分で探す。彼は旅行先の地域に関心を持っており、勇気があると同時に慎重で、ユーモアを持ち合わせている。マルクスは金髪を坊主のように短く刈り込み、ジーンズは裾を折り返し、左の前腕にスカーフを巻きつけている。彼はいつもそんな格好だ。イラクでも、アフリカでも、ハンブルクの「シュピーゲル」ビルのなかでも。マルクスは同じくルール地方のシュプロックヘーフェルで育った。もともとは金属切削工で、専門は自動旋盤だった。青少年センターには暗室があって、彼の最初の写真を掲載したのは地方紙の『ヴッパーターラー・ナーハリヒテン』紙だった。マルクスは黄色のVWパサートワゴンを駆ってザグレブに行き、彼にとって最初の戦争を撮影した。『ターゲスツァイトゥング』〔ベルリンに本部を置く有力新聞〕が彼の写真を掲載した。その後マルクスは、ルポルタージュ写真ではドイツで最良のエージェントである『オストクロイツ』のほかに、『フォトアルヒーフ』に籍を置くことになった。

　私たちはジョンとコンタクトを取った。私たちは彼から移住者の動向についての、彼らのルートと目的についての、またジブラルタル海峡の状況についての情報を得た。マルクスと私はまず西アフリカの移住者たちが彼らの村を出て目的地にいたるまで同行する計画を立てた。しかし、このテーマに関してどのようなものがすでに公刊されているかを見てみると、映画やルポルタージュがいくつもあることがわかった。さらに、そのようなプロジェクトからは、それらがいかに好意的かつ徹底的に調査されていても、結局はつねにいくらかの偽りを免れないという印象を受けた。それらは偽りにならざるをえないのだ。というのは、白人ジャーナリストが移住者の物語を聞き取ったり、ビデオカメラを回したりするために、彼らに近づくときには、それはもはや彼らの物語ではないからだ。ジャーナリストの存在は物語を変えてしまう。彼らがその場に居合わせることによって、密航斡旋業者《シュレッパー》や警察による移住者の扱い方が変わってしまう。ジャーナリストがその場にいるだけで——もちろん皮膚の色によって——値段は変更されるし、現実は変えられてしまう。それに対しては手の打ちようがない。白人ジャーナリストを帯同する黒人難民というのは、それだけでもう贅沢な難民なのだ。

　移住者の逃避行を再構成すること、これならばずっと真実に近づけるだろうし、うまくゆくかもしれない、と私たちは結論を下した。私たちが再構成する間に、旅の道中いたるところで現にヨーロッパへの逃避途上にある者たちに出くわすだろう。そして逐一彼らに質問し、彼らを観察し、少しは彼らと行動を共にすることもできよう。そこで得られる印象は現実の姿を伝えてくれるだろう。さらに、異なるさまざまな移住者たちに接することを通じて、移住者一般の現実に近いものが再現されるにちがいない。

これが私たちのコンセプトだった。ジョンは私たちと会話を交わすなかですでに彼の過去の旅について物語ってくれていた。だから、私たちは彼に、私たちに同行するつもりはないかと尋ねたのだった。

「聞かれるまでもないよ」と彼は言った。「それはぼくの帰郷を意味するわけだから」。

もちろんそうだ、だがそれはジョンにとっては二度目の旅に出ることを意味する。

これが発端だった。


私たちはビザを申請し、アフリカで私たちを支援してくれる団体とコンタクトを取った。九月二九日の急襲が勃発したときには、信頼できる運転手を見つけようとした。

「二九日の急襲」――この日は、難民の世界では、その他の世界あるいは西側世界における九月一一日に似た響きを帯びるようになった。それは一つの象徴、あるいは隠喩になった。すなわち、二〇〇五年九月二九日に約七〇〇〇人のアフリカ難民がセウタのフェンスに突進したのだ。過去数週間にメリリャでも数千人がフェンスを突破していた。少なくとも一四人が死亡し、多くの者がパラダイスに到達し、多くの者がフェンス上の有刺鉄線で負傷した。

ヨーロッパの最前線の急襲にはどこか中世的なところがあった。スペインの警官隊は難民たちを棍棒でアフリカ側へ押し戻した。それは奇妙な戦闘の光景だった。有産者が無産者からわが身を守る、つまりテレビも車も所有し得ない者たちから身を守る構図だった。それは、暗闇のなかから現われた者たちに対する富者たちの戦争のようであり、また、貧困に対する不安と嫌悪の集団発症のようにも見えた。それは、リベラルな、統一されたヨーロッパが望むような光景ではなかった。

というのは、ヨーロッパを今なおパラダイスだと信じて、パラダイスに参入するために自分の家族・部族・村を捨てた人間たちは敵だった。これらの難民たちはスペインの飛び地であるセウタとメリリャ郊外の森で集団生活を送っており、キャンプ場内の地図も作られている。集結する人数はときに一〇〇人に上り、五〇〇人になることもある。また彼らは地面に穴を掘って、そこに身を隠す。彼らは冬を待ち望む。蚊がいなくなるからだ。彼らはまた夏を待ち望む。凍えるような雨の夜が終わるからだ。彼らのなかではリーダーが選ばれ、夜番、料理係、清掃係が選ばれる。彼らにとって森のキャンプ場はいくらか故郷のような趣を呈するが、そこはなによりも情報交換の場だ。二〇〇五年九月二九日の急襲の日までに、五人ないし八人からなるチームが編成されて、これらのチームは梯子をつくり、共同訓練をおこなった。

人びとは小グループにわかれて逃げた。五人から八人のグループを密航斡旋業者は「ユニット」あるいは「ファミリー」と呼ぶ。ヨーロッパまで数キロのところで、無権利者たちの連帯共同体と労働共同体が形成されていた。カメルーンのグループがいくつかあり、マリのグループもあったが、多くはナイジェリア人だった。

なぜ九月二九日なのか？　なぜそのような事態に至ったのか？

この時期については二つの理由があった。パニックと扇動である。当日ヨーロッパ側に逃げおおせた者たちが語るところによれば、森のなかのキャンプを歩き回って噂を流した男たちがいたという。「逃げるには好都合の日がある、やるなら今だ！」。確実な情報がほとんどない難民キャンプではいつも噂が功を奏する。噂を流して歩いたのはモロッコ人だったらしい。彼らにとっては二〇〇五年の秋にマドリッドでおこなわれる新たな交渉のために圧力をかけることが大事だったというのだ。厄介な問題だった。つまり、モロッコは将来的にヨーロッパをアフリカから守るために何ができるか、そして、それに対してヨーロッパはどれだけ金を出す用意があるかが問題だった。

　パニックが広がったのは、森のキャンプの住人は国境地帯の様子を探るために斥候を送っていたからだ。斥候は、国境のフェンスが高くされていると伝えてきた。兵士と建設労働者がスペイン側で古い支柱の上に新しい支柱を溶接し、さらに手足を負傷させるための有刺鉄線が設置されて、ついにヨーロッパの防壁は六メートルの高さになるという。いまやこのまま座して待てば、みすみすチャンス失うことになろう、というのが斥候からの報告だった。それゆえ、何年も待ってついにその目標を捕えた難民たちは殺到したのだ。ギニア出身で三〇歳になるアブドゥル・ロウムはメリリャで四度潜入を試みた。「それがセウタでの三度目のトライだった」と彼は言う。彼は今やヨーロッパに入っている。

　ロウムはジョイ・オフォニと同じく勝者だった。難民たちは旅の途中でもちろん密航斡旋業者の手に落ちることがある、と彼は語る。だが、フェンスへの突進は組織されたものではなかったと言う。噂が広まって、いつか次のような考えに到達した。一人が誰かを助けるならば、つまり全員が一緒に多くの梯子を使ってフェンスに押し寄せれば、誰もがより良いチャンスを得られるだろうと。

　そうして、つねに生じることが生じた。連鎖反応である。最初の者たちはフェンスを乗り越えた。成功の知らせは森のなかに届き、ただちに後続の者たちが出発した。九月二九日の木曜日にモロッコ警察はいくつかのキャンプを閉鎖し、難民たちを遠く離れた砂漠まで運んだ。一方、スペインはふたたび強制送還を開始し、内務省は新たな強硬手段を予告した。

　それはジョイ・オフォニにとって良い知らせではなかった。ジェーン・アイムフアにとっても良い知らせではなかった。

旅に出る数週間前に、私たちはジョンとともにアルヘシラス市内を移動して、ナイジェリア出身の女性ジェーン・アイムフアに会った。

ジェーンはアルヘシラスの海岸で駐車券を売っていた。彼女の夫のピーターは国外退去処分を受けて、現在拘留中だという。ジェーンは快活な、よく笑う女性で、髪を赤っぽい黒に染めている。しゃべっている間、彼女の上体は前後に揺れる。彼女は、ヨーロッパの難民がそのために挫折する問題を一つ抱えていた。問題とは、彼女の子どもたちの父親であり彼女の夫であるピーターが一九日後に強制送還の飛行機に乗せられることだった。それを阻止するためには、出身地であるベニンシティの警察の無犯罪証明書が必要だった。しかし、一九日以内にということになると、正当なルートを通じて――むろん賄賂を使って――入手する以外に方法はなかった。

二〇〇ユーロが必要だった。私たちはその金をジェーンに渡した。それは当然だった。だが、この二枚の紙幣に人間の生存が、一生がかかっている、一家族の将来がこの紙幣にかかっているというのはなんとグロテスクなことか。

ジェーン・アイムフアはスペインふうのテラスハウスで白いガーデンチェアに座って、彼女の決心について語ってくれた。

*

ジェーン・アイムフア、三七歳、ベニンシティ、ナイジェリア

両親にとってこれほど辛いことはない。子どもたちに向かって「しっかりしなくちゃだめ、私たちは長いこと別れ別れになるのだから」と言わねばならない瞬間ほど辛いことがあろうか。ベニンシティでは事態の好転はもはや望めなかったので、私の夫は一人で出て行こうとした。私はなんと

してでも夫と一緒にいたかった。ピーターは私にこう言った。私は子どもたちと一緒に残っていいし、別の男を見つければいい。そうなっても仕方ない、と。でも、私の居場所はやはり彼の傍だった。

ピーターはかつて八年間スペインにいたことがある。彼が出発したのは一九九二年で、私はちょうど三人目の子どもを身ごもっていた。私はそうしたくなかった。でも、彼は私にこう言った。「きみを愛しているから、きみのことはけっして忘れない」。それで、私は彼を一人で行かせた。彼は出かけた。仕事を見つけて、私たちに送金するために。そうなるまでに当時は三年かかった。まず彼はドイツ滞在用のビザを買って、ラゴスからフランクフルト行きの飛行機に乗った。でも、彼はドイツから追放された。偽造ビザだったから。それでまた彼はやり直しのスタートを切った。モーリタニアでスープを調理し、このスープは吹き出物を消す効果があると嘘をついた。旅費を稼ぐための方便だった。彼は建築現場で働いた。ふたたび旅を再開するための十分な金を貯えるまでに三年かかった。ラスパルマス行きの船上で彼は見つかってしまった。彼は逮捕され、一年間投獄され、その後西サハラに追放された。徒歩で歩くほかなかった。飲み水もなく、彼は遺書を書いた。でも、ピーターはなんとかモロッコにたどり着いて、タンジールから漁船でアルヘシラスへ渡ることができた。スペインに到着してからは、万事うまくいった。彼は建築労働者として、また清掃人として働き、果物の収穫をした。ピーターはヨーロッパが好きだった。でも、一九九九年に彼の父親が死亡した。ピーターはひどく遠く離れていることに耐えられなかったので、帰郷した。彼は、またしても前回と同様の恐怖の旅をしなければならないことを承知していた。でも、彼にとって国に帰ることはやはりそれだけの価値があることだった。

私たちがヨーロッパにいるとき、どれほどアフリカのことを切なく思っているかあなたたちにわかる？　それなのに私たちが敢えてヨーロッパへの旅に出ることが何を意味するかわかる？

長男のケネスは私たちのことをわかってくれた。幼い下の二人は泣いていた。私も泣いた。

私たちはラゴスを経てカドゥナまで自動車とトラックを乗り継いだ。カドゥーナからランドローバーでザンデールへ、さらにアガデスまで進んだ。そして、砂漠のなかで車は動かなくなった。私たちは五日間待たねばならなかった。残りの水はわずかだった。車の修理が済んだ。そしてタマンラセットまで進んだ。夜間に車を走らせ、日中は道路を外れた山中で過ごした。ついにアルジェに着いた。ランドローバーの屋根の上に一六人が、四人ずつ四列になって座っていた。私たちのトランクは車から落ちた。そのなかにはジーンズ二本、上着一着、数枚のシャツが入っていた。ピーターのトランクも振り落とされた。車は止まらなかったから、私たちはすべてを失くしてしまった。私たちは三週間森のテントのなかで待った。それから徒歩で、夜間に、モロッコとの国境を越えた。全部で一一人のうち三人が捕《つか》まった。きつい行程だったけれど、すべてはうまくいった。ただし、ラバトで私たちは金が尽きた。一年間ラバトに留まらざるをえなかった。そこで私たちはオササを授かった。そしてタンジールのペンション「アガデス」に三年いた。下の二人はそこで生まれた。オササは現在四歳、オサウェセは三歳、ブレッシングは二歳。

これはその頃のアフリカ人家族によく見られることだった。こっちに三人、あっちに三人の子ども。そして双方の兄弟姉妹はまだ顔を合わせたことがない。このような決断を下さなければならなかったのは私たちだけではない。そのことをわかって欲しい。

私たちは親類から送られてくるはずのお金を待っていた。じじつ送金はあったけれど、足りなかった。私は子どもたちだけを連れてゴムボートに乗ることになった。ピーターの分のお金が足りなかったから。ボートには二八人が乗っていた。夜で、寒かった。私は三人の子どもを抱えて、向こうにいる別の三人の子どものことを思い、夫を思った。むろんボート上の誰もが、すぐに死ぬかもしれないことを知っていた。それはこのボートに乗り込む全員が承知していること。それは現実にありうることなのだから。タンカーが見えた。コップでボートから水を掻き出した。私は持ち物をすべてビニール袋のなかに入れて、それに白い粘着テープを巻きつけておいた。子どもたちは私にしがみついて、泣いた。

それでも私たちは着いた。兵士たちがすでに私たちを待っていた。でも私には三人の子どもがいたので、残ることが許された。私は神に感謝する。同情を示してくれたヨーロッパに感謝する。ピーターもまた残ることが許されるように祈っている。私たちが海を渡ってから数日後、ピーターも私たちを追って海峡を渡ろうとしたけれど、彼の乗ったボートは遠くアルメリアまで流された。彼は三六時間海上にいた。海軍がやって来ると、船長は潜水服を身につけて、ボートを離れた。アルメリアでピーターは警察に捕まって、拘禁されて、いまや強制送還すると脅迫されている。

このように辛い旅を経てついに目的地ヨーロッパに着いたと思うのもつかの間、すぐに追放されるなんて、あたかも兵士が長い戦争の後に帰郷し、自分の家のドアの前で地雷を踏むようなものだ。

＊

こうして一〇月末になった。本決まりになったのは日曜日だった。

搭乗の二四時間も前にパッキングをしたことはめったにない。ズボン三本、シャツ五着、セーター、レインジャケット、シューズ二足、Ｔシャツ七枚、下穿き七着、ソックス七足。さらに、ノート五冊、ボールペン一束、そしてリシャルト・カプシチンスキの『黒檀』、数年前にアフリカに対する私の好奇心を掻き立てた本だ。実用書、小説、アイポッドにはＣＤブックと音楽を入れた。さらにデジタルカメラ、テーブルタップ、アダプター、携帯電話、衛星電話、道路地図、帽子、サングラス、抗マラリア錠剤、日焼け止めクリーム。予防接種すべきものはすべて済ませた――肝炎、コレラ、狂犬病、ジフテリア。

それから装備を点検する。蚊帳をハンブルクの居間で広げてみる。鉱山労働者のように額に装着できる懐中電灯、これは電気のないところでも、あるいは午後の六時には暗闇になるところでも読み書きできるようにするため。衛星電話は使える。ただし充電器がないので、『デア・シュピーゲル』誌の編集部まで取りに行く。マーカーに電池。車を地下駐車場に入れて、倉庫街《シュパイヒャーシュタット》を抜け、港に沿ってザンクト・パウリに戻る。日没は午後四時、ドイツではきのう夏時間から冬時間になった。

一一歳になる私の娘は、アフリカについて私が物語ることのできることなら何でも知りたがった。バルトロメウス・グリル〔アフリカ通のドイツ人ジャーナリスト〕が、「粗野でやさしい、野蛮で繊細な、悲嘆と幸福の大陸」と形容するアフリカについて。

私は娘にエチオピアにいる「SOSパーテンキント」〔定期的な寄付によって第三世界の子どもたちの養育・就学等を援助するNGO〕のアベルのことを話す。四年間旅の途上にあったジョンのことを、三人の子どもをナイジェリアに残したままヨーロッパにやって来たジェーンのことを話す。ジェーンは子どもたちがアフリカで学校に通えるように、お金を稼ぐためにヨーロッパにやって来たこと。さらに私は娘に数字を上げて聞かせる。九億一〇〇〇万の人間〔二〇〇七年の国連推計では約九億六五〇〇万人〕がアフリカに暮らしていて、これは世界人口の一四%に相当すること。一四年後には人口は一二億人になるだろうが、世界中でこれほど早く人口が増加する地域はどこにもないこと。アフリカで最大の人口を有するのはナイジェリアで、約一億四〇〇〇万人であること。首都のラゴスは一五〇〇万人の人口で、カイロに次ぐアフリカ第二の大都市であること。アフリカ五三ヵ国のうち民主的と言えるのは一九ヵ国であること、などなど。

アフリカ人の七一％は二五歳未満である。アフリカ人は世界中でもっとも楽天的な人間だ。今年は去年よりも良くなるかという質問に、五七％は「そう思う」と回答する。アフリカ人の四億一〇〇〇万がキリスト教徒で、三億五八〇〇万人がムスリムだ。アフリカには二〇〇〇以上の言語がある。アフリカ黒人の四五・七％は一日あたり一ドル以下で生活している。アフリカ大陸でもっとも豊かな国はモーリシャスで、最貧国は、ブルンジ、マラウイ、シエラレオネ、ブルキナファソ、ソマリア、ニジェールだ。アフリカは世界の金《ゴールド》の五〇％以上を産出し、コバルトの産出量は九〇％以上、プラチナは四〇％、カカオは七〇％、コーヒーは六〇％になる。しかし、国際通貨基金によって「重債務貧困国」のレッテルが貼られている四〇ヵ国のうち三一ヵ国はアフリカである。サハラ以南の国々では、一〇〇〇人の子どものうち一〇二人は最初の誕生日を迎える前に死亡する。これらの国々の平均寿命は四六年。もっとも多い死因はエイズで、三〇〇〇万以上のアフリカ人がエイズ患者もしくはＨＩＶ陽性者だ。サハラ以南では、三〇〇〇万丁の銃砲が出回っている。一七〇〇万以上のアフリカ人が故郷を逃れて難民になっている。


いよいよ帰還の瞬間がやって来た。ルフトハンザ航空のビジネスクラス。機体が雲を抜けて降下を開始すると、彼は窓際に座りなおした。西アフリカのジャングルが近づき、茶色の大地と家々が見える。雑然とした家々――将棋盤のように整然と並ぶヨーロッパの都市とは異なって。飛行機が着陸態勢に入ると、ジョンはもはや話をしようとはしない。彼は外を見、眼鏡を外し、目に手を遣り、眼鏡をかけ、外を見た。

着陸。彼は税関の女性と言い争っている。

そして今、彼は手荷物カートを押して扉を出てくる。故郷の熱風、アクラの風、ガーナの首都の風だ。

「ついに戻った《ファイナリー》」。ジョンは低い声でそうつぶやく。

## アクラ、ガーナ、出発

彼らは向かい合って立っているが、何も話せずにいる。金属フェンスの一方にはジョンが立っている。一四年ぶりのガーナ。フェンスの向こう側にはヴァイダーが立っている、ジョンの妻だ。彼女は髪をアップにしてピンで留めている。黄色のワンピースを着た太《ふと》り肉《じし》の中年女性で、胸元に汗を拭くためのタオルが見える。ヴァイダーは笑っている。

アリスもそこにいる。一四歳の中学生だ。アリスは髪は短くし、片方だけ細い肩ひものついたぴったりのシャツを着ている。そしてイヤホン。彼女はイヤホンを付けたままだ。

グレンはアリスの隣に立っている。グレンは一八歳で、サッカー選手。サッカークラブに入るまでになった近隣では唯一の者として、周囲の者たちからはアベディ・ペレにならって「ペレ」と呼ばれている。アベディ・ペレはガーナの英雄で、攻撃的ミッドフィルダーとしてプレーしていた〔一九九一年から三年連続でアフリカ年間最優秀選手賞を受賞した〕。グレンはケータ・ビジネススクールに通っている。彼は膝丈のジーンズにTシャツ姿で、注意深く微笑んでいる。彼は口を開かず、身動きしない。

そしてエヴァは柵の後ろに立っている。エヴァは二一歳、臍出しルックにぴったりのジーンズ姿。あたかも脊柱をストレッチしなければならないかのように、両腕を高く伸ばしている。しかしそれは、「ねえ見てよ、ダディー、私がどんなに美しいか」というポーズのように見える。

当時ジョンはほぼ五年間目的地を目指す途上にあった。バスやトラックに乗っているか、歩いていた。あるいはボートの上にいた。あるいはまた獄中にいるか、拘束されているか、連れ戻される途中だった。つい数日前にはどこかのトラックの荷台に隣り合って座っていた男が死ぬのを見た。サハラ砂漠で身動きできなくなったこともある。運転手が逃亡してしまったからだ。それでまた投獄された。ふたたび初めからのやり直し。彼は一四年間故郷を離れていた。

そして今、彼は家族の前に立っている。

彼は泣いている。彼は黙している。

するとヴァイダーが手を差し出す。ジョンも手を差し出す。すると二人は途中で手を下げてしまう。

この場に居合わせた全員が過大な要求を突きつけられて、打ちのめされているような感じ。誰もこの瞬間をうまくコントロールできない。どうしてそんなことができようか？　この瞬間を知らない者はあるまい。旅から戻ってきて、すべてを、語らい、平静、情熱、優しさ、これら一切を同時に手に入れようとするとき。期待があまりにも大きいために、一言あるいは身振り一つですべてが崩壊しかねないとき。残された者たちは、帰郷者がいなくても、むろん生き続ける。それゆえ彼らは自分たちの場所にとどまる。だが、それは帰郷者の場所ではない。

一四年を経た今、どうなるのか？

そして彼はといえば、とうに家族に対する記憶とともに生きることを習得していた。記憶で満足しなければならないことを学んでいた。

彼らは向かい合っている。妻と三人の子どもは柵の前に立ち、おずおずと微笑む。そして今、いちばん下の娘が腕を伸ばすが、また下げてしまう。ジョンは手荷物カートを押して、家族の方に向かう。みんなが突っ立って、黙っている。ジョンは妻を抱きしめる、見ず知らずの女を抱きしめる。

子どもたちはジョンを見分けることができない。この男の人は誰？

「ダディー？」とアリスが言う。

一四年はどんな家族にとっても長すぎる。アムパン家の五人は一言も発せず、互いに触れようともしない。それから彼らは手荷物のことを話し出す。誰がどの車で行くか、タクシーはどこか。手荷物が多すぎるのだ。そうして彼らはそれでもやっと抱き合う。今や全員が泣いている。だが、いちばん下のアリスは泣かない。

「私がいちばん先に気づいたの」と彼女は言う。


ジョンの家族はアクラから三五キロ離れたギニア湾の港町テマのコミュニティ5という街区に住んでいる。テマの人口は一〇万で、発展している。隣国コートジボワールがつねに危機的状態にあるために、テマはかつての黄金海岸でもっとも重要な港になった。港をきちんと維持するのは容易ではない。強い波浪と底流がたえず港の砂を洗い流してしまうからだ。それでも数百万ドルが投入されて港は浚渫《しゅんせつ》され、埠頭は延長され、倉庫が建てられた。

町の通りは砂だらけだ。というのも、テマには建設途中で放置された建造物が溢れているからだ。あるいはゆっくり時間をかけて建設していると見ることもできる。人びとは金ができると土地を買う。次に金が入ると、基礎部分を建設する。そのように年々徐々に進行してゆく、希望的観測としては。家々は実用一点張りの平屋で、せいぜい二階建てだ。色はベージュで、渦巻き模様のような装飾が施されることはない。美的とは言えない。

ここは匂う。強く、魅力的な匂いがする。フルーティーな、腐敗したような匂い。肉を焼き、キャッサバを油で揚げる匂い。直前の雷雨の匂い、汗をかいた人間の匂い、花の匂い。

アクラに着いたジョン・アムパン，妻ヴァイダー，グレンとエヴァ

ここではすべてがせわしなく動いている。人びとの日常生活はいつも砂だらけの路上で営まれる。道路は歩行者用と自転車用に分離されていない。山羊、羊、雌牛、自動車、自転車、歩行者が入り乱れて移動してゆく。

ジョンの家族は小さな石造りの家を所有していて、ヴァイダーは家の前でバーを開いている。壁は黄色、天井は白、床は剥き出しのコンクリート。ジョンは妻に洗濯機をプレゼントしたかったのだが、それはヴァイダーには度を超していると思われた。娘たちは手でみごとに洗濯をする。白いプラスチック製のチェアが置かれている。壊れるといくつかを組合わせて、ふたたび座れるようにできる。ポータブルの二口ガスコンロがあり、二本の物干しロープが斜めに室内に渡されている。プラスチック製のボウルが二つあって、そこでヴァイダーと娘たちはコップ類をすすぐ。水道があり、店の入り口には客寄せのゲットーブラスターが置かれている。この巨大なラジカセは、ヨーロッパからのジョンの最初のプレゼントだった。ヴァイダーはこのバーで「スター・ビール」とアペテシェーを売っている。アペテシェーはガーナの強いジンで、暖めて飲む。ヨーロッパを夢見ることをいつか止めてしまった者たちのキラードリンクだ。さらに、ヴァイダーはコンドームを売っている。それはレジの脇のボンボン入れのガラス瓶に入っている。あるときジョンが電話で、「子どもたちに性教育をしたかい?」と尋ねたことがある。ヴァイダーは思わず笑って、こう言った。「私はコンドームを売っているのよ。委細承知、心配ご無用!」。

二階にある三つの小さな部屋を家族で分け合っている。ヴァイダーの姪のピースも家族の一員だ、ヴァイダーの妹が死んでからは。ヴァイダーの弟コフィも家族の一員。ここを根城にして、あちこちに出入りしている。

家族の暮らし向きは悪くない、かなり良いほうだ。子どもたちは学校へ行けるし、長女のエヴァのようにカレッジに通うこともできる。ジョンの送金の賜物だ。ヨーロッパから毎月送られてくる二〇〇ユーロ。それじゃ役立ったのだな、とジョンは言う。彼の旅は報いられたのだ。

少なくとも金銭的にはそうだ。

「妻のことを誇りに思うよ」と彼は言う。「彼女にはすごいエネルギーがあって、みごとにやってのける」。

危機的状況にあるあらゆる地域で女たちがやってのけることをヴァイダーもまたやってのける。すなわち、彼女は日常生活の要諦を心得ていて、困難を巧みにさばく。これに類似したことはしばしば見られる。アフリカの難民キャンプでは、男たちは木陰に座って大問題を議論する。女たちは洗濯をし、炊事をし、学校を組織し、テントを掃除する。男たちは、ジョンのように町に繰り出して、ヨーロッパを目指す。女たちはといえば、たとえばヴァイダーのように、五時半に起床して、ガーナのオートミールと言うべき「ココ」〔トウモロコシの粥〕を調理し、学校の時間に合わせて子どもたちを起こし、八時には店《バー》を開けて、夜の一一時に閉める。

私たちはビールを飲んでいる。するとジョンは事態をややこしくし、ますますエスカレートさせる。というのは、彼は客の面前で、すぐにベッドで一四年間の埋め合わせをしなければならない、妻もきっと楽しみにしているはずだと告げるからだ。ヴァイダーは笑っている。かわいそうに。

かわいそうな二人。

だが、二日後には二人の距離は近くなり、打ち解けてくる。二人は笑い、今や彼らが異なる姓を名乗っていることを笑いあう。彼らは元来は「アムパ」（Ampah）という名前なのだが、スペインの係官がぞんざいな扱いをして、名前の最後の綴りのhをnにしてしまったからだ。数年来ジョンは「アムパン」（Ampan）になっているという次第。

当時ジョンがここを抜け出してヨーロッパへ行くための大半の金を出したのは義母のフィデリアだった。というのは、この家は彼女のものだったからだ。ジョンが出発した後、義母は彼女の娘ヴァイダーと三人の子どもたちだけを彼女の家に住まわせて、彼女自身は郊外のスラムへ移った。それはドドワという村で、そこにフィデリア・ドゥホは泥のなかに立つ黄色く塗られた掘っ立て小屋を持っている。電気のない二部屋、小屋の扉の前には痩せた鶏が一羽、トイレは小屋の外で、板囲いされている。この共用便所は隣人たちによって浚《さら》われる。そこにはネズミが棲みついている。

この光景はジョンをかなりうろたえさせる。彼は泣く。

「やあ、婿殿」と彼の義母は言う。二人は黙って抱き合う。

家族は食事の席につく。フィデリアは、義理の息子を非難したことを物語る、長いこと彼から何の音沙汰もなかった当時のことを。しかし今、彼女はただこう言う。「立派な男だ。あんたは立派な男だ」。そして今では、彼が病気であったことを信じている。彼女はジョンの腹部にある垂直の傷跡を指で撫でる。

テーブルには、香辛料を効かせた辛いスープの入った二つの鉢が置かれている。エビと鶏肉がそのなかに浮かんでいる。タマネギ、トマト、胡椒、さらに燻製の魚に牛の首筋の皮が少々。「オクル」と呼ばれるこのスープは饗宴用の料理だ。深皿の隣にはトウモロコシの粉とキャッサバでつくられる「バンク」と呼ばれる団子がある。団子の一部をスープに浸して食べる。みな指で食べる。この座に後から加わった女性はペイシャンスとホープで、さらにイノセントとラックがやって来た。ジョンは、これからは毎年帰郷すること、さらに土地を買って新しい家を建てるために貯金することを約束する。ガーナでは土地に二〇〇〇ユーロ、家に六〇〇〇ユーロが必要だ。ジョンは彼の家族に新しい家を建てて、義母には昔の生家に戻ってもらうことを約束する。

私に向けられる質問は好意的だ、いつものように。お元気ですか？　お国はどちら？　ここへやって来たのはどのような理由？　よく眠れた？　奥さんはお元気？　お子さんたちは？　ご両親は？

私たちは二時間車座になって食べ、笑い、報告し合う。しかしマルクスと私が私たちの旅のことを少し話すと、私たちは次第にその場から消えてしまう。ここでは家族が一同に会しているのであって、私たちはそこには属していないのだ。私たちには彼らの言葉はわからない、彼らの眼差しも、彼らの身振りもわからない。私たちは彼らの過去を知らず、彼らの秘密を見抜くことはできず、彼らの人間関係についても何も知らない。私たちはその場に居合わせた目撃者にすぎず、よそ者だ。この事実を変えるものは何もない。

しかし、ジョンの子どもたちもまた彼に対して相変わらず黙しがちだ。戸惑っているのだ。彼らはほとんど質問しない。一八歳になるグレン、「ハーバー・シティ」クラブのサッカー選手は沈黙を守っていて、たえず父親の傍から逃げ出す。ジョンが階下に座っていると、グレンは階上へ行く。何かを取りにゆくのだが、長いこと戻ってこない。電話では二人は数年来ヨーロッパについて語り合っている。グレンは彼の父親の後を追うつもりでいる。だが、父親はそのたびに思いとどまらせる。「ここはお前が考えるような状況ではないよ。まず大学を出て、それからビザを取得することを考えろ」とジョンは助言する。グレンはテマにいるから、ジョンの言うことが信じられない。その都度こう尋ねる。「それじゃ、パパはどうしてそっちにいて、家に帰らないのさ？」。そして今、二人は互いの目を見合って、言葉を見いだせずにいる。

私たちが一緒に両替にゆくときは、問題はない。どんな具合だい、グレン。パパとはうまくいっているかい？

するとグレンは言う。「ぼくはうれしい、そして悲しい。混乱しているんだ。彼の金に頼りたくない。服も要らないし、ＤＶＤプレーヤーも要らない。そんなものがいったい何だって言うんだ、長いことずっと父親がいなくてとにかく寂しかったことに比べれば。今彼はここにいて、あたかもここに属しているかのように、まるでぼくたちが彼の家族であるかのように振る舞っている。いや、そうじゃない。とにかく長すぎたんだよ。彼に言うことは何もないよ。何を話せばいいんだ？　ぼくたちの家にいるこの男はぼくたちの一員じゃない」。

それがきっかけになって、この家は誰のものかという議論になる。「明日一時に私の家に来てくれ」とジョンが言う。

「私たちの家だよ、ダッド」とすぐにエヴァが言う。

「お前たちの家だ」とジョン。

そして彼はエヴァを、父親が自分の娘をじっと見るときの、情愛のこもった眼差しで誇らしげに見る。「私は娘をいつも腕に抱いていた。娘が四歳になるまでは」とジョンは言う。

「六歳だよ。私は六歳だったの、ダッドが出て行ったときは」

「そうか六歳だったか」

「それからは別の人たちが私をもっと可愛がってくれた」とエヴァは言う。

＊

**エヴァ・アムパ、二二歳、テマ、ガーナ**

父が外出するときはいつも、どんなふうに私を連れて行ってくれたかを覚えている。あれはいちばんすてきな思い出。父が出て行った日のことはもう覚えていない。私が覚えているのは、父がいなくなったことをいつかわかったことだけ。私は母にその理由を尋ねた。でも、母はいつもこう言うばかりだった。後で、あなたが大きくなればすべてがわかる、と。父はしばしば電話をかけてきた。あるときは私の生活のことを話したけれど、また別のときにはほとんど話をしなかった。私は長年父を待っていた。そして、父が戻ってくると信じることを諦めた。ときによると何かがとにかくあまりにも長くなりすぎる。ときによるとそのためにいちばん大事な人間が自分の人生から消えてしまう。

今、私は父のことを必ずしも理解しているわけではない、でもヨーロッパに行く人たちの気持がわからないわけでもない。というのも、ここガーナでは何かを成し遂げることは困難だから。私は大学で英語を専攻して、映画産業かメディア関連会社に入りたい。でもそれがここではどれほど難しいことかあなたたちヨーロッパ人にわかる？　それでも私はビザなしでは行かない。私には居場所がある。私の居場所はここ。

＊

三年間ジョンからは何の消息もなかった。その後は数ヵ月に一度連絡が来るようになった、ナイジェリアから、モーリタニアから。そしてときには電話があった。しかしまだ携帯電話はなく、テマのコミュニティ5には固定電話もなかった。ここの公衆電話が唯一の電話だった。しかしたいていはうまくゆかず、チャンスを逃した。ジョンが電話をすると、ヴァイダーが留守であり、彼女が待っていると電話は来なかった。

子どもたちは、父はどこにいるのかと尋ねた。母親は、彼は旅の途中で、戻ってくると言う。いつか子どもたちは、彼らの父親は家族を見捨てた男たちの一人ではないのかと詰問する。母親は、そうじゃないその反対よ、彼のしていることは私たちのためを思ってのことなのだと言う。

グレンは言った。「ママ、パパは戻ってこない。ママはそのことを知っているんだ」。

「グレン、今にわかるわ」と彼女は言った。

ねえヴァイダー、ジョンのことを理解できた？

「いいえ、あの頃はできなかった。とても長いこと彼には会えないだろうということはわかっていた。不安だった。でも、グレンは私と議論したのではなく、彼は一点しか見ていなかった。彼はその状態から抜け出したくなかったのよ」。

そして一〇年以上経って、ジョンのことを今は理解できる？

ヴァイダーは黙り込んで、彼女の腕輪を廻している。彼女の風呂場のスリッパには「Ｙｅｓ」と書かれている。しかし、彼女は黙っている。すると、ジョンが言う。「彼女は問題ないよ、彼女は幸せだ」。ヴァイダーは、学校は子ども一人当たり月に一〇万セディかかる、と言う。約九ユーロだ。三ヵ月ごとに支払わねばならない。両親に金がなくなれば、子どもはたちまち学校に通えなくなる。ジョンが毎月送る二〇〇ユーロは二二〇万セディ弱になる。それで十分だ。

ヴァイダーは語る。「ヨーロッパに伝《つて》のない家族にはそんなことは不可能。今ではジョンのことがわかる」。

### ケープ・コースト、ガーナ

私たちの出発は遅すぎた。私たちはもっと順応しなければならない。穴だらけの道を三時間走るには、八時朝食、九時出発では遅すぎる。しかも、二〇キロ毎に警官に停止を命じられる――彼らは小銭が欲しいだけだ。また道路――舗装道路であれ、砂の未舗装路であれ――を走り回る子どもたちにも注意が必要。さらに追い越しのために対向車線からこちら側にはみ出してくるトラックも怖い。彼らは、赤と黄に塗装された私たちのトヨタ・カローラが見えるはずなのにそうする。私たちは生活のリズムを変えなければならない。アフリカでは、人びとはヨーロッパ以上に昼の明かりに合わせて生活する。人工の明かりはここではまれで、高くつくからだ。一日の生活は夜明けに始まって、日暮れとともに終わる。たとえば朝は七時で、夕方は六時である。

私たちは海岸線を西に向かって車を走らせる。路傍にはテーブルがあって、そこには携帯電話が置かれ、二人の若者が座っている。ボール紙には「モバイルからモバイルへ」と宣伝文句が書かれている。このテーブルで電話ができる。若者たちは電話を賃貸しする。商売は繁盛している。

私たちはコンコンバ市場を見てまわる。ここではイチジク、マンゴー、石榴《ざくろ》、バナナ、パイナップルなどが売られている。ヨーロッパからの衣類もある。再利用のために市場に出された古着だ。「ウインド・スター・ナイト・クラブ」が目につく。板が一枚のカウンターと二つのソファが道路端に置かれている。「何も見分けがつかないよ」とジョンは言う。「ぼくの故郷はなじみのないところになってしまった」。私たちのさしあたりの目的地はケープ・コースト、当時ガーナの海岸沿いに三七あった奴隷要塞の一つだ。

この海岸線には緑豊かな丘が続いている。黄色に塗られた小屋の屋根は低い。いたるところから音楽が聞こえてくる。スカにレゲエ。山羊が小屋の間を走り回っている。

一四九二年にクリストフ・コロンブスがアメリカを発見した。一四九九年以降、スペイン人とポルトガル人が、後にイギリス人も南北アメリカの開発に乗り出す。先住民は戦闘によって、あるいは病気で死んだ。征服者たちは労働力を必要とした。一五一八年に最初の奴隷船がアフリカのギニアから向こう側の新世界へ渡った。白い石造りの要塞ケープ・コースト・キャッスルは一六六四年にイギリス人によって大西洋に突き出た岩礁の上に建造された。ということは、イギリス人が鞭打ち、アフリカ人が建設したことを意味する。ガーナをめぐる覇権は植民地時代の初めにはしばしば入れ替わった。スウェーデン人、デンマーク人、オランダ人、イギリス人がここにやって来て、イギリス人が最終的な権利を得た。

彼らはどうすれば富を得られるかをすぐに発見した。ヨーロッパ、新世界、アフリカ間の三角貿易事業を起こした。アフリカへは、族長向けにラム酒が、部族民向けにビーズと鏡が輸入された。「支配人間」はアフリカから金《ゴールド》と「下等人間」を輸出した。奴隷狩人たちは約二九〇〇万のアフリカ人を引きさらった。そのうち何人が狩の最中に、輸送中に、殺人や自殺によって命を落としたか、正確に知る者はいない。そのうえさらに、その後の四世紀の間に同じく二九〇〇万人が殺されている可能性がある。ヨーロッパ人は反逆者を海に投げ込んだ。彼らは病人、妊婦、被強姦者、非服従者など、彼らの役に立たない人間の肉塊を甲板から大西洋に投げ込んだ。そして、喜望峰から拉致されたサールタイ・バートマンのような女性は、ヨーロッパで見世物の檻に入れられるか、貪欲な男たちの前で裸踊りをさせられた。サールタイ・バートマンは「ホッテントット・ヴィーナス」と呼ばれたが、彼女は月経時の体調不良を訴えるいわば雌ザルで、人間と動物の中間的な存在にされたのだった。

　公式には植民地時代は約半世紀以上続いた。一八八四／一八八五年の「ベルリン会議」から一九六〇年代以降の解放にいたるまで――「ベルリン会議」では、アフリカ大陸の一万もの王国、部族、連邦が四〇の植民地に混ぜ合わされた〔欧米十五ヵ国がアフリカ分割のための「コンゴ盆地条約」に調印〕。しかし、これは欺瞞だ。最初の船は「ベルリン会議」以前に出ていたのだから。すなわち、白人たちは当初から自分たちをより強い、より高貴な、より純粋な人間と考えていた。彼らは唯一の真の神から派遣されており、それゆえ当然のごとく、彼らなりの意義が見いだせると思える場合には、これらの「野蛮人」を教化し、略奪し、殺す権限があると考えていた。

　まず鉄砲がやって来た。その後ムスリムとキリスト教徒の宣教活動が始まった。そうして奴隷制が始まった。組織的な人さらいの時代は四〇〇年続いた。これを克服するには、この大陸は何百年を必要とするのだろうか。この四〇〇年を咀嚼し収支決算するために、そしてさらに力と創造力の大陸へと飛躍発展するために。

　大陸の歴史の暗黒部分の下手人がヨーロッパ人だったことはまちがいない。だが、アフリカ人もこれに手を貸していた。西アフリカの諸部族は相戦っており、勝者となった族長たちは敗者の戦士を白人に売っていた。そして、敗者の数が十分でなく、捕虜が足りない場合には、族長は自身の部族民を売っていたのだ。族長は兵士に村々を襲撃させ、部族民の小屋から息子や娘を連れ出した。奴隷市場で売りに出すため、つまり族長の富を増やすためだった。多くの奴隷と交換に多くの武器が手に入った。それらの武器でさらに多くの奴隷を捕えることができた。

　奴隷制の歴史はアフリカの歴史の核心部分をなす。その歴史はアフリカの放浪の旅《オデュッセイア》の物語と関連している。アフリカ大陸はかつて農業のために緊急により多くの人間を必要としていた、つまり人口増大が必要だったにもかかわらず、ほかならぬこの時代に強奪によって人口を失ってしまった。その一方で、ヨーロッパとアメリカは発展し、多くの発明をし、国づくりを成し遂げた――奴隷によって、つまりアフリカ人によって築かれた土台の上に。まずヨーロッパで、その後アメリカで展開された産業の時代である一九世紀には、アフリカははるかに遅れをとった。その後ずっと遅れて、二〇世紀の六〇年代に植民地が放棄されて、アフリカがついに自由になったとき、アフリカは損なわれた人間の大陸になっていた――劣等感と隷属感をもった人間。ウォーレ・ショインカ〔ナイジェリアの詩人・劇作家。一九八六年にノーベル文学賞受賞〕は書いている。「文化的かつ精神的な陵辱――このカタログを完全なものにしようと思えば、いくらでも拡大することができる――は、諸民族の集団心理とアイデンティティ感覚に拭いがたい痕跡を残した」。トータルで約六〇〇〇万の人間が絶え間なく消滅し死亡したこと、火器と王たちに対する恐怖と無力感――これらが記憶に刻み込まれ、それが部族を変え、民族を変え、大陸全体を変える。それは自画像を変える。それはまた、他者が一部族について、一民族について、一大陸全体について持つイメージを変えてしまう。

　アフリカのイメージ？　取り残されて腑抜けの、卑屈で追従的、迷信深くて怠惰、不潔で原始的――この大陸はしばしばこのように見られているし、そのように記述され、そのように扱われている。植民地を経営する国々は、アフリカには自己管理能力が欠如しているという理由をつけて植民地政策を正当化した。それゆえ、この自己破壊的な大陸が今日のグローバリゼーションと高度テクノロジーの時代に他国と張り合うことができないのは実際に驚くにはあたらない。つねに他国が利益を独占してきた四〇〇年の後、新しい時代が到来したとき、この大陸は引き裂かれ、屈辱的な状況に陥っていた。『ディー・ツァイト』紙のアフリカ特派員バルトロメウス・グリルはこの状態を「成長不全という成長」と命名する。「グローバルなシステムへの統合は失敗した。（中略）大陸はあたかも発展史上の無人地帯のような状態だ。古い世界は死に絶えて、新しい世界はまだ生まれていない」。

もちろん、今日のアフリカの諸問題は、当時の奴隷制と同様、汚職、暴力、さらにアフリカのエリートたちの無能力と無関係ではない。しかし、他の大陸も一足飛びに洗練されて進歩的な市民社会を形成したわけではない――今日にいたるまでには数百年かかっている。今日それらの社会は、アイデンティティを、自意識を、自己の理念と能力に対する感覚を有している。アフリカにはこれらすべてが欠けている。アフリカは足が麻痺しているのだ。なぜなら、近代化競争を始めるべく、他の大陸の国々がすでにスタートラインに立っていたとき、アフリカは大地に鎖でつながれて横たわっていたからだ。

ケープ・コーストは一七〇〇年から一八七七年まで植民地「黄金海岸」の首都だったが、後に行政官庁はアクラに移された。今ジョンは「男性地下牢」に立っている。幅五メートル奥行き一〇メートルのなかに二〇〇人が捕えられていた。明かりはなく、便所も食事もなかった。ときおり看守が入ってきて、柄杓《ひしゃく》の水を捕虜たちの上にかけた。牢内は寒く、湿っている。剥き出しの石、牢は七メートルの高さがある。上の壁のなかには穴があって、そこに看守が座って、奴隷たちを見下ろしていた。ここは閉所恐怖症を引き起こすほど狭い。ここがいかに悪臭を放っていたか、奴隷たちがどんなふうにお互いの上を乗り越え、重なり合って横たわっていたか、また彼らがいかに死体を積み上げたか、それは想像に難くない。そしてまだ命がある者たちは、鎖につながれてトンネルを抜け、二度とくぐることのない扉を通って船へ、船底へと連れてゆかれた。その隣の金の貯蔵庫は一五〇人の兵士によって警備されていたが、彼らは残念ながらほどなく死んだ、マラリアで。すると新たな兵士たちがやって来た。

別の扉は女性牢だ。指揮官に望まれた女たちは、土地の者たちによって身体を洗われた後、足かせをつけたまま階段を登らされ、その後ふたたび地下牢に投げ込まれた。

さらに競売のためのホールがある。そこには窓が一つあって、その窓は隣の要塞フォート・ウィリアムズに向いている。イギリス人たちは鏡や光の合図を送って連絡を取り合った。

イギリス人は奴隷制を公式には一八〇七年に終結させた。だが、奴隷取引はその後も継続されて、一八二〇年まで続いた。ブラックマーケットである。

今日でも昔と同じだ、とジョンは言う。むろん近代は中世末期よりは人間的になっている、疑問の余地はない。しかし、ヨーロッパが決定し、アフリカがそれに従い、ヨーロッパはわが身を心配し、アフリカには何のチャンスもないという構図は相変わらずそのままだ、それゆえ今日の移住者は本来自発的にヨーロッパに行くわけではない、とジョンは言う。「生きたいと思えば、ぼくたちはヨーロッパに逃げるしかない」。じじつきょうもまた若くて屈強な者たちは出てゆき、そうして大陸はふたたびエクソダスによって衰弱すると言う。

城砦（ケープ・コースト・キャッスル）から数キロ離れたインティンという村にアムパ家の故郷がある。「B／01／2」というのがその住所だ。古い一軒の家が立ち、一面の壁が黄色に、もう一面の壁が赤く塗られている。階段が二階に通じており、二階には六室ある。三〇年前にジョンの曽祖父はそこで死んだ。そのときジョンはベッドの前に立っていた。右手奥の部屋、リラ色のドアの背後に曽祖父の死のベッドがあった。かつて家の前には一本の木が高くそびえていて、「金のなる木《マネー・ツリー》」と呼ばれていた。その木の下で男たちは賭けごとをしたり、商売について話したりしたからだ。

それから三〇年、木はとっくに切られているが、ジョンの伯父とその妻はまだここにいる。ハリーとマーガレットだ。マーガレットはともあれ「ハロー」とは言うものの、ヨーロッパの様子はどうかとか、変わりはないかなどとジョンに尋ねたりはしない。ここの人びとにとって大事なのは別のことだ。ハリーは浴室用スリッパを履き、グリーンの短パンにランニングシャツを着ている。彼は言う。「お前が戻ってきたのは良いことだ。家の壁を修理したいんだが、セメントを調達できずにいる。お前はヨーロッパで金を稼いでいるし、なんといってもこの家はお前の家でもあるわけだし」。

「グッド・モーニング」とジョンは言って、金を払う。セメント袋が五つ、開封されて、おそらく数年前から家の壁の前に置かれているのが見える。

イギリスのかつての植民地「黄金海岸」ガーナは一九五七年に独立した。ガーナ人は四年毎に大統領を選ぶ。ガーナは二三万八五三七平方キロメートルの国土を有するが、これはフランスの半分の広さだ。人口は二一一〇万で、英語、アカン語、エウェ語、ガー語などが話されている。二〇〇三年のインフレ率は二九％で、発展途上国向けの援助金約九億五四〇〇万ドルが国庫に入る一方で、対外債務は八〇億ドルに上った。ガーナは、南アフリカに次いでアフリカ大陸第二の金産出国だが、無計画な森林伐採の後遺症に悩まされている。土壌浸食《エロージョン》、水不足、旱魃《かんばつ》。これらは遠い将来を考えない人間が仕出かした結果だ。

ガーナでは約六〇年前に独立を求める戦いが始まった。当時、フランスとイギリスの植民地では様相が異なっていた。フランス領の革命家たちはかなり穏健だった。彼らの目標は自由と統一アフリカを求めることではなく、植民地の住民全員がフランスの公民として認められればそれでよかった。当然ながらこれはパリの支配者によって拒絶された。他方、イギリス植民地の闘士たちははるかに急進的だった。彼らの闘争は、アレクサンダー・クラムウェル、W・E・B・デュボイス、マーカス・ガーベイの文書に依拠して組織された。この三者は「アフリカをアフリカ人の手に」というスローガンにもとづいて、黒人はすべて基本的に、彼らがどこへ移されようと、どこで生まれようと、一つの文化を有する一人種であること、この偉大な大陸全体が独立して一体とならねばならないという点で一致していた。

その後一九四七年に、雄弁で果敢な若者がイギリス留学からガーナに戻ってきた。クワメ・ンクルマ〔英語にもとづく表記ではエンクルマ〕である。彼は小さなグループから運動を開始して、さらに市場で運動を展開し、学生や退役兵たちを配下に集めた。そしてついに、国内の示威運動で「今こそ独立を！」と叫ぶに至る。この言葉は燎原の火のように広がった。

一〇年後、ガーナは西アフリカで最初の自由な国になった。だが、ガーナもまた他の多くのアフリカ諸国の例に洩れず、革命家が独裁者に変貌するのを経験する。クワメ・ンクルマは故国を自由へと導き、殖民地の時代に終止符を打った新しいアフリカの最初の政治家だった。さてその後はと言えば、偉大な指導者から指導者を演じる役者に成り下がった。彼は富を懐に入れ、一族郎党が富にありつくのを座視し、悪趣味な共産主義の説教を垂れた。一九六六年、軍事クーデターで支配者の座を追われたンクルマは逃亡し、ニコラエ・チャウシェスクのルーマニアで客死した。

今日ガーナでは多くのことが進展している。民主化は成功したように見える。ジョン・アジェクム・クフォー大統領は世界経済に門戸を開放した。それゆえ世界はガーナを模範国家と宣言する。熱帯雨林の上に高く架けられたカクム国立公園の三五〇メートルの長さの吊橋は観光客を呼び寄せる。「コフィ・アナン国際平和維持訓練センター」では、アフリカの国連平和維持活動（PKO）部隊が訓練を受けている。ガーナは平和で、比較的民主的である。そのためにガーナは移民受入国になっている。リベリアとシエラレオネにおける迫害の犠牲者たち、最近数ヵ月では特にコートジボワールからの犠牲者がガーナにやって来る。「リッチ、ダーク、深い満足」、これはガーナのギネスビールの宣伝文句だが、もちろんこのスローガンは黒人たちの誇りと憧れをもてあそぶものだ。

世界銀行の関係者に言わせると、ガーナは「磁石のように人をひきつける、つまり不確実な海に浮かぶ安定した島」である。そう言うのは、アメリカ人のポール・ミッチェルで、彼はたびたび数週間の予定でワシントンからやって来る。多くのプロジェクトをチェックするためだ。ミッチェルはある若い男のことを物語る。彼はいつも四日間かけて徒歩でアクラからマリへ行き、そこで銀を見つけると、ふたたび四日かけてアクラに戻り、その銀を観光客に売る――これは多くのアフリカの個人創業助成金による個人企業の一つで、世界銀行の人間をいたく感激させる。

政治学者たちがアフリカについて語るとき、彼らは好んでパラドックスの大陸という言葉を用いる。アフリカは、他のいかなる大陸よりも一人当たりの発展途上国援助が多いにもかかわらず、世界の大部分の「絶対的に貧しい」国々はアフリカにあるという。これは「援助パラドックス」と言われる。アフリカは希少価値の高い地下資源を有しているにもかかわらず、債務超過なのでやがて世界市場での重要性を失うと言われる――「地下資源パラドックス」。アフリカは多くの可能性を有する農業の大陸であるにもかかわらず、農業発展はひどく遅れていて食料品を輸入している――

「農業パラドックス」。ポール・ミッチェルの言によれば、ガーナのような国々が世界銀行から入手する資金は、多くの小規模の理美容サロンやカフェを新規開店する助けになる。「もちろん、人びとは見知らぬところへ出かけるよりも地元で何かを始めることを選ぶ。とにかく彼らにチャンスを与えることが必要なのだ」。

世界銀行はアクラのノースリッジ地区にある三階建ての白い建物のなかにある。「私たちの夢は、貧困から開放された世界」とポスターには書かれている。たった今、世銀がガーナ政府に三度目の融資を約束したばかりだ。一億二五〇〇万ドル。契約書によれば、この資金は「経済成長、所得、雇用」を確保し、生活条件を改善し、もちろん民主化を強化し、政府への信頼をも高めるものとされる――「主要かつ究極の目標は人間の進歩である」。これは世界銀行流の表現だが、アフリカにとっては頼もしい言葉だ。

アクラにある世銀の西アフリカ支店長マッツ・カールソンは、三階の二一〇号室に座っている。カールソンは丸眼鏡をかけ、オレンジ色のアフリカのシャツを着ている。金髪はかなり長い。彼は妙に非対称的な顔つきだ。左の頬には皺ができるが、右側には皺はまったくない。現在四九歳のマッツ・カールソンは六ヵ国語に通じている。大学では哲学と音楽を専攻し、ウィーンやプラハで、最後にはストックホルムのフィルハーモニー管弦楽団でコントラバスを弾いた。それは二〇年前のことで、発展途上国の政治にかかわる以前のことだ。イングヴァール・カールソン〔元スウェーデン首相〕とヴィリー・ブラント〔元西ドイツ首相〕がアフリカ振興プログラムを推進し始めたとき、カールソンはスウエーデン外務省のチーフエコノミストだった。

このマッツ・カールソンこそ、世界貿易機関（WTO）、国連、アムネスティ・インターナショナル、そして世銀に籍を置く例の人びとの一人だ。つまり、かなり多くの言語に通じていて、より早くより多く話せるようにと略語を多用する連中である。たとえば、MMRというのがそれで、これは産婦死亡率(maternal mortality rate)の略語だ。世銀の人間は夜通し仕事をする。彼らは迅速で、頭脳明晰、教養があり、彼らがおこなうことの意義を信じている。カールソンはこれを「グローバルな問題管理」と名づける。彼が意図するのは、人類の運命の問題、すなわち、貧困と人権、危機と移住、エネルギーと環境、森林と水などをめぐる諸問題に回答を与えようとすることだ。「大きな問題は技術的な問題であり、回答を見いだすためには経済と科学を理解する必要がある。われわれ人類は壁にぶつかっており、先に進むことができない。われわれはそれをやがて成し遂げるか、あるいは数十年後にわれわれは今日まだ想像し得ない窮地に陥ることになるかのどちらかだ。たとえば、貧困問題を解決せずに環境問題を解決することは残念ながら不可能だ。彼らの問題を解決せずしてヨーロッパの問題を解決することはできない*」とマッツ・カールソンは言う。「彼らの」とは、あらゆる貧者の問題、わけてもアフリカ人の問題のことである。

カールソンはガーナについて語り始めると、夢中になる。なぜなら、ガーナには「質的コミットメント」があり、「測定可能性とコントロール」があり、「政府・全国民・資金供与者間の契約」が存在するからで、この契約はとりわけ一つのことを強調している。「彼らが良いことを為すならば、われわれは彼らの味方だ」——要するに、アフリカ人が信頼できて、民主的で、もはや汚職がなければ、世界は金を出す、というものだ。この契約は効果を挙げている。過去五年間に五〇万人のガーナ人が貧困から抜け出した。これは全住民の五%が一日当たり一ドルの生活水準をクリアしたことを意味する。さらに、水の供給は改善され、小学校の初めの数年間は無料化され、この三年来経済成長はコンスタントに五%を超えている。ガーナはアパルトヘイトの国ではなく、戦争やエイズによる打撃もない。「ここでは部族構造と近代的な発展が良い作用を及ぼし合っている」とカールソンは言う。彼の見解では、アフリカの八ヵ国――ガーナ、タンザニア、ウガンダ、モザンビーク、ボツワナ、セネガル、マリ、ブルキナファソ――はやがて近代化へ向けて飛躍する可能性を秘めており、「ガーナは他の諸国の模範例になるはずだ」と言う。国外移住さえもが国の害にはならないし、いずれにせよ害を及ぼすだけということはないとカールソンは言う。なぜなら、アメリカ、イギリス、あるいはドイツで生活している三〇〇万のガーナ人は数百万ドルを故郷に送金し、故国ではその金で住宅や道路や商店が建設されるからだと言う。

「近代的精神とは、もちろんアフリカでも時間厳守と勤勉を意味する。しかしそれは、ヨーロッパ的な進歩が部族構造と噛みあって、新しいものを創造しうることをも意味する」とカールソンは言う。

だが、マッツ・カールソンはガーナの担当者だ。「世界銀行は成功物語を好む。それゆえ、世銀は真の物語のいくつかを無視することもある」、と語るのは「科学・工業研究評議会」（ＣＳＩＲ）のエドワード・Ｓ・アイエンスだ。彼は長年にわたって世界銀行プロジェクトの成功と効果を検証してきた。ゆったりとしたアフリカふうのグレーの上下服に大きな眼鏡をかけている。象が描かれた絵の前に置かれたチェアに座って、バランスを取るように上体を前後に揺らしている。アフリカの真実は世界銀行の真実よりもはるかに厄介だと、彼は言う。そして、はるかに複雑だと付け加える。というのは、「いくつかのプロジェクトは不合理で、失敗したことは事実だから」。たとえば、ダム湖を建設した後に農民たちを漁師に転職させようとする試みがそれだった。農民たちは拒絶し

＊　初出の『デア・シュピーゲル』では、「貧困問題を解決せずに、環境、森林、海洋、エネルギー等の問題を解決することはできない。なぜなら、中国やアフリカの貧しい人びとが飢えているかぎり、彼らに環境の重要性を説くことはできないからだ」（Klaus Brinkbäumer: *Der Spiegel*, Nr. 3/07, S.50 ff）

た。泳げないから、というのがその理由だった。そしてまた、世界銀行が相変わらずあまりにも多額の資金を、自分の懐に入れるだけの男たちの手に委ねているのも真実の一端だ。ガーナ人の四五％超は一日一ドル以下で暮らしている。そして、ガーナに投入される幾百万もの金はすべて消えてしまうだろうと『ファイナンシャルタイムズ』は予告する。ガーナは、「低所得、最低限の預金、無投資、低生産性ゆえの低所得」という悪循環に陥っているのがその理由だという。

二〇〇〇年にベルリンの「科学・政治財団」（ＳＷＰ）はアフリカの展望に関する研究をまとめた。実際の貧困低減については、悲観的な結論が出された。今後五〇年経っても貧困から抜け出すのは難しいという。観光客に人気のある二つの小さな島国、モーリシャスとセーシェルはとにかく「新興国」に位置づけられるが、一三ヵ国――そのなかには、ニジェール、シエラレオネ、コンゴが含まれる――には発展のチャンスはごくわずか、あるいはまったくない。ガーナを含む八ヵ国は「潜在的な改革国」に分類された。

しかし、ガーナでも相変わらず多くのことがうまくいっていない。だからこそ、今もなお国外に移住する者が多いのだ。

ガーナには原料資源がある。特に金とカカオ。しかし、アシャンティ金鉱山を支配していた旦那方は新しい機械を導入することができなかったので――彼らの資本は突然消えうせて、見つけられなくなった――南アフリカの競争相手アングロゴールド社に買収された。それ以来、南アフリカ人がガーナの金を支配することになり、多くのガーナ人は失業した。ガーナには健康保険がなく、昨年にはふたたび一万五〇〇〇人の子どもたちがマラリアで死んだ。社会保険はない。賃金はひどい。というのも、ほとんど仕事がないからだ。それゆえここでは、アフリカのいたるところがそうであるように、若い男たちが郊外の塵埃のなかに座っている。彼らは体力を持て余している。学校の教員の月収は二〇〇ユーロ、銀行員は四〇〇ユーロ。路傍に立って、飲み物を売る多くの者たちは一日に二、三ユーロを稼ぐにすぎない、運がよければ。

そして、ひとたび誰かがたとえば小さなＰＣショップや電話やファックスの販売店を開業することに成功すると、彼の家族がかなり高い確率でこの成功者をふたたび共同体レベルにまで引き戻してしまう。ひとつには、親類縁者が彼の成功を妬むからであり、ひとつには、この勝利に与ろうとするからだ。「私たちの社会では、家族はきみを支えてはくれない。だが、何かを持っている者がいると、全員が、彼がみんなのために配慮するのは当然だと考える。全員が彼の成功に与ろうとする。そうなると、彼の金はすぐになくなってしまう。とどのつまりは破産というわけ」。こう語るのは、ガーナの入国管理局で移住者の相談に乗っているアルバート・サリア（三六歳）だ。

これがアフリカ的な連帯の結果、すなわち無気力だ。

成果や業績は報われるか？　ここではそうではない。給与所得がきわめて低く、自身の家族によって成功が妨害されるとなれば、それでもなお働く理由があろうか？　「あなた方の言うところの市民社会なるものをわれわれは持っていない」とサリアは言う。「西アフリカには発展志向や進歩志向というものがまったくない」。さらに、ガーナでは非常に良い教育を受けた多くの者たちが大学や学校を離れてゆく、と彼は語る。「それも仕方がない。彼らはみな信じられないほど薄給だからね。彼らが出てゆくのは、社会が彼らを正当に評価しないからだ。そして彼らが国を出てゆくことによってまた社会は損害を蒙る」。アルバート・サリアの切歯は斜めに突き出ており、彼の左目は半ば塞がっている。「ぼくがあまり写真向きでない点では疑問の余地はないね」と彼は笑う。サリアはガーナ大学の大きな「ティンギ・ティンギ」講堂の最後尾の列に座っている。入管での仕事の傍ら、まだ大学で学んでいるのだ。

エドワード・S・アイエンスによれば、ガーナを出てゆくグループには三種類ある。第一のグループは、医師、看護婦、エンジニアなど。彼らは大学卒業後あるいは職業教育を終了すると、とにかく修得したもので収入を得るために国を出る。これは、国の最良の部分を、もっとも有能な者たちを失うことを意味し、「頭脳流出」につながる。ほとんどすべてのアフリカ諸国がこれを嘆く。第二グループは、車やテレビを求める者たち、あるいは商売でなんらかの幸運を掴もうとする者たち。第三グループは、ヨーロッパ遊学に成功して、戻ってこない若者たち。三〇〇万のガーナ人が海外で生活しているが、これは全人口の一五％にあたる。

アフリカから大量の人間が逃げ出す原因を探そうとすると、なぜ彼らがきわめて高い危険を冒すのか、またなぜ彼らが故郷と家族を捨てて出かけるのかを知ろうとすると、あらゆる動機のうちでももっとも納得できる動機に行き着く。そこには次のような計算がはたらいている。故郷での生活は困難だし、遠方での生活は容易にちがいない。これはたしかに安直かもしれない。だが、この希望は脱出の根拠として十分ではないだろうか？「グローバリゼーション」とは、産業化された世界の誘惑がつねにアフリカにも存することを意味する。輸入される消費財の形で、またテレビやインターネットを介した約束という形で。多くのアフリカ人はとっくに、彼らの国がいつか西欧の生活水準に達することは幻想にすぎないことを感じているか知っているから、西欧への出発を決断する。これは人間的なことではないだろうか？　移民の研究者は、海外移住はつねに「圧力」と「牽引力」とに関係しており、たいていは両者が結びついていると言う——国内の惨めな条件が人びとを外へ押し出し、遠方の魅力的な条件が彼らを惹きつける。これらの理由から、かつてはドイツ人もアイルランド人もイタリア人もアメリカに移住した。

ヨーロッパはオポク・アギエマのような人びとを「経済難民」と呼ぶ必要があるのだろうか？

「ぼくたちの人生は短い。だから、リスクを冒すかどうかをいつかは決断しなければならない」とオポク・アギエマは言う。「ジャックポットを当てるかもしれないし、すべてを失うかもしれない。ぼくは座して死を待つつもりはなかった。だから思い切って出発し、そして失ったわけさ」。面長の顔立ちに小さな茶色の目のオポクは少しドイツ語を話す。「アインス・ウント・スヴァンツィヒ」〔数字で、「二一」の意〕、「フライザイト」〔「余暇」の意〕と発音してみせる。これらの単語を覚えるためには、彼の憧れの国での滞在時間は十分だった。彼の旅券にはこう書かれている。「アーヘン区裁判所〔日本の簡易裁判所に相当〕の決定、整理番号41 XIV 5125・D。自由意志による出国が確実ではないため、強制送還による出国が執行される。強制送還を確実にするために、当該者は拘束される」。オポクを紹介してくれたのはジョンだった。彼らの家族は互いに顔見知りだ。「彼の物語はわれわれみんなの物語だ」とジョンは言う。オポクはドイツふうの名前のストリートバー「カールスドルフ」でビールを飲みながら、彼の物語を語る。

*

**オポク・アギエマ、三二歳、アクラ、ガーナ**

ぼくには金を出してくれる両親はいないし、ビザを調達してくれる友人もいない。仕事はどこにもない。ぼくは大学で三年間経済学と社会科学を専攻した。卒業資格は得ているけれど、さらに大学で学ぼうとすれば、学費分の金額の示された銀行口座証明が必要だ。だが、ぼくにはそんな金はない。ぼくの唯一のコネはアーヘンにいる女友達だった。彼女はぼくを招待してくれて、ぼくは観光ビザを手に入れた。アーヘンに着いて数週間が経ったとき、ぼくは決断しなければならなくなった。敢えてこのまま滞在する危険を冒すのか、あるいは故郷へ帰るのか？

何という選択肢。西アフリカ以上にひどいところがどこにあるだろう？　ある友人がぼくに旅券を手配してくれた。ボアヘン・スードラー・ジャソン・アッタという名前の本物の英国旅券で、黒人の写真がついている。黒人は黒人だ、とぼくは考えた。いずれにせよドイツでは、誰もぼくたちを区別できない。それからぼくたちは車であちこち走り回って、仕事を探した。すると、二人の警官に停止を命じられた。ぼくたちはへまをした。オランダ国境に近づきすぎたのだ。そもそも国境があることをまったく意識していなかった。警官たちは、ぼくがイギリス人であるとは信じなかった。ぼくは警察署に連行され、すっかり裸にされて、指紋を取られた。それはオーケー、彼らはただ彼らの義務を果たしているにすぎないとぼくは思った。しかし、ことはそれから始まった。

翌朝、手錠を掛けられて裁判所に連れて行かれた。ヨーゼフスキルへの近くだった。裁判官は五分間何やら弁舌を振るっていた。通訳もいないし、弁護人もいない。それから裁判官は判決を告げた。こうしてぼくは非合法の人間になったわけだ。ぼくの後にもう一人順番を待っている者がいた。彼は「ビルト・ドイチュラント」と名乗った。まだひどく若い奴だ。ぼくは奇妙な名前だと思ったが、裁判官は怒ってなにやら叫び続けていた〔「ビルト」については一二頁を参照。「ドイチュラント」はドイツの意〕。

ぼくはビューレンに連れてゆかれ、そこの刑務所に三ヵ月間拘留された。なぜ？　ぼくがどんな罪を犯したと言うのか。ぼくは学生で、これまで生涯で一度も盗みをはたらいたこともない。ぼくの何が非合法なのか？

監獄では卓球をすることが許された。アーヘン出身のムックス一家は月曜の「聖書の集い」にいつもやって来た。彼らはエホバの証人だった。それ以外では、監獄は待つこと、無感覚になること、屈辱を味わうことを意味する。ぼくは亡命申請をしたが、ガーナの出身であれば見込みはない。二〇〇四年八月二〇日にぼくは故郷に向かった。デュッセルドルフからアムステルダムへ、さらにアムステルダムからアクラへ。一人でKLMオランダ航空に搭乗して。ぼくは面倒をおこさない旨の署名をしていた。アムステルダムで、ここで逃げたらどうだろうという考えがちらっと浮かんだが、そんなことをすれば生涯逃げ回らねばならなくなるだろう。

うまくゆく可能性もあっただろう。人生というゲームでは、勝つこともあれば負けることもある。警官から停止を命じられない者もあるし、ドイツ女性を見つけて、ふたたび合法的な人間になることも可能だ。ぼくもまたトライするよ。スカンジナビア諸国の奨学金に応募しようと思った。でも、それはむずかしい。書類にすでに一度強制送還されたことが載っていると、事態はいっそう厳しくなることを考えてもみなかった。スカンジナビアへ行くまで、ぼくは叔母のところで働く。パイナップルを搾って、ジュースにするのさ。

ぼくは親切なドイツ人にも出会ったけれど、恐ろしいドイツ人にも出会った。警官はぼくに向かって大声を出し、ぼくの顔にタバコの煙を吹きかけた。あるタクシー運転手に道を尋ねると、すぐ近くだ、乗せてゆくよと言って、そのあたりを走り回った挙句、四〇ユーロを要求した。ある老人は、ぼくを二〇メートル先から認めると、「駄目だ、こっちへ来るな!」と言って走り去った。

あなたたちヨーロッパ人はひどく残酷でひどく愚かだ、と思うことがある。ぼくたちの問題はあなたたちの問題であり、全員の問題だ。それは人類の問題なのだ。けれど、あなたたちヨーロッパ人はあなたたちのすてきな世界を享受するばかりで、他を顧みようとはしない。でも、もはやそうはゆかない。なぜなら、労働力が安くなりすぎて、あまりにも多くの貧困が存在するからだ。世界はすっかり規範を失っている。あなたたちヨーロッパ人は自分たちの生活をできるだけ現状どおりに維持しようとして、時間稼ぎをしているだけだ。

またドイツに行くかって？　二度とごめんだ。

忌々しい、すてきな国ドイツは、ドイツ人専用にしておけばいい。

＊

ふたたび全員そろった家族の情景に戻ろう。

ヴァイダーと彼女の弟コフィはパン生地をつくっている。コフィは規則正しいリズムで木の幹でできた杵を壷に押しつける。彼が杵を持ち上げるたびに、ヴァイダーは生地を壷の中央へと押しやる。

ジョンは彼の妻を「マザー」と呼ぶ。これはアフリカでは尊敬の証で、周囲から認められていることを意味する。隣人たちはヴァイダーを「エヴァの母親」とか「グレンのママ」と呼んでいる。

グレンはサッカーの試合がある。父親は見に行くと約束した。ジョンはグレンがプレーするのをまだ見たことがない。息子は待っているが、ジョンは現われない。グレンのチームは〇対一で負けている。「ぼくは良いプレーができなかった」とグレンは言う。「試合中ずっと観客席ばかり気にしていたから」。ジョンは交通渋滞に巻き込まれていた。

いちばん下の娘アリスは私たちに家の二階を見せてくれる。居間は七平方メートルくらいだろうか。雑多な物がぎっしり詰まっている。それに三つの寝室。壁は合板で、衣服掛け用に釘が打たれている。絵画代わりのカレンダー、屋根はなまこ板、衣類はスーツケースに入っている。二階は音が響いてうるさく、狭くて、むっとする。全員が自分専用の部屋を持っているわけではなく、場所は共有され、隅々まで活用されている。ここにはプライベートな空間はない。一人になれる場がない。シャワーは天井に開けられた穴だ。

ジョンの義弟コフィが帰宅した。左目が腫れ上がっている。殴り合いにまきこまれたらしい。昨日海岸で一人の若者が野球用のバットで彼に殴りかかってきたという。

ヴァイダーは写真を見せてくれる。これらのソサイエティ（組合）はガーナの社会組織で、毎月数セディを組合に払い込むと組合員になれる。組合は困っている組合員に金を用立てて援助する仕組みだ。一〇〇人から五〇〇人で一つの組合を形成しており、懐が許せば複数の組合のメンバーになれる。「アディカンフォ・エデン・ナ・ンニパ・ソサイエティ」の女たちがダンスに興じている。

写真アルバムにはジョンの写真がある。当時は大きな口ひげをはやしていて、今よりもずっと痩せている。さらに、一九二五年一二月二六日生まれのジェイコブ・エベネザー・アムパの死亡通知がある。ミスター・アムパ――そう記されている――はまずアグア・スウェドラにある店に雇われ、その後映画チェーン「シネマ・トラベル」のマネジャーになった。彼は「人を傷つけたことがなく」、「真のジェントルマン」だった。一五人の子どもたちが野辺送りに加わったが、ジョンは居合わせなかった。ジョンの父親は二〇〇二年に死亡したからだ。

ジョンの母親は二〇〇四年に死んだ。このときもジョンはいなかった。彼は葬式の費用を払った。親類全員が数日間食事をするための四〇〇〇ユーロだった。彼はそのことが記されたノートを初めて見て、顔を背けて泣く。

三人の子どもたちは朝早く起床すると、ただちに各自の木の棒を噛む。「トラピア」と呼ばれる噛むための堅い木である。また「サウィ」という繊維があり、これは糸楊枝《デンタルフロス》のように用いる。ここでは練り歯磨きや歯ブラシを使用する経済的余裕はない。朝歯磨き代わりの棒を噛まずにおしゃべりをしていて、口臭のする子どもたちは殴られる。

私たちが出発する前に、ジョンは彼の兄を訪問する。家のドアをノックすると、兄はドアを開ける。兄弟は向かい合って立っている。兄はジョンだとは気づかずに、またドアを閉めようとする。「兄さん」とジョンは叫ぶ。

ジョンはミスター・アサレを訪ねる。ジョンが借金をしている二人の男のうちの一人だ。ジョンは男の手に金を押しつけ、機中から持ってきたワインを一本手渡す。ミスター・アサレは小柄で、銀髪。ジーンズにTシャツ、浴室用サンダルを履いて、笑っている。「兄弟ジョン、私は神に感謝する」と彼は言う。「きみが戻ってくるなんて、奇跡だよ」。

ジョンは彼の子どもたちに、禁酒することを約束しなければならない。ヴァイダーは子どもたちに、彼らの父親はアルコールには手を伸ばさないと話していた。ところが今、彼らはジョンがもう午後のうちからビールを手にしているのを見ている。ジョンは変わってしまった、とヴァイダーは言う。昔は、彼は就寝前と起床後には祈っていたけれど、今ではもう祈ることもなく、アルコールを飲んでいる。「なぜ?」とエヴァは尋ねる。「忘れるためだ」とジョンは言う。「それは助けにならない」と彼の娘は言い、彼はもう飲まないと約束する。

それから私たちは出発する。土曜日の朝、八時。エヴァは来なかった。ジョンは下の二人には昨日のうちに別れを告げていた。ヴァイダーだけがそこに立ち、こう言う。「無事を祈るわ」。

ヴァイダーは繰り返しこの文句をつぶやいている。

ジョンの最初の別離の物語、つまり彼の最初の逃避行については、ジョンとの最初のインタヴューのときに聞かされていた。彼は長い間このバージョンを物語っていた。その物語とは次のようなものだ。

ジョンとヴァイダーはリベリアの首都モンロビアで暮らしていた。ジョンは学生で、政治的な運動には慎重にかかわっていた。リベリアは二階級社会だった。一方には、奴隷の身分から開放されて、国家を建設した（「リベリア」という国名はそこに由来する）アメリカ奴隷の子孫たち、他方には、もとからの先住民。ジョンは両者の中間のどこかに位置していた。なぜかと言えば、彼自身はファンティ族の一員だったが、彼の父親はコカコーラで働いていたからだ。当時の国家元首サミュエル・ドウは、学生たちが地面からビラを拾い上げただけで彼らに拷問を加えていた。リベリアの内戦は、かつてアフリカで生じた内戦のうちでももっとも野蛮なものの一つだった。だから、ジョンとヴァイダーはガーナに逃げた。ガーナは彼らの家族の出身地だったから。二人はアクラの港で互いを見失ってしまった。ジョンは上陸したのだが、船はヴァイダーを乗せたまま出航してしまった。ヴァイダーは当時妊娠していた。ジョンは彼女を探したが、見つけることはできず、さらにナイジェリアへ行った。ラゴスで仕事が見つかったので、一年半そこに留まった。それから彼はヨーロッパへ行く決心をした。彼はガーナに戻り、彼の妻とともに一晩を過ごした。赤ん坊を見たのはほんの数分間だった。他の二人の子どもたちはジョンの訪問について何も聞かされていなかった。こうして彼の旅が始まった。

難民とかかわる者は誰でも、彼らの話には辻褄が合わないことがあること、またその物語が真実とはかぎらないことを知っている。アフリカを脱出する者は、自身の履歴を変更する。なぜなら、そのほうがもともとの真実の生い立ちよりもより良いチャンスを約束してくれるからだ。最良の物語は共感を呼び、間違った物語は強制送還につながる。その結果、ヨーロッパの警察や入管当局は、難民の嘘を見破るために、鎌をかけたり誘導尋問をしたりするようになる。要するに、警察や当局は基本的に難民たちから聞かされることすべてをまず疑ってかかるのだ。

難民には選択の余地がないケースがしばしば生じる。リベリアの出身であればヨーロッパ残留が認められるが、ガーナ人は強制送還されるとなれば、自身の履歴を詐称するのも当然ではなかろうか？

ジョンが当初私たちに物語ったリベリアの話は、その当時彼がそのように物語るほかない物語だった。そして、この物語と平行して、数週間あるいは数ヵ月を経るうちに徐々に第二のバージョンができ上がった。ジョンはまずガーナのある村のエピソードを語り、それから彼が少年時代に通っていたアクラの教会のことを物語った。これらすべてはリベリアで過ごした子ども時代と奇妙な食い違いをみせていた。彼はこれらをまったく自明のこととして物語ったのだが、私には疑念が湧いた。そこで私が彼に嘘と真実を確認すると、彼はこう言うばかりだった。「あなたはもうとっくに事情に通じているだろう。いったん嘘の物語を語ってしまうと、人はそれに囚われて抜け出せなくなる。ぼくがあなたと初めて会ったときもそうだった。初対面ではほんとうのことを言えないのは当然じゃないか。でも、嘘の物語を後から訂正するのはむずかしい。ぼくたちアフリカ人は嘘の世界に生きている。ぼくたちが自分の真実を見失ってしまうのは、一度嘘をつくと、その後は自分たちのことを誰にどのように物語ったか、いつも気にしていなければならないからだ」。

これがジョン・アムパンの真実である。それは大部分が検証可能だ。

ジョン・エコ・アムパン——当時はまだジョン・エコ・アムパだったが——は、リベリアのモンロビアに生まれた。彼の父親はそこで働いていたが、長くは続かなかった。ジョンが一歳半のときに、家族は祖先の出身地であるガーナに戻った。

ジョン・アムパンは、サミーの愛称で知られるサッカー選手サミュエル・オセイ・クフォーの従兄弟にあたる。サミーは長年バイエルン・ミュンヘンでプレーした後、ローマに移った〔クフォーはガーナを代表するサッカー選手。バイエルン・ミュンヘン時代の二〇〇一年、クラブチーム世界一を決めるトヨタカップでボカ・ジュニアーズと対戦し、決勝ゴールを決めた〕。ジョンの母親とサミー・クフォーの母親は姉妹で、二人はアクラから二〇〇キロ離れたアシャンティ州の古い王都クマシの出身である。K・O・61番地の家で姉妹は育ち、後にジョンとサミーもそこで大きくなった。

近所に「ハンブルガー」と呼ばれる男がいた。かつてドイツで働いていたからだ。「ドイツは冷蔵庫なんか要らないくらい寒い。窓の敷居にビールを置いて、手洗いから戻ってくると、ビールはもう凍っている。ドイツ人は眠らない。ドイツ人はいつも働いている。恋人や女房と一緒に過ごす時間さえない」とハンブルガーは語った。彼はメルセデス・ベンツ230に乗っていて、間欠的に光るナンバープレートと「モー」と聞こえる牛の鳴き声のようなクラクションを付けていた。ハンブルガーは毎朝彼の車を洗った。ドイツ人はそうする、と彼は言っていた。そして、ハンブルガーは、ドイツの生活はきびしいこと、彼は皿洗いやキッチンの手伝いを始めたが、三つの仕事を掛け持ちしていたと言う。しかし、子どもたちには、ドイツでは誰にもチャンスがあるとも話した。彼は村で最初のカラーテレビと、若者たちに皮のサッカーボールを持ち帰った。

こうしてハンブルガーは村人たちをヨーロッパの物語に感染させた。ひょっとするとアフリカのどの村にもこのようなハンブルガーがいるのかもしれない。いずれにせよ、ジョンはハンブルガーの話を忘れなかった。いつも別の生活を夢見ているだけならば、人はいつ生きることになるのか。ほんとうに重要だと思えることがあれば、それを実行すべきだ――与えられた時間は永遠ではない。

それが教訓だった。

ジョンは小学校卒業後、四年間アクラにある「カナディアン・テクニカル・トレーニング・センター」に、さらに二年間「総合技術養成所」に通った。家具職人および椅子張り職人の免状を取得して養成過程を終了した。その後はナイジェリアのラゴスへ行って働いたが、一九八三年にナイジェリア政府は多くの黒人の外国人労働者を追放した。「外国人が多くなりすぎた」と政府のスポークスマンは述べた。白人は在留を認められた。

こんなわけでジョンは帰郷した。ある友人が彼に仕事を斡旋してくれた。その友人の父親はガーナの北部ボルガタンガ地区で「アフォコ」と呼ばれる農場と「セントラル」という名のホテルを経営していた。そこでジョンはマネジャーのような地位を得た。友人の父親はジョンに会計を任せた。

その北ガーナでジョンはヴァイダーに出会った。彼女は一七歳の女学生だった。午後には、紙、菓子、ビールを販売する店を経営する母親を手伝っていた。「彼女はとても美人で、とても快活で、とても優しかった」とジョンは言う。だが、彼女に話しかける勇気がなかった。そこで彼は友人に助けを求めた。友人はヴァイダーの姉と話をして、姉がさらに母親にジョンの思いを伝えた。こうしてジョンとヴァイダーの出会いがアレンジされた。

すぐに結婚話になった。これはあまりロマンチックとは言えないが、非常にアフリカ的だった。

ジョンは、彼と同じ部族に属し、厳格で誇り高い男であるヴァイダーの父親を畏れていたが、父親は沈黙を守っていた。同意は得られなかったが、二人の愛を禁じることもしなかった。四週間後に二人は結婚した。それからアクラへ、現在ヴァイダーがバーを開いているあの家に移ったのだった。

「今回、スペインにもう一人ぼくの子がいることをヴァイダーに説明するのはむずかしかった」とジョンは言う。「もちろん彼女は傷ついた。彼女の姉妹たちからは、自分の妻を置き去りにするような男たちの一人だと非難された。でも、それはちがう。ぼくは彼女を手放すつもりなんかない。ぼくは彼女を愛しているし、ぼくの家族を愛している」。

「これからもヨーロッパで暮らさなければならない」とジョンは言う。

彼が故郷を逃れた真の理由は、ジョンがガーナで返済不可能なほどの借金をしていたことにあった。故郷を出てゆく以外に他の可能性はなかった。

ヴァイダーとジョンは当時アクラで暮らしていた。レコードを買い漁っては、音楽をカセットテープに録音して、それを路上で売った。この商売はうまくゆかず、苦心惨憺するばかりで成功はおぼつかなかった。だがアクラには、ジョンを抜け目のない若者だと考える二人の男がいた。それで彼らはジョンに、手っ取り早く儲けになることを一緒にやらないかともちかけた。二人のうちの一人ミスター・アサレはありとあらゆる奇妙なもの——たとえば、ドラムスとかエアコンなど——をジョンの手に委ねて、路上で売るように依頼した。ジョンは言われるとおりにした。もう一人のオポク・アムフィはジョンに多額の現金を手渡して、町のどこかでタクシー用の車を調達してくれと言う。ジョンはそれらの札束を手にした。ちょうど一〇〇〇ドルだった。それはジョンがアメリカに行くのに必要な額だった。だが、それは彼の金ではない。

アメリカ、それはジョンの夢だった。彼一人が先に行き、後から家族を呼び寄せるつもりだった。成功すれば、ミスター・アサレとオポク・アムフィに金を返せるだろう。そう考えて、ジョンはその金をテディという名の男に渡した。

テディというこの男はビザを入手できると言っていた。それは大使館で買う本物のビザで、安全確実なビザだという。テディが言うには、そのためにはトーゴへ行かねばならない。それには二日間かかるが、二日後にはビザを持って戻って来る。ジョンの妻ヴァイダーはジョンに思いとどまるように言った。彼女はこのテディを好きになれず、信用していなかった。

それは金曜日のことで、ジョンは火曜日まで待った。そして、彼は金を失ったことを悟った。テディがふたたび姿を見せることはなかった。ガーナのような国ではジョンのような男に、ミスター・アサレとオポク・アムフィに金を返せる見込みはなかったし、また家族に金銭的な基盤をつくってやれる可能性はなかったから、ジョン・エコ・アムパの評判は失墜し、不面目この上なかった。それで彼は出奔した。それが一四年も国外にいた理由だ。

当時はそんなに長期間国外に留まる予定ではなかった。いずれにしても、彼が二度目にラゴスに行った当初は。その頃はまだヨーロッパに行くつもりはなかった。しかし、ラゴスでもうまくゆかずに、監獄に入れられた。放免された後、ヨーロッパ行きを考えたのだった。

ヴァイダー・アムパンが夫からの知らせを受けたのは一九九三年の夏だった。ジョンは一年半前に姿をくらましていた。それ以来彼はふたたびナイジェリアで出稼ぎ生活を送っていたが、ヴァイダーはそれ以上のことを知らなかった。彼女の夫はそこで働き、定期的に金を送ってきた。それは多くの男たちがしていることだった。ところが今、夫が至急会いたいと言ってきた。しかも家で会うのではなく、一二五キロも離れた町の外で会いたいと言う。

ジョンはアクラでは借金があったから、誰かに姿を見られるのはまずかった。見つかれば、彼が半分は家族のために、半分は自分の旅費に貯めておいた金はなくなってしまう。ジョンは晩の九時にソガコーペのホテルに着いた。ベランダ付きの白く塗られた平屋で、ベランダから部屋までは階段がついている。ソガコーペは元来町ではなく、トーゴに向かう主要道路にすぎない。道の左右には家々と市場が並んでいる。そのホテルは「ボルタ・ビュー・ホテル」で、部屋代は安い。一〇ユーロだが、値段の交渉ができる。結局四ユーロになった。ホテルの部屋は騒音でうるさい。車のエンジン音、クラクション、ドラムと音楽が響いてくる。それは夜になっても低くはならない。道路を隔てた向こう側には、自動車市場があり、さらに「カクテルバー」と「ロイヤル・クラブ」がある。名前だけはすてきだが、積み重ねた板とビールケースがいくつかあるほかは何もない。ジョンが待っていると、ほどなくヴァイダーが赤ん坊を連れてやって来た。ジョンはまだ彼の娘を見たことがなかった。アリス。一歳だった。

二人には一晩しか時間がなかった。

二人は眠らなかった。一分たりとも。

ヴァイダーは反対だった。彼女はこの旅を当初から忌み嫌っていた。彼の旅が長期になること、ひょっとしたら永久に続くことを彼女は知っていた。ジョンの論拠は、彼らは結婚しているのだから、彼は妻と子どもの面倒を見なければならないというものだった。それはアフリカでは不可能だとジョンは言う。ヴァイダーは反論する。いいえ、それはちがう。二人はいっしょにいるために結婚しているのだと。彼女は泣き、叫んだ。というのも、彼女はヨーロッパのことは何も知らなかったから。何が起こるかわからないことへの不安だけが彼女を襲った。しかし、ジョンはいつになく強硬で、自分の考えを頑として譲らなかった。彼は自分の家族の未来のために戦うつもりだ、だが、ここアフリカには未来はない、と言うのだ。

そうして二人は並んで横になり、手を握り合い、抱き合って、語り合った。そして夜明けの六時にジョンは出て行った。あっと言う間に、とても遠くへ。彼はフォードの白いキャラバンの乗り合いタクシーを止めて、トーゴのロメに向かった。

二〇〇〇年の春、バイエルン・ミュンヘンがマドリッドでチャンピオンズリーグの準決勝を争ったとき、ジョンは彼の従兄弟サミー・クフォーに再会するために足を運んだ。もちろん彼は、チームの宿泊するホテルの前で四人の警備員に阻止されたが、電話でサミーの部屋に連絡を取ることに成功した。むろんクフォーは駆け下りてきた。小躍りし、笑いながら。そして二人は数時間をともに過ごした。語り合うことはたくさんあった。

ジョンはクフォーと一緒の写真を持っている。またトーマス・シュトゥルンツおよびトルステン・フィンクと一緒に撮った写真もある。さらに、フランツ・ベッケンバウアー〔皇帝と称されたドイツを代表するサッカー選手・監督。現バイエルン・ミュンヘン会長〕と並んでいる写真もある。ジョンはグレーの「カッパ」のTシャツに緑のジャケットを羽織って満面の笑みを浮かべている。移住者にとってはすばらしい一日だ。ベッケンバウアーはクラブのワッペンの付いた濃紺のジャケットを着て、いつもとはちがう顔つきをしている。普段なら彼は何があろうとつねに微笑んでいる――カメラマンやカメラを持った人間が近くにいるときには。だがこの未知の黒人の隣ではフランツ・ベッケンバウアーはなんとなく居心地が悪そうな様子が見て取れる。

**トーゴ、二〇一キロ**

ジョン・アムパンがふたたび私たちと話すようになるまでに三時間を要した。彼は後部座席の左に座っている。私たちのニッサン車はトーゴの道路をひた走る。海岸沿いをどこまでも東に向かって。ガーナからラゴスに向かって。ジョンは窓から外を眺めて、泣いている。

当時、彼はフォードのキャラバンに乗っていた。後部座席のベンチには四人が彼と並んで座っていた。彼らは各自約一〇ユーロを支払った。運転手は彼らの知らない男だった。彼らは彼らの未来に向かって走っていた。そして、彼らのうちで自分自身の未来がどこにあり、それがいかなるものかを知っている者はなかった。

ふたたび口を開いたジョンは、当時もそうだったと言う。当時の感覚が蘇る、同じ感覚が。当時も彼の妻は別れの朝彼をひしと抱きしめて離さず、何も話すことができなかった。当時も彼はひどく強硬で、結局妻を納得させられないまま出発したのだった。彼は一度後ろを振り返ってから、車に乗り込み、立ち去った。それはさほどむずかしいことではなかった、と彼は言う。「立ち去ることはできる。それは簡単だ。ただし、その後で途轍もない孤独感に襲われる。それを前もって知ることはできない」。

私たちはゆっくりと進んでゆく。ジョンは外を眺めている。郊外にはスラム街が広がっていて、「神はあなたを愛している」と書かれた看板も見える。さらに車を走らせると、「エイズのＡＢＣ」が現われる。Ａは「欲望を抑えること」（Abstain）、Ｂは「パートナーを裏切らないこと」（Be faithful）、Ｃは「コンドームを使用すること」（Choose condom）。

トーゴはアフリカの腐敗した国々のひとつだ。すべてが正常に機能するならば、朝にはこの国がいかにすばらしいかがわかる。海は光り輝き、ジャングルは緑濃く、奥深い。人びとは市場に群れる。だが夕方になると、現実が突きつけられる。あたり一面は暗い。明かりがないのだ。酔っ払った兵士たちが道路を監視している。投げ捨てられた塵芥《ごみ》が臭う。

朝と夕がともに真実なのか？

美と野蛮？

ほぼ五〇〇万の住民の四分の一が過去数年間に国外へ逃げ出したといわれる。二〇〇五年四月の前回の大統領選挙後に三万人以上が国外に脱出した〔ＵＮＣＨＲによれば、「二〇〇五年四月二六日、選挙結果発表後に発生した暴力から身を守るため、三万人以上が周辺国に安全を求めてトーゴを脱出した」http://www.unhcr.or.jp/ref_unhcr/photo_galleries/photgallery_Benin_Influx_from_Togo/photo0.html〕。

植民地宗主国がやって来る前は、新たな部族が続々とトーゴに移ってきた。フォン、アシャンティ、エウェ、ミナ、グインなどの諸部族である。英国とフランスがトーゴをめぐって争っていたが、その後ドイツが軍艦を送ってこの地を奪取し、ムラパ王と契約を交わして「トーゴランド」と命名した〔一八八四年にドイツ保護領となった〕。ドイツ人たちはまず奴隷を、その後椰子油、カカオ、コーヒーを輸出した。そのためにはインフラの整備が必要だったので、それが実施に移された。ドイツ人は好かれなかった。なぜなら、彼らは強制労働と税金を導入したからだ。その後、第一次世界大戦が勃発して、ドイツ人は敗北を喫する。英国人とフランス人が国土を分割した。つまり、地図上に定規で国境線を引いて強引に国を誕生させた。この事実もまた、今日トーゴのような国々をヨーロッパ的な意味での国家として理解すべきでないとされる一因だ。すなわち、国家の目的が公共の福祉増進にある、つまり国家を暴力、立法、徴税に対する独占権を有し、報道の自由と司法の独立を保証し、租税と法に対する信頼と引換えに市民に一定の安全と保護を提供するものとして理解するのではなく、現状がまさに示すところのもの、つまり恣意的かつ暴力的な、腐敗して機能不全状態にあるものとしての国家。

「でも、トーゴは清潔で、まっとうな国だった」とジョンは言う。「ぼくが初めてここに来た当時は」。

植民地宗主国は古い社会を破壊し、地元民を抑圧した。たとえばエウェ族の人びとは新しい国境線によって分断された。だが、一九六〇年には白人たちは出て行った〔英国統治地域は一九五七年にガーナの一部として分離していたが、フランスの統治地域が一九六〇年に独立した際、住民投票によって合流した〕。その際に、旧支配者は行政機構、学校制度、工場、道路、その他多くのすばらしい建物を残していった。トーゴは延べ二四〇〇キロに及ぶアスファルト舗装道路を有し、ロメには深い港がある。むろんこの事実は慰めにはならないし、これによって過去の犯罪が相殺されるものでもない。だがしかし、道路や工場は少なくとも将来の可能性を提供しうるはずだった。

その後の建設と発展は十分に期待できるはずだった。

アフリカは戦後世界を他の大陸と共同してつくりあげたわけではないし、二〇世紀の秩序と国際法が確定されたときに、その場に居合わせなかったのはたしかだ。しかし、アフリカはそれに関与し、順応するチャンスはあった。当時、六〇年代には。

ただアフリカにはさほど多くの時間はなかった。アフリカに与えられたチャンスは多くなかった。

ひょっとしてアフリカにはこの唯一の瞬間、この唯一のチャンスしかなかったのかもしれない。

アフリカはこのチャンスを利用し、結果を出さなければならなかったのだ。

だがしかし、トーゴはそうはしなかった。アフリカはそうしなかった。

植民地宗主国はアフリカのいたるところで特権と極端な差別のシステムを確立していた。

下等人間は奉仕しなければならないが、上等人間は――それが郵便局員であれ、飲食店の亭主であれ――スイミングプールと召使付きの宮殿を所有し、さらに金《ゴールド》と女たちを所有していた。その後革命やクーデターが起きた。すると突然、新しい階級が権力の宮殿に座っていた。この新たな権力者たちは今や権力が彼らにいかなる可能性を与えるかを見ていたのだ。

アフリカは一族郎党《クラン》の大陸だ。成功を収めた者は分かち与えなければならない。単独であることはアフリカでは天罰を受けるふるまいであり、呪詛を意味する。一方、集団は聖なるものだ。それはすなわち、たとえば一〇〇ドルを稼いだ者は五〇ドルを誰かに分け与えることを意味する。それゆえ、独立戦争の後で宮殿に乗り込んだ者たちはまず手始めに彼らの自由になるすべての金《ゴールド》を一族郎党に分け与えたのだ。そうすれば、ちょっとしたビッグ・マンになれる。

ビッグ・マンという概念はアフリカの全能の支配者、すなわち、諸部族の有力者、神々、虐待者を指す言葉だ。つまり、ザイールのかつての国家元首モブツ・セセ・セコ・クク・ングベンデウ・ワ・ザバンガ（翻訳すれば、「あらゆる雌鳥と交尾する雄鶏」）のような男たちを指す。ヘンリー・キッシンジャーに言わせれば、「卑劣漢、だがわれわれの卑劣漢」ということになる。ビッグ・マンは人民の上に偏在する全能の存在であり、畏怖と崇拝の念を呼び起こす男であり、欲するものを何でも手に入れる権利を持つ。

このシステムがアフリカ人のメンタリティを規定している。そこには多段階のレベルがあり、アフリカには無限に多くのリトル・ビッグ・マンが存在する。彼らはみなもちろん多くの重要なポストを一族郎党に割り振らねばならない。私たちはこれを「派閥」とか「門閥支配」、あるいは「汚職」などと呼ぶ。たとえばガーナのカカオのマーケティング部門のようなどちらかといえば小さな部局がかつて一〇万五〇〇〇人ものスタッフを擁していた事実は、私たちには理解し難い。しかし、職に就いているスタッフたちはこれを「家族意識」と呼ぶ。そして、彼らは彼らのビッグ・マンを評して、「彼がどこの出身であるかを彼は忘れなかった」と言うのだ。

親類縁者たちは、私たちが「賄賂がきかない」と呼ぶものを「エゴイズム」と呼ぶ。あるいは「傲慢」などと。

かつていかなる支配者が存在したことか！　国家を玩具あるいは所有物と理解していた男たち。権力の虜になった男たち。黄金の衣服をまとい、黄金の宮殿に住んでいた男たち。危険だと考えた者たちを殺害あるいは虐殺させた男たち。望みのものが何であれ――女、少年、見晴らしの良い町外れに立つ家――欲しいと思うすべてを手に入れた男たち。モブツ、アミン、ボカサ、ドウ、セラシエたちはビッグ・マンの系譜に連なる名前だ。彼らは誇大妄想を体現する権力の象徴的人物であり、彼らの本質的な目的は自分自身を維持することにあった。トーゴでは、キオスクの所有者は誰でも神に等しい指導者の写真を掲げておかねばならなかった。

トーゴは軍事クーデターを経験するアフリカで最初の国になった。独立直後の一九六三年のことだ。政治亡命を求めようとした国家元首シルバヌス・オリンピオはアメリカ大使館の扉の前で殺された。そしてトーゴは、全権支配妄想に取りつかれた支配者を輩出するアフリカの国々の一つになる。一九六七年に同国で二度目のクーデターで権力の座に就いたエティエンヌ・ニャシンベ・エヤデマがその好例だ。彼自身は美女たちのコーラスにわが身を褒め称えさせて、とにかく良い気分に浸る一方で、一族郎党には金に結びつくあらゆるポストをあてがった。そして、神に比すべき彼の権力を脅かすと思われる者を――それが誰であろうと――処刑した。メディアは私物化されるか、場合によっては放送禁止処分受けた。トーゴは「世界の報道の自由ランキング」では現在一七一位で、「報道の自由は存しない」というカテゴリーに分類されている。

その後絶えず新たな反乱やストライキがあった。大量処刑と大量失業があり、不正選挙と飢餓があった。約四〇のエスニック集団の間には絶えざる衝突があり、そのためにその間にこの細長い国の五〇〇万の住民のうち数十万人もがヨーロッパに出てゆこうとしている。今日ではトーゴはゴミの山と化しており、道路はといえば、路上の穴と穴の間にわずかにアスファルトが残っているにすぎない。対外債務は一五億ドルに達する一方、一人当たりの平均年間所得は四〇〇ドル以下だ。

三八年間権力の座にあったニャシンベ大統領は二〇〇五年二月に心臓発作で死亡した。軍部は息子のフォールを後継に定めた。外国はこれに抗議した。世界銀行と国際通貨基金（ＩＭＦ）も抗議した。その結果、選挙が実施されて、フォール・ニャシンベが六〇・一五％の票を得た。表向きはそうだった。選挙監視団体はたいへんな不正がおこなわれたことを報告している。だが、トーゴのもっとも重要な国際的パートナーであるフランスはこの選挙結果を祝した。トーゴの若きビッグ・マンはフランスの大学で学んでいたし、フランスはこの東西五六キロの海岸線と南北五五〇キロの小国を重要視している。トーゴは燐酸塩、大理石、コーヒー、カカオを産出するからだ。

次のことも言及しておくべきかもしれない。すなわち、トーゴのような国で大統領が失脚するとすれば、それは軍部によって失脚させられることを意味する。だから、大統領フォール・ニャシンべは彼の弟クパチャを国防大臣兼最高司令官に任命した。
私の娘は電話口で、旅はまだ長く続くのかと尋ねる。
私たちはゆっくりと車を進めて、ベナン国境にやってきた。

**コトヌー、ベナン、三四八キロ**

アフリカの国境兵たちは権力を持っている。彼らはこの権力を濫用する。アフリカの国境兵は、アフリカ大陸でものごとがうまくゆかないことの象徴である。

彼らはまるでハエでも追い払うかのように尊大な手振りで人間を追い払う。とっとと失せろ。彼らはロープの一端を杭に結びつけ、もう一端を手にして両脚を広げて椅子に座り、楊枝を噛み、地面につばを吐く。きれいな女が水の入ったバケツや布地を頭に載せてやって来ると、国境の権力者たちはロープを引いて持ち上げる。美女はぴんと張られたロープの前で立ち止まらなければならない。陽の照りつけるなかで。

「回れ右」と権力者たちは言う。女は回れ右をする。「もう一度」。彼女はもう一度回れ右をする。「スカートの下に何を隠している?」。女はスカートを持ち上げる。権力者たちは椅子から立ち上がって、いったん立ち去るが、飲用水の入った袋を持って戻ってくる。袋の隅を噛み切って、それを埃のなかへぺっと吐き出す。彼らは水を飲み、女の脚をじっと眺めている。それから男たちは女に行けと合図をする。とっとと失せろ、俺の目の前から!

もちろん彼らは金になりそうな者からはたえず金を巻き上げる。課税品を持った者がやって来ると、国境の権力者たちはさっそく商人に商売を持ちかける。たとえば一〇万CFAフラン〔アフリカ金融共同体フラン。チャド、ガボン、セネガル、トーゴ、カメルーンなどの共通貨幣で、通称アフリカ・フラン〕の価値がある商品だとすると、国境兵たちはこう持ちかける。「お前は二万五〇〇〇ＣＦＡフラン分の関税を支払う。そして同じく二万五〇〇〇ＣＦＡフラン分の関税を俺に渡す。そうすれば俺たちは双方が儲かるじゃないか、ウィンウィンだよ」。こうしてアフリカ社会は金を失う。だが、そんなことに関心を持つ者がどこにいようか。連帯は一族郎党《クラン》の外には存在しない。中産階級は存在しない。つまり、アフリカ社会のようなものは存在しないのだ。家族と一族は連帯している――共通の祖先を持つと信じている者たち全員が一つのクランに属する。そして彼らはクランの指導者を、つまり長老会議の長《おさ》を選ぶ。クランは閉鎖された社会であり、一つの社会システムであり、まったくマフィア的だ。アフリカの公共心もたいていはクランの末端で尽き果てる。

赤と白に塗られた鉄の扉の前に立つ国境官吏たちは可能なかぎり多くの金を徴収する。自分自身のため、家族のため、そしてクランのために。彼らは彼らの権力のあらん限りを尽くす。彼らの職業が別の意味をもつことはない。私たちは車のトランクの前に立っている男に一五ユーロを払う。彼はこの一五ユーロで、トランクからバッグを引き出して、その中身を開けて見させる権利を放棄する。彼らはジョンに、彼の旅券を見るために三〇ユーロを要求する。ジョンは支払おうとはしない。すると官吏たちはジョンの旅券をテーブルの上に置いたままにして、次の国境通過者に来るようにと合図する。一時間がすぎ去る。ジョンは支払う。

そうして私たちは通過が許された。ジョンは彼の大陸について物語る。彼はこの旅の途上でアフリカの真実をいくつか語ってくれるだろう。

**ジョン・アムパンの初心者のためのアフリカガイド**

1．汚職はアフリカを破滅させるだろう。数十年前ならばまだ汚職を根絶できたかもしれないが、今ではもう遅すぎる。誰もが受け取り、誰もが支払う。いかなるサービスにも金がかかる。汚職は私たちの文化の一部であり、私たちの日常の一部なのだ。汚職は私たちを食い尽くす。

ベナンには鉱物もないし、石油もない。地下資源はごくわずかだ。だが、綿花が採れるし、北部には小規模の金鉱があって、二〇〇二年にはともかく二〇キロの金が採掘された。ベナンは南北六五〇キロ、東西の海岸線が一二〇キロの狭い国土だから、経済的な関心を惹くことはない。ヨーロッパのコンツェルンの関心はむしろガーナやナイジェリアに向けられる。ベナンはチャンスがないがゆえに貧しい。汚染された水、切り倒された森、海岸線は浸食され、首都コトヌーの空気は汚れている。これらがベナンの環境問題だ。さらに、ＨＩＶとエイズ、マラリア、結核、肝炎、髄膜炎、小児麻痺、これらが七〇〇〇万の住民の健康問題だ。

私たちが出会った人びとは不如意な自身の人生について語る。始まり、移ろい、そして終わりを迎える人生について語る。結婚式、子どもの誕生、サッカーの勝利と大部分の敗北を除けば語るべきことのない、希望のない、そして早すぎる死について語る。彼らは「タタ」と呼ばれる小屋に住み、ヤム、キャッサバ、サツマイモ、米、落花生を食し、黍《キビ》ビールを飲む。ベナンは、その住民が数百年来知っているアパシーと宿命論にふたたび行きつく前に、ごく短い希望の一時期を持ったことのある国々の一つだ。すなわち、一九九一年にニセフォール・ソグロという名の、シャープな頭脳と弁舌を併せ持つ若い民主主義者が最初の複数政党選挙で権力の座に就き、独裁的な軍事権力者マチュー・ケレクに取って代わったときである。ニセフォール・ソグロは世界銀行の理事を務めていたから、まさに期待の星だった。だがその後、彼もまた親族を宮殿に住まわせ、借金は膨らんだ。一九九六年、孔雀よろしく純白のスーツに純白の帽子、派手なシャツにネクタイを締めて登場した大統領選挙で、ソグロは彼の前任者でかつての独裁者ケレクに敗れた。

ウィダには一本の古い木が立っていて、「忘却の木」と呼ばれている〔ウィダは奴隷海岸とブードゥー教の聖地として知られる〕。一七二一年にウィダの要塞が築かれた。当時の権力者たちは奴隷たちにその木の周りを回るように命じた――女は七回、男は八回。そうすることによって、奴隷たちは過去を忘れるとされた。それは、奴隷たちがひどい仕打ちをする権力者たちにけっして反抗しないようにするためである。そこからさほど遠くないところに別の木がある。「還らざる木」と言われるもので、奴隷たちはこの木の周囲を三周した。それは、たとえ奴隷たちは異国への旅から帰還することがないとしても、少なくとも彼らの魂は故郷に帰ってくることを意味した。海岸には重々しい記念碑が立っている。赤い石でできた八本の柱を持つ「帰らずの門」はユネスコによって建設されたもので、そこには裸体の、力強い、だが屈んで鎖につながれた姿が再現されている。彼らは大海に向かって歩を運んだ。沖合には、彼らを乗せてゆく船が帆を上げて停泊していた。

奴隷たちは生き延びるために戦うことはなかった。戦って勝ち取るべきものはもはやなかった。彼らは土地の支配者たちによってフランシスコ・デ・スーザ〔ポルトガルの九代目ブラジル総督〕のような白人の暴君に売られたからだ。土地の支配者たちは仲間を売り渡すのと引換えに鏡、絹、タバコ、ウィスキー、ジンを手に入れた。一台の大砲の値段は一五人の屈強な若者か、あるいは二五人のきれいな娘たちだった。若者たちは船底で腹ばいに並べられた――反抗できないように。娘たちは仰向けに寝かされた――すぐに目的が達せられるように。

それが致命的な事故であることは明白だった。

一人の女と子どもが自転車に乗っていた。そこは幹線道路で、市場、自転車道、アウトバーンが区別されずに一体化している。放牧地、そして青いトヨタの車が見える。トヨタはフロントガラスが粉々に割れたまま道路端に止まっている。子どもは草地に座っている。

母親は死んでいる。

後続の車はそのまま走り去る。歩行者も通りすぎる。

「ストップ」と私たちは叫ぶ。だが、私たちの運転手ポール・アカクポはこう言う。「ここで止まったら、何とかなるとでも言うのかい？　結局はあなたたち白人があの女を殺したことにされるだけだ。彼らはあなたたちから補償金をせしめようとするよ」。

私たちは、ポールがせめて警察か救急車に電話をすれば、さらに車を走らせることに同意する。ポールは携帯で電話する、そうしながらも彼はアクセルを踏む。

# 第二章　理由

「その町は半ばスラム、半ばパラダイスだった。都市がこれほど醜悪で、これほど暴力の刻印を帯び、同時にこれほどすばらしいことがどうしてありうるのか、と彼は自問した」

クリス・アバニ『グレイスランド』

**ラゴス、ナイジェリア、四六九キロ**

ジェシー・ジャクソンは言う。「ここで内戦になったら、ルワンダで起きたことなどガーデンパーティー程度の他愛のないものになるだろう」。

私は一通の手紙と一通の電子メールを友人宛に書く。

今まだ少し時間があるが、まもなくこのインターネットカフェは——パソコンのキーボードは一部が壊れているか修理が施されている——閉まってしまう。夕闇が迫るまであと二〇分、その後はホテルに引き上げねばならない。如何せん、ここはラゴスだからね。

これはしょっちゅうジョンから言われることだ。「クラウス、ここはラゴスなんだよ！」。その意味するところは、ここにはいかなる規則も通用しないということ、ここでは強者だけが認められること、他の諸都市とはちがうということだ。

ラゴスは惨めな都市だ。一五〇〇万の人間のほかには、汚物と塵芥と汚泥があるだけ。下水の上に張り渡された板が道路だ。いくらかは濡れずに向こう側に行けるように。この板は幹線《メイン》道路《ロード》と呼ばれている。子どもたちは石油缶の前に座って、なにやら棒のようなものを汚水に浮かべて遊んでいる。ゴミが出ると、それは小屋の前のゴミの上に投げ捨てられる。

ジョンは二五年前に初めてここにやって来た。そして彼の逃亡の旅の途上でふたたび戻ってきた。私たちは当時彼がいたスラムを訪れた。私に馴染みのある匂いはまったくない。ここの人間はみな悲しい目つきをしている。もはや悲しいという範疇にはおさまらない目つき。ここには、ドイツで見られる老人や失業者とはちがう人間がいる。ここの人間は愛されず、役立てられず、支援されず、必要とされない。徹頭徹尾余計なのだ。彼らには学校がなく、保険がなく、本もない。空気さえない。あるのは悪臭だけ。

ラゴスのような都市で、大陸最大の脅威であるエイズについて考えをめぐらすと、行き着く結論は一つしかあり得ない。つまり、エイズウイルスの伝播にアフリカほど好条件を備えた土地はないだろうということ。アフリカでは一夫多妻が広まっている。男たちはしたい放題のことが許される。避妊具なしで。女たちは言いなりになるほかない。つねにそうだというわけではない。だが、あまりにもしばしばそうなのだ。さらに貧困が加わる。暴力、飢え、困窮。そして、売春、強姦、麻薬。さらにまた、出稼ぎ労働、引き裂かれる家族。その上、コンドームを弾劾する宗教がある。教育水準はきわめて低く、ラゴスには、エイズは海水で伝染すると信じている人間がいる。「私の父はポート・ハーコートで働いていた。父は何度も海に行った。それから病気になった。海のせいよ」。こう語るのは、ホテルで働く若い娘だ。

“Lagos: Centre of Excellence”（ラゴス：卓越したもののあつまる場所）――自動車のナンバープレートにはそう書かれている。ラゴスはいつも交通渋滞。大量の車で溢れかえっている。車の間を盲人、身体障害者、頭に飲み物を載せた一〇歳か一二歳の少年たちが通り抜けてゆく。少年たちは運転手に懇願する。ときには飲み物を車のなかへ差入れる。するとウインドウが閉じられる。もう金はもらえない。対抗策はない。というのも、もし彼らが金持の車に引っかき傷をつけたとしたら、今後は市内の道路では容易に商売ができなくなるからだ。ここでは、誰かがこう叫ぶだけで十分だ。「泥棒、そいつは泥棒だ」。すると暴徒がやって来る。いつも誰かが車の古タイヤを見つけ出し、いつも誰かがガソリンを見つけ出す。そうして彼らはその泥棒に火をつける。泥棒と名指された者は放火されて、殺される。暴徒は立ち去る。そのような情景はラゴスでは日常茶飯事だ。

私たちの前を走るドイツ製バスのリアウインドウには、「環境のことを考えよう。バスを利用しよう！」と書かれている。

ラゴスは尿と汗の臭いがする。ゴミの山が燃える臭い、湿ったゴミと腐った水の臭いがする。ガソリンと排気ガスが臭う。

ガソリンスタンドには長い行列ができている。ここは石油の国なのに。

ラゴスの男たちは朝の十時から飲んでいる。女たちは多すぎる子どもたちを抱えている。

私たちの運転手が車を道端に止めようとすると、車が少し家々に近づきすぎてしまう。板が道路の穴の上に置かれていて、そこに車が乗り上げると板はばりばりと割れて、タイヤは空転してしまう。するとたちまち五〇、六〇人もの人間が現われて、車を持ち上げて救出する。彼らは謝礼を期待しているのだ。彼らは車の間近にやって来て、叫び、さらに私たちへと迫ってくる。そこでジョンは良いアイディアを思いつく。彼はリーダーを尋ねる。リーダーに五〇ユーロの謝礼を払おうというわけだ。彼らは、リーダーを指名するために長いこと議論している。

になる。

その後、リーダーが入手した金をめぐってすぐに殴り合いが始まる。それで私たちは発車可能になる。

この町を見ていると、ドイツがかかわっているプロジェクトの数々がかなり馬鹿げたものに思われてくる。ＡＳＵ（アフリカ学生ユニオン）はじつにご立派〔ＡＳＵはアフリカとの共生・統合を目的とする学生団体で、ドイツ各地の大学に設置されている〕。社会推進プログラムであれ、発展途上国援助であれ、はたまた「ムスリムの若者を統合するプログラム」であれ、それらが何の役に立とうか。ここには一五〇〇万人が生活している。一五年後には二五〇〇万人になると言われる。誰かがこの町をより良い方向へ導くなどということはけっしてないだろう。というのも、誰一人ゴミを片付けようとはしないのだから。これらの人間にはもはや出口はない。遅すぎる。

中間層の存在しない都市、つまり市民の存在しない都市ラゴスには、一箇所だけ他とは異なる地域がある。金持の住むヴィクトリア・アイランドだ。そこではビーチパラソルも借りられるし、浜は清潔だ。そこには鉄条網とビデオ監視装置つきの大理石製の家々が立ち並んでいる。「これがラゴスだ」とジョンは言う。「金持の住む地域ではみな不安を感じている。不安は貧乏人の住む地域でも同じだが、そこには平和や平穏もなく、食べ物もない」。

そして誰もがヨーロッパのことを尋ねる。どうしたらそこへ行ける？　白人《ホワイト・マン》よ、俺を招待してくれるかい？　彼らは電話番号を知りたがる。彼らは自分の女たちを提供する。俺の女房はどうだい？　妹は？　それとも娘？　私たちがどこにいようと毎日そう聞かれる。じじつ、女たちは私たちに微笑みかけ、身体をさわる。私たちの手を取り、背中を撫でて、一晩私たちのところに泊まってもよいかと尋ねる。白人は金を持っているにちがいない、と彼らは考える。彼らは金が必要なのだ。私たちは旅券を持っている。だから彼らは、私たちをシアワセにすれば、ヨーロッパに連れていってくれるかと尋ねる。

それでも次第に煩わしくなってくる。じじつ彼らはみな金以外のことを欲してはいないからだ。私たちが通りかかると、道端に立っている者はこう叫ぶ。「白人《ホワイト・マン》よ、あんたの金が必要なんだ」、あるいは「白人《ホワイト・マン》よ、俺たちを助けてくれ」。

そして、一歩歩むごとに賄賂を渡さなければならない。ナイジェリアでは警察官は追剥ぎ以外の何者でもない。彼らの仕事は、できるだけ多くの金を徴収すること以外に何もない。国境からラゴスまでの一〇〇キロの間に、彼らは一七個所のチェックポイントを設けた。警官は警棒を手にして立っている。ここでは二〇〇ナイラ、別のところでは一〇〇〇ナイラ（二〇一〇年現在で一ナイラは〇・六円）。いつでもどこでも、問題は「金をよこせ」なのだ。全体が合法化された追剥ぎである。木の幹や釘を打ち付けた板が路上に置かれているから、車は停止するほかない。警官たちに要求されれば、金を支払うほかない。彼らは賄賂のこのプロセスを「問題解決」（settle）と呼ぶ。それはあたかも問題があって、その問題解決のために残念ながら費用が必要だとでもいうかのごとく。「誠実に奉仕し、保護すること」とパトロールカーには書かれている。

私たちはバルナバス・デイヴィッド・オーヴァースターと言う名の若者を雇った。彼は八〇ccのバイクで私たちを先導して、ラゴス市内を抜ける道を示してくれることになった。バルナバスが語るところでは、数年前まではまだすべてがうまくいっていた。バイク便や道案内で両親と兄弟姉妹を養うだけの金を稼ぐことができた。家族のうちで金を稼げるのは彼一人だけだという。しかし今や、どの道路脇にも二〇台ものオカダ・ライダーがいて、何の依頼もないまま数週間がすぎ去った。おまけに、再三警官たちがやって来ては、バイクを没収するのだという。訳もなくそうする。そうなると、彼は金を払わねばならない。

また、誰かが大学を卒業して、就職先を見つけようとする場合、将来の雇用主に賄賂を使わなければチャンスはない。雇用された暁には彼は上司に金を払う。一年あるいは二年間。その後でようやく自分の金を稼ぐことができる――それまでに首を切られていなければ。

そしたまた、誰かが刑務所に入れられて、その理由がわからない場合には、金がなければ何も始まらない。というのは、金なしではいかなる裁判官も審理をおこなうことはなく、金を払わなければ審理される余地はまったくないからだ。金を渡さなければ、捕えられた者が出廷を命じられることもない。

すべてが煩わしく、気力を萎えさせ、屈辱的な気分にする。おそらくこれらはもはや何一つまともに機能しない社会の断末魔のあがきなのだ。ナイジェリアには安全はないし、信頼もない。警察官があらゆる人間のうちでもっとも下劣な人間だとしたら、いったい誰に信頼を寄せることができようか。

これがナイジェリアから見たアフリカだ。そして、スラムの上の広告塔にはいたるところに、白い砂浜に二つの白いデッキチェアが描かれて、「あなたの夢の休暇」と書かれている。これはラゴスの宝くじの宣伝スローガンである。

「時間だ、店を閉めるよ」。これをすぐに送らなければ。私は手厳しいことを書きすぎただろうか？　それが苦しんでいる国に対して不当なことかどうか私にはわからない。

いやそんなことはない。ここはラゴスなのだ。

白人は、アフリカにやって来るまでは、自分が白人であることをいつも自覚しているわけではな

この板は「メインロード」と呼ばれる

い。それは自明のことだ。彼は白人社会に暮らしていて、別の世界を知らないのだから。したがって、皮膚の色が彼の問題になることはめったにない。

アフリカでは、自分の皮膚の色を忘れることはけっしてない。皮膚の色はあなたを際立たせ、目立たせ、あなたを保護することもある。ときには皮膚の色が危険を招く。私たちがラゴスの通りを歩いてゆけば、全員が私たちを見る、文字どおり全員がそうする。ここにはおそらく数年来白人が来たことのない通りがある。母親たちは私たちを指差して、子どもたちを呼ぶ。「見てご覧、白人がいるよ！」。なるほど、白人というのはこういう人間なのか。

このような旅の途上にあるルポライターとしては、自分が書きたいと欲する世界に飛び込みたいと思う。インタヴューの相手にルポライターと話をしていることを忘れさせたいと思うものだ。なぜなら、彼らの生活を体験し、人為のないありのままの姿を見たいからだ。しかし、アフリカではこのような努力はいつも早晩失敗する。彼らは黒く、私たちは白い。インタヴューのテーマが何であれ、これは根本にある事実だ。これは誰もが知っている。

奴隷制と植民地支配がその歴史に深く刻み込まれた大陸では、またまったく安らぎがないと同時に古いまま凝り固まったこの大陸では、皮膚の色を忘れる者はいない。忘れることができるのはおそらく、いずれにせよ支配層に属する人間であり、抑圧された人間ではない。貧者はつねに、なぜ彼らが貧しいのか、彼らが金持と異なる点はどこかを承知している。彼らがこのちがいを忘れることはない。

さてジョンは、私たち汗っかきの青白い人間は彼の帰郷を容易にしてくれたと言う。この二人の白人は彼の帰郷を大成功に導いてくれたと言う。一四年間の離別――しかもその後に二人の白い友人を連れて帰国！　二人の白人が敬意を持って彼に応対するそのやり方ときたら、それは特筆ものだ。彼らは一緒に笑い、そして見よ、二人は彼に触れ、彼は二人に触れている！　ジョンと二人の白人は！（もっとも相手の身体に触れることについては少し説明が必要だ。というのは、当初は一方的だったからだ。つまり、私の方だけがジョンに触れていたのだ。誰かと数週間も行動をともにすれば自然にそうなるように、私はジョンの肩とか腕に触れたのだが、あるときジョンの方ではけっして私に触れないということに気づいた。そのときから私もまた、ジョンがいつも保っている距離を意識するようになった）。

ジョンに言わせれば、アクラの人間にとって大事なのはヨーロッパに行くことだけ。マルクスと私の存在自体がジョンの成功を証明しているのだと言う。

当時、彼が成功する可能性はあった。しかし確たる見通しはなかった。

一九五九年生まれのジョン・アムパンが初めてガーナを後にしたのは二二歳のときだった。アクラでは仕事が見つからなかったので、出稼ぎ労働者としてラゴスに行った。三大民族と四三〇もの小集団や部族からなるナイジェリアは、ムスリムとキリスト教徒とが混じり合った国家だ。一九八〇年代初めの当時は、国全体が陶酔状態にあった。二〇〇〇万の死者を出したビアフラ戦争が終結した〔一九六七～七〇年のナイジェリアの内戦。部族間対立により東部州のイボ族が「ビアフラ共和国」として独立を宣言。戦闘状態となり、多数の餓死者を出した末、ソ連・イギリスの援助を受けた政府軍によりビアフラは崩壊した〕。石油はすでに一九五一年にニジェール・デルタで発見されていた。しかし、ナイジェリア政府が石油関連コンツェルンに株式の過半数保有を認めたのはようやく一九七四年で、その時点でやっと石油が湧き出し、潤沢なマネーをもたらした。国中いたるところで住宅、塔、宮殿が建設された。ジョンは家具職人の資格を得た。

　ジョンの最初のラゴス滞在は五ヵ月間だった。オーストリアの道路建設企業ストラバッグの提携企業である「オスマト・コンストラクション」で仕事を得て、ガーナ人のゲットーであるイジョルで寝起きした。水溜りや池の上に架けられた渡り板の上に建てられた木造小屋だ。その八平方メートルのなかで二人の男が共同生活を送った。二人の勤務は交代制だったから、それにしたがって空間を分け合った。つまり、夜間に仕事に行く者は昼間そこに住み、昼間働くものは夜間を小屋で過ごした。小屋の前後と下はゴミだらけ。ネズミが走り回り、あらゆる隙間から蚊が侵入してきた。徒党を組んだ狼藉者たちが大声を上げて徘徊し、みかじめ料を払わない者の小屋に火を放った。

　これらのゲットーは偶然かつ自然発生的にでき上がった。人びとはいつの間にかここにやって来て、眠るための場所を確保した。彼らは、木材、ブリキ、プラスチック、新聞、ガラス、細縄などで最初のバラックを建てると、後からやって来た者たちがそれに続いた。やがて新しい道路ができ、ほどなくゲットーができ上がった。

## ジョン・アムパンの初心者のためのアフリカガイド

2．難民たちのゲットーには良い人間と悪い人間がいる。悪い人間は自分では汗をかかないが、いつも金を持っている。なぜなら、彼らはいつでも犯罪をおこなう術を心得ているからだ。良い人間は結束していて、分かち合い、ともに調理し、互いに助け合う。そうしてこの一日を、さらに一夜を生き延びる。

ラゴスのゲットーは、イジョル、マロコ、マイル・ツー、オディ・オロ、アジェグンレといった名で呼ばれている。これらの名称は暫定的で、いくつかのゲットーは名無しだ。そして、いつなんどき警察のブルドーザーが押し寄せて来るかわからない。ブルドーザーは居住地をすっかり壊して、すべての人間を押し潰してしまう、人びとがまだすっかり目覚めないうちに。

「一晩たりとも平穏な夜はなかった」とジョンは言う。彼の当時の勤務先まではバスで二時間かかった――強引に溶接してつなぎ合わせたこの乗り物、この閉所恐怖を引き起こすような狭い空間に押し込められて過ごす二時間！　車台は古い日本の軍用トラック、荷台はブリキの破片をつなぎ合わせたものだった。ジョンが十分に金を稼いだころ、つまり一九八三年にナイジェリア政府が黒人の出稼ぎ労働者に対する憎悪を掻き立てて、ガーナ人を見つけ次第全員国外に追放し始めたとき、ジョンは故郷に戻った。

ガーナではあちこちで家具職人として働いたが、結局一九九二年に多額の借金を背負ったジョンは二度目のラゴス行きを決心する――この町へ、町の中心部へ、かつて奴隷商人たちの拠点であったラゴス島へ。

今回は、石油コンツェルンのモービルで仕事を見つけた。ジョンは雄弁だ。彼は他人にとても親切に接することができるし、話術も巧みだ。ほどなく彼はボスのボラ・アメッド・ティヌブの運転手になった。ついにやった、と彼は思った。ジョンはイジョルに八平方メートルのバラックを借りた。小屋の周囲は板張り、屋根はなまこ板張りだった。ジョンはなまこ板の下に断熱材として新聞紙を貼り付けた。レンガ積み工のキングスレイが彼のルームメイトだった。ハルマッタン〔サハラ砂漠から吹いてくる東風〕が吹き始める一二月になって、町がサハラの赤い埃に覆われるようになると、ジョンは会社が保有している車を全部磨いた。ジョンはメルセデスにボスを乗せてラゴス市内を走り、ボスの妻の買い物に同行した。あるときボスはレセプションを催した。多くの人びとがボスの邸宅に来ていたが、ほどなく強盗団が乗り込んできた。ボラ・アメッド・ティヌブの邸宅はすっかり略奪された。泥棒たちは屋敷内に通じていて、寝室に直行した。

屋敷内に入ることのできた使用人はすべて監獄行きになった。告発もなければ、告訴もなく、判決もない。

イコイの監獄は茶色の建物で、黒いシミがある。壁の前には車の残骸が放置されたままだ。女たちが黴の生えたトースト用のパンを売っている。電線が電柱からは垂れ下がって、泥濘《ぬかるみ》に浸かっている。ナイキのポスターが家の壁に貼ってある。「失敗は許されない」。

幅八メートル奥行き一二メートルのなかに一二〇人の男たちが座り、横たわる。部屋の中央の地面には穴がひとつ。便所だ。一二〇人の男たちはギャング・グループにわかれている。彼らは横向きになって眠る、自分の膝を隣人の膝の裏側の窪みに入れて。寝返りを打つには狭すぎる。各自が自分の意思を通す。互いに奪い合う。拷問される者たちの叫び声が聞こえた。ジョンは祈った。男たちはジョンを「司祭」と呼んだ。ジョンは他者のためにミサを執りおこなったからだ。そしていつかベニンシティ出身のいかつい男がジョンを彼の配下に入れた。男の名はボブ・イズアと言った。ボブ・イズアは北部で商売をしていた。ベニンシティの知事のライヴァルである一人の男を不安に陥れたということだったが、詳しいことは誰も知らなかった。

ジョンの生活は楽になった。ボブ・イズアはミニバスを持っていた。車には石鹸、衣類、食料品などが積まれていて、ボブ・イズアの家族はこれらの品を彼の配下の者たちに分配した。

あるとき一人の男が喘息の発作を起こした。囚人たちは看守を呼んだが、誰も来なかった。男は死んだ。同室内に三人のガーナ人がいたが、ジョン以外の二人は八年間ここにいた。裁判もなしに。ある警官がジョンに言った。彼は、ジョンが無罪であることを知っている。だが、他の者にそのことを納得させるには金が必要だという。ジョンは、まだ手元に残っていた数百ユーロをその警官に渡した。六ヵ月たった。そうしてジョンはふたたび自由の身になった。彼は弁護士の姿を見たこともなければ、尋問もされなかった。捜査はなされず、訴訟手続きもまったくなかった。

立ち去るときが来た。ジョンはかつてハンブルクにいた者からヨーロッパのすばらしさを聞かされていた。そこでは誰にでも仕事がある。そこではすべてが清潔。人びとはきみに微笑みかける。彼らはきみに挨拶する。人殺しや盗みをはたらく者はいない。誰もきみを理由なしに投獄したりはしない。ヨーロッパは遠い。寒いらしいし、ずいぶん北だ。しかし、ヨーロッパはパラダイスだ。そこから戻ってきた者たちは皆そう言った。

ジョンはラゴスからヴァイダーに連絡をした。彼らはその夜まんじりともしなかった。そして二人は別れた。ジョンはすぐに家族のことが恋しくなった。行き先を変えるべきかと考えた。だが、車はどんどん先へ進んで行った。ジョンは黙って、窓の外を眺めていた。黙っているだけで刻々と故郷は遠ざかっていった。

ジョン・アムパンの初心者のためのアフリカガイド

3．私たちの社会では、妻を娶らず金もない人間は何の価値もない。そのような人間の言うことには誰も耳を貸さないし、家族がなければそもそも物の数に入らない。もっとも恥ずべきことは、両親の面倒を見ないこと、両親の死を看取るまで介護しないことだ。

潟湖《ラグーン》の都市ラゴスでの生活は「貧しく、不快で、倒錯しており、人びとの一生は短い」とアメリカ人ロバート・カプラン〔ジャーナリスト〕は書く。理性的な人間ならば自由意志で住みたいとは思わないほどラゴスは野蛮だ、とオルセグン・オバサンジョ大統領は言う〔二〇〇七年五月以降はウマル・ムサ・ヤラドゥア大統領〕。道路建設プロジェクトがある。一〇〇ナイラで自動車道路《アウトバーン》を掃除する女たちがいる。マイクロクレジット機関は、貧しい人間に小額資金を融通する〔マイクロクレジットは商業銀行から融資を受けられないような人びとを対象にした極小額融資で、女性限定の場合が多い。二〇〇六年にノーベル平和賞を受賞したバングラデシュのグラミン銀行がその好例〕。夜警団体は何がしかの安全を保証してくれる。さらに、ついに給水を組織的におこなう試みもなされている――いずれにせよ町の一部だが。というのは、北部には河川があり、南部には海があるから、問題になるのは南北軸だけである。ラゴスの東部と西部の人間がいつの日か清潔な水を入手するだろうとは、この町では誰ももう考えていない。雨季の七月と八月には、町そのものがいつも汚泥の下に沈んでしまうからだ。

ナイジェリアは大西洋に面したギニア湾沿いに八五〇キロの海岸線を有する。マングローブの茂る沼地の一帯をすぎると、熱帯雨林が続く。そこから内陸に向かって奥深く進むと、進むにつれて地形は高くなって、台地《プラトー》に達する。そこからさらに内陸に進むと、サバンナやステップ地帯が広がる。ニジェール川が国を貫流している。東部にあるチャド湖は大部分が干上がっている。オルセグン・オバサンジョ大統領はもともと将校であり、外交官であり、往時の軍事独裁政権を批判したために投獄され、汚職と戦おうとしたから、かつては希望の星だった。そのオバサンジョ大統領が一九九九年以降いわゆる第四共和制を率いており、二〇〇三年には再選された。もっとも少々びっくりさせられたのは、彼がいくつかの選挙区で可能な投票数の百パーセントを超える得票率を得たことだ。

ナイジェリアには必要なものが揃っている――原油、天然ガス、石炭、ウラン、港と水路、一二〇〇キロの自動車道路《アウトバーン》、森と豊かな土壌。ドイツ人の探検家ハインリヒ・バルトは一五〇年以上前にナイジェリアを「世界でもっとも豊穣な地方のひとつ」と述べている。彼が言及したのは当時のカノ周辺の地域だ。ナイジェリアの輸出先は、アメリカ、インド、スペイン、ブラジル、フランスで、アメリカ、中国、英国、フランス、ドイツからの輸入が多いが、それでも困難を脱するには十分ではない。その原因は、透明性がないこと、上下階層間の社会移動がないことにある。つまり、国家の頂点に立つマフィアがナイジェリアを私物化している。彼らは油田の権利を徹底的に悪用して、金をせしめる。人民は石油の恩恵に浴さない。学校すら得られず、職場や道路も得られない。人びとが小農民、ホームレス、日雇労働者として生きるほかない社会。一人当たりの年間所得が三一〇ドル〔二〇〇八年には一一六〇ドル〕というのは、日量二五〇万バレルの原油を産出する国家としてはありえないことで、惨めこの上ない。

ハンブルク大学政治学研究所のアフリカ通の教授ライナー・テツラフとコード・ヤコバイトは「アフリカの危機のパラダイム」を素描している。それによれば、三つの「構造的な要因」がある。すなわち、自然条件の厳しさ、つまり気候的かつ地理的な条件、歴史的な負の遺産、そして過去一〇〇年間に人口が七倍になったことが挙げられる。また、三つの「外的要因」がある。原料輸出が優勢であること、国境と国家主権が人為的につくりだされていること、住民が種族《エトノス》に分けられるか、またはエリートと周辺的な大衆に分けられること。さらにまた、三つの「内的要因」が挙げられる。難民、貧困、国家崩壊などを伴う戦争、税金の浪費と汚職、そして最後にしばしば独裁的な大統領専制による住民弾圧である。

ナイジェリアがテツラフおよびヤコバイトの両氏にアフリカの典型例を提供したのだろうか？

アメリカの地理学者で人類学者のジャレド・ダイアモンドは、古い社会においては八つの領域で社会それ自体の存在基盤が失われて、そのために社会崩壊が生じたと言う。八領域とは、「森林伐採と生活領域の破壊、土壌（浸食、塩分増加、地味劣化）の問題、水供給の問題、過剰狩猟、魚の乱獲、外来動植物の在来種に対する影響、人口増加、および一人当たりのコスト増大」である。近代社会ではさらに四つの領域が加わる。「人間によって引き起こされた気候変動、環境汚染物質の堆積、エネルギー不足、地球上の光合成能力を人間が独占的に利用していること」だ。こうして社会内部の圧力が高まって、かつては良好であった隣人との関係が失われて、貧困化し、武装闘争や戦争が生じる。そうしていつか社会は崩壊すると言う。

たとえば、ラゴスで幼児たちが石油の溜まったところにしゃがみこんでいるのを目にすれば、ジャレド・ダイアモンドはこの町のことを、この国のことを指しているのだと思える。

誰もが幻想の果てに自身の結論を導き出す。ラゴスではみなが水を求めて井戸を掘る。いずれにせよ誰もが、その可能性があれば、少しでも土地を持っていれば、みな井戸を掘る。もちろんボーリングによって地下水の水位が下がり、その結果きっと数年もしないうちに二つの可能性のうちどちらかが生じるということは、知ろうと思えば誰でも知れるけれど、そうする。すなわち、地面が陥没するか――小屋の住人はことごとく危険に曝される、あるいは海水が流れ込んでくる――喉の渇いた者には危険だ。

建築家レム・コールハースはラゴスを「ポストモダンな都市の範例」と呼ぶ。すべてにおいて距離がないこと、全面的な干渉と万人の万人に対する恒常的な攻撃性、これがラゴスの混乱《カオス》である。

ささいな所有物をめぐって、モーターバイクをめぐって、手押し車をめぐって、一枚のシャツをめぐって、一本のバナナをめぐって、いずれにせよ生活の糧になる何かをめぐって、食べられるものをめぐって繰り広げられる個々人の戦い。社会全体を恒常的に麻痺させる、個々人の利害をめぐる永遠に続く戦い――これらすべてがラゴスだ。

たとえば、オショディに近い自動車道路《アウトバーン》。そこには幅の広い広場がある。商人がみなそこに彼らの露店を構えていれば、すべては平穏で交通もスムーズに流れるだろうし、全体がいくらかは文明化の方向に進むかもしれない。だが毎朝新たに、商人たちは自動車道路《アウトバーン》に直結する道路に殺到し、ほんの数メートルでも前に出ようと競争相手を押しのける。そうなると、その広い広場の後方には空間ができる。しかし、前方では自動車はもはや身動きが取れなくなる。交通は渋滞し、朝から晩まで押し合いへし合いが続く。数百メートル進むのに数時間かかる。この雑踏のなかで盗みをはたらく者があり、叫び声が上がる。ときには殺人も起きる。ほんの少し周囲に配慮し、ほんの少し秩序があれば結局は全員の利益になるであろうことをわからせようとする者はいないし、それを試みることさえしない。

これがラゴスだ。

一九九九年五月にオルセグン・オバサンジョが大統領に選ばれたとき、多くのことが変わるだろうと人びとは期待していた。数十年に及ぶ軍事独裁政権は終わりを告げ、オバサンジョは南北間の和解、つまりキリスト教徒とムスリム間の和解について語り、貧者の状況を改善することも約束していた。可能性があることを彼は知っていた。ラゴスは石油産出国ナイジェリアの交易の中心地だったからだ。しかし、その後彼は他の権力者の轍を踏んでしまい、より良い権力者になることはなかった。そして今日では、川面には水死体が漂い、部族の民兵が街中を徘徊している。渋滞箇所はいずれも危険だ。なぜなら、白人の車が四〇、五〇人もの男たちによって取り囲まれることがあるからだ。そうなると、この町ではけっして償われることのない殺人の一つになる。

ちなみに、政府はとっくにラゴスに見切りをつけて、新しい首都を建設させた。ラゴスからは安全な距離にあるアブジャだ。首都はアスファルト舗装されていて、街灯もある。

あるロータリーでのこと。ドイツ人女性バルバラ・ハルナイト・ジーヴェルスが息子のユストゥスを後部座席に乗せて車を走らせていたとき、モーターバイクに乗った男が彼女の車の脇腹にどかんとぶつかった。彼女はすっかり気が動転してしまった。男は赤い目をしているように見えた。ラゴスには不文律がある。何が起ころうとも、つねに白人に罪が着せられる。白人は金をもっているが、黒人は持っていないからだ。すぐさま三〇人の黒い男たちがバルバラの一九九二年製の白いVWジェッタを取り囲んで、叫び、車の屋根を叩いた。後部座席の息子ユストゥスは泣き叫ぶ。すると男たちはドアの取っ手を引きちぎり、方向指示器を壊した。そして、車を揺すり始めた。その場に居合わせた警官は、どうしたものかとしばらく考えていた。ひょっとして彼は、どちらの側に属しているかを思案していたのかもしれない。そして彼は驚くべきことに法の側に立つ決断を下した。警官は銃の安全装置をはずした。すると、男たちはみな白い車に乗った白い女性から逃げ去った。

「怒り狂った三〇人の男たちが車を叩く音はほんとうにこわかった」とバルバラ・ハルナイト・ジ

ーヴェルスは語る。

ナイジェリアは絶えず変動している。それは、約一億五〇〇〇万の人間が少しでも良好な生活条件を求めて移動するからだ。それゆえ人びとはいたるところからラゴスにやって来る。人びとは北から南へ、東から西へと移動する。そしていたるところで争いを引き起こす。ナイジェリアでは土着原理主義が幅を利かせている。個々の人間はまずある集団の成員であり、ある村の成員であり、ある部族の成員であり、その後ようやく三六の連邦州の一つに帰属することになる。だが、この国で自身を公民だと感じる者がいるだろうか？　それゆえ、ナイジェリア人は相互に排除しあう。キリスト教徒が住む南部の学校授業料が北部のムスリム地域よりも高いのもそのためだ。

国内を移動するのは日雇労働者である。彼らは数時間の仕事を当てにして、あるいはそれどころか電気のあるバラックを求めて移動する。彼らは連帯を当てにしている。だが、つねにどうしたら得をするかしか念頭にない者たちの社会では、連帯はもはやありえない。

ヨーロッパ――自由のパラダイス、安全のパラダイス、健康のパラダイス、富のパラダイス。これが流浪する大多数の者たちの夢なのだ。

しかし、ラゴスのような町に移動してくるのはなぜなのか？

村々には電気がないが、ここラゴスにはＣＤプレーヤー、ビール、ジーンズ、電気、紙幣、サングラスがあるからだという。それがすべての理由だろうか？


**ジョン・アムパンの初心者のためのアフリカガイド**

4．男は金を稼ぐために村を出る。村には電気もないし、水道もない。学校もなく、仕事もない。男はラゴスのゲットーにやって来る。仕事は見つかるが、そこでもやはり孤独だ。恋人ができても、避妊具を買う金はない。子供ができると、結婚しなければならない。われわれの文化ではそれが求められる。あるとき男は仕事を失う。そうして身動きがとれなくなる。そういったことはしばしば起こるかって？　しょっちゅうさ、来る年も来る年も。

## 専門家カプシチンスキ

それでは、人びとが村を出て都市にやって来る理由は何か？

リシャルト・カプシチンスキはこう書いている。「都市の大部分の人間はときおり働くだけ。働くのはむしろまれだ。そもそも長期にわたって仕事がない。アフリカの諸都市の大きな謎は、多くの人間が何によって生活しているかにある。何によって、どうやって？　というのは、彼らは都市が彼らを必要とするからやって来たのではなく、貧困ゆえに村から駆逐されたのだ。貧困、飢餓、希望のない生活。そうして彼らは難民になって、救援と無事を求める。運命から締め出された人間、追放された者たち」。

これは『黒檀』に記されていることで、私はアフリカの旅を準備しつつこの本を読んだ。ヨーロッパでは、リシャルト・カプシチンスキほどアフリカに通暁している人間は少ない。それで私は二〇〇五年九月にこの政治ルポルタージュの巨匠を訪ねる約束を取りつけた。

この偉大な老人は彼の特性の一端を――それはけっして瑣末なことではない――すでに電話で明かしていた。それは私たちが出会う数分前のことだった。もちろん、カメラマンの方も一緒でかまいませんよ、と彼は電話口で言った。ただし、写真撮影はインタヴューの前後のみ、対談中は厳禁という条件で。シャッター音、フラッシュ、カメラマンの動きなどによっていかなる対談も変質を蒙り、損なわれる、というのがリシャルト・カプシチンスキの趣旨だった。

彼は電話で妥協をしなかった。じじつ最良のルポルタージュ作家はそういうものだと言われる。要するに、原則を曲げないこと。さもなければ、どうして真の話を引き出せようか？

だが実際に彼に会うと、私の憂慮はすぐに打ち消された。結婚して五〇年以上経つカプシチンスキ夫妻はワルシャワの閑静な一角に居を構えている。化粧漆喰《スタッコ》と小さな切妻で飾られている家。玄関の階段の上にアリシァ・ミールツェックが立っていた。心地よい笑みをたたえた小柄な女性で、小児科医だ。夫は上にいる、いつものように、と彼女は言った。階上ではリシャルト・カプシチンスキが待っていた。七三歳。ここが彼の居場所《ハイマート》だ。寄木張りの床に木の柱の屋根裏部屋。壁にはぎっしりと本が詰まっている。電話もインターネットもない執筆の場、無音の帝国《ライヒ》だ。カプシチンスキは胸元を開けたブルーのシャツの上にゆったりしたグレーのジャケットを羽織っている。左右から頭上へと梳《くしけず》られた白髪が、頭上数ミリの長さで漂っている。

カプシチンスキはじつに温かく客をもてなす。彼は六度のバイパス手術を受け、現在では人工股関節になっている。それでも彼はしょっちゅう立ち上がって、ゆっくりと小幅の足取りでコーヒーや本を取りに行く。そして、やや長いこと客を待たせると、それを詫びた。

彼は相変わらず好奇心旺盛だ。談話の相手に、どこからやって来たのか、何の仕事をしているのかと尋ねる。そして、「アフリカ」というキーワードが出てくると、顔を上げた。彼の眼光は鋭くなる。彼はアフリカについて、彼のアフリカについて話し始める。それは彼が一九五七年に初めてアクラに足を踏み入れたときのことで、ガーナの独立直後だった。

カプシチンスキは、アフリカにおける基本的な展開は大量の住民が都市に移動することにあると言う。独立運動の開始と同時に、人びとは出発した。「なぜなら、彼らは都市での生活はもっと良いはずだと信じているからだ」。都市に行けば、子供たちもいつかは学校へ行くチャンスがあると思われた。都市には電気があり、いたるところに音楽がある。あらゆる点において、田舎の古い生活よりはましだと思われた。

これは大陸全体の力強い発展を考えると、まさに致命的だとカプシチンスキは言う。それによって大陸のバランスが崩れてしまうからだ。熱帯気候の国々に、水のない国々に、マラリアとエイズの国々に、徹頭徹尾乾燥した土壌になんらかの進展をもたらす援助をしようとすれば、膨大な資金とさらにそれよりはるかに大きな努力が必要だと言う。発展途上国向けの援助は最悪の地域に住む人間を短期間救済する一方で、窮乏をつくりだし、アフリカのあらゆる難民キャンプのなかに援助プログラムに依存する社会をすぐにつくりだす。「長期的に見ると、それらの援助は経済問題を何ひとつ解決しない」とカプシチンスキは言う。彼はこの展開を「超都市化」と呼んだ。というのも、破局的な旱魃と戦争が終わると、都市は結局いつも「平和幻想と安全願望」を振りまいて人びとを引き寄せるからだ。

このテーゼには数字の裏づけがある。すなわち、ナイジェリアでは一九七五年には都市住民の割合が二三・四％にすぎなかったのが、二〇〇〇年には四四・一％になった。サハラ砂漠以南の全地域では、都市人口の割合は二〇・九％から三三・九％に上昇した。

それからしばらく間があいた。カプシチンスキは彼のアフリカに浸っているように見えた。夢見るかのように書棚を眺めている。「政府や発展途上国援助団体はみな、田舎よりも都市部のほうがはるかに多くの人間にアクセスできるという理由から、都市にばかり投資する。その結果、住民の大量移動が促進されて、依存と悲惨は果てしなく続くことになる」。カプシチンスキはそう言うと、彼の最大の関心事に話題を移した。

「他者」。よそ者だ。

リシャルト・カプシチンスキは毎年ノーベル文学賞の候補に挙げられるが、「残念ながらそれはもう年中行事化している」と彼は言う。彼の最良の書『皇帝ハイレ・セラシエ　エチオピア帝国最後の日々』、すなわちエチオピアの皇帝ハイレ・セラシエとその廷臣についての「権力の寓話」がポーランドにおける社会主義政党の中央委員会の権力の寓話として読まれるようになってからは、カプシチンスキはポーランドの英雄である。彼は彼の物語の現場に身を置いてきた。ガーナが独立したときも、またアジスアベバでハイレ・セラシエが倒されたときにも現場に居合わせた。彼はこれらの事件を力強くかつ明晰な筆致で描写した。

最近カプシチンスキは『ヘロドトスとの旅』を書いた。この本は従来のカプシチンスキの著作とは趣が異なり、軽いタッチで書かれている。著者はときにお喋りに夢中になるが、そこには自己アイロニーがある。本書は個人的で、温かい。さらに特筆すべきは、ヘロドトス（紀元前四八五年頃―四二五年頃）が当時知られていた世界を巡歴した旅からカプシチンスキの旅へと橋が架けられること、つまり著者の果たす役割が古典古代の報告者《レポーター》からマスメディア時代の報告者《レポーター》に転換する点だ。ヘロドトスにとって重要だったのは、同胞のギリシャ人たちにペルシャ人および北アフリカの諸民族に関する情報を提供することだった。その手段は好奇心であり、天賦の観察眼であり、物語る才能だった。『歴史』は彼の主要著作になった。ひょっとしたら彼の唯一の作物だったかもしれないが、それは今日もはや誰にもわからない。はっきりしているのは、『歴史』だけが残っていることだ。

あれはどこだったかな？　カプシチンスキは屋根裏部屋のなかを歩き回って、あちこち探した。天井からは赤外線ヒーターがぶら下がっている。鉢植えの植物とアフリカの白黒写真がある。カプシチンスキはその本を探したが、見つからなかった。

カプシチンスキは、二四歳のときにヘロドトスに出遭った。彼の目的は「国境を越えること」だった。どこでもよかった、それが国境でさえあれば。当時彼が勤めていた新聞社は彼にインド行きを命じた。そのときの女性編集局長が彼に黄色いクロス装のヘロドトスを持たせたのだった。それ以来、このヘロドトスはカプシチンスキと行動を共にした。『ヘロドトスとの旅』は、異郷に到着した者の謙虚さについての本になった。土地の言葉を知らず、仲間もなく、経験もなかったから、荷の重い旅だった。たとえば中国では、彼の傍らにはいつも「同僚のリー」がいた。リーは通訳者だったが、通訳はせずに、いつもただ沈黙を守って、周囲とカプシチンスキを見張っていた。

世界へ出るまでには長い道程を経なければならなかった。というのは、リシャルト・カプシチンスキは一九三二年に東ポーランドのピンスクで生まれたからだ。現在のベラルーシである。彼の両親は小学校の教員だった。そしてピンスク周辺の地域は、「ヨーロッパでもっとも発展の遅れた地域のひとつだった」とカプシチンスキは言う。地域全体が沼沢地、森林、さらに冠水状態の牧草地であって、人びとは農民的伝統を重んじて、古風で、信心深かった。しかし、住民はみな、ベラルーシ人も、ポーランド人も、リトアニア人も、カトリック教徒もユダヤ教徒もみな「人種的偏見なしに平和裏に」暮らしていた。

伝統と寛容との、狭隘と開放性とのこの結びつきは偶然だったのか？　あるいは一方が他方を必要としたのだろうか？　カプシチンスキのお気に入りの隠喩《メタファー》のひとつにこういうのがある。「樹木は生長するために根を必要とする。だが同時に、樹木は彼が森のなかの唯一の生物ではないことを理解しなければならない」。カプシチンスキはピンスクでの青少年時代についての本を書く計画を立てている。しかしその前に、彼は人類学者ブロニスワフ・マリノフスキの足跡を追って旅をしたいと考える。マリノフスキは文明化したとされる世界が戦争にかかわっていた二〇世紀の二〇年代に南太平洋のトロブリアンド諸島に渡って、現地の住民を理解するために定住した人物である。

この二人の男、ヘロドトスとマリノフスキはカプシチンスキの師表となった。ヘロドトスからは、自分自身を理解しようと思えば、他者を理解しなければならないことを学ぶことができる。このギリシャ人は好奇心、寛容、オープンであることを教えてくれる。そしてマリノフスキからは、何かを理解するためには実際に現場にいなければならないことを、つまりレポーターは旅をし、焦らずじっくりと現場とかかわることが必要なことを学んだ。

またカプシチンスキは、ヨーロッパ人はアフリカ人の移動に関連するあらゆる問題について歪んだ、根本的に誤った理解をしていると言う。「私たちはじつにヨーロッパ中心主義的な考え方をしている。私たちの唯一の心配はヨーロッパの安全であって、そのために地球全体がまさに変動しつつあることを見逃してしまう。人間は村から村へ、町から町へ、国から国へとアフリカ内部でも移動しています。彼らはアメリカへ、あるいはオーストラリアへ移動する。じつに多くのパラダイスがあるわけで、彼らはそこへ向かうのです。一九六〇年代にはヨーロッパには、第三次世界大戦があるとすれば、それは南北の衝突から生じるだろうという考え方がありました。現在では、問題は戦争ではなく、むしろ絶えざる浸透であるかのように見えます。世界の国境は以前よりもオープンになっているし、新しい民主主義国家が成立しています。人口の増大とグローバリゼーションの進展にともなって、自分たちの生活が改善される可能性のある地域へ移動しようという関心が高くなるのは当然ですよ。ヨーロッパがあらゆる経済領域で自由化を推進する一方で、よりによって人間だけは制限しようとするのは理屈に合いません」。

さらに、リシャルト・カプシチンスキが憂慮するのは、ヨーロッパ人が実際には昔からアフリカのことなど気にかけてはいないことだ――「たとえば、ナイジェリアのあらゆる部族や集団が実際にどのような相互交渉を持っているか、またどうしたら安定した政府と真の発展がもたらされるかがヨーロッパで問題になったことは一度もない。肝心なのはいつでも、ヨーロッパが石油を採掘できる程度の平穏、つまりそれなりの平和と最低限の安定だった。そして今や第二の大量人口移動が生じています。というのは、アフリカ人の移動と平行して、ヨーロッパ人が次第に第三世界からいなくなるのが見て取れるからです。白人は出て行く。彼らはアフリカを断念したのです」。

問題は、運営不能に陥った大陸が取り残されることだ。アフリカには一万の種族と少数民族が存在し、そこから約五〇の植民地《コロニー》が生まれた。恣意的につなぎ合わされ、同種であることはまれだった。これらの新たな国境は、ヨーロッパ人たちが撤退し始めたときにも、そのまま残された。そして、「今や」とカプシチンスキは言う。「政府の権力が首都の外側には及ばないがために、統治不可能に陥っている政府が数多くあります。統合力が欠けているために、たいへんなアイデンティティ・クライシスに陥っている崩壊寸前の国家があります。アフリカのルーツとヨーロッパの誘惑との衝突から新しい混合文化《ハイブリッドカルチャー》が生まれます」。

そして、アフリカ人もヨーロッパ人も全員がこの混合文化とつきあうことを学ばなければならない、これが肝心な点だ、とカプシチンスキは言う。

二日目。昨日はカプシチンスキが疲労した時点で、インタヴューを中断していた。今は午前一一時。カプシチンスキは古い『ヘロドトス』をテーブルの上に置く。七六〇ページ。彼はこれを昨晩のうちに見つけ出していた。表紙は金褐色で、多くの箇所にアンダーラインや書込みがある。カプシチンスキは湯を沸かし、ミルク入りのネスカフェをサービスしてくれる。そして、かつての戦争の時代を物語る。当時彼の家族は、故郷から追放されることを恐れて、ピンスクを脱出しなければならなかった。一家はワルシャワに行き、そこで父親は軍隊に入った。当時、学校では一学年に一冊の本しかなかった。後に大学で歴史を専攻したときにも、全学生に一冊の本しかなかった。学生の一人が歴史上の紀元年数を読み上げ、教授がその年について試問した。

　カプシチンスキの言によれば、彼は言葉の世界への「遅れた参入者」である。青少年向けの日刊紙『シュタンダル・ムウォディフ』〔「若者の旗」の意〕が読み書きのできる者を探していたときに、ジャーナリズムの世界に身を投じることになった。彼は言葉と報道にかかわる仕事が好きだった。その後彼はPAP《パップ》通信社から雑誌『ポリティカ』に移り、PAP《パップ》に舞い戻った。そして、ついに書物が自由に手に入るようになったとき、フロベール、バルザック、スタンダールを読み、後にはアドルノ、ハーバーマス、ガーダマーを読んだ。現在では、彼自身の仕事にかかわるテーマで入手可能なものを読む。長編小説の類を読むことはもうない。もうその時間はない。

　ヘロドトスを現代に呼び戻し、彼をルポルタージュの断片と省察の対象にするカプシチンスキの方法は、「歴史記述のポストモダンな方法」に通ずるものだと言う。彼には姿勢が問題なのだ。すなわち、ヘロドトスは最初のグローバリストであったと同時に人文主義者《フマニスト》だったと言う。なぜなら、ヘロドトスは、当時ギリシャ人にあらざる者はすべて野蛮人であると考えていたギリシャ人たちに彼のペルシャの物語という鏡を差し出したからだ。そして、かつて彼の先達がそうしたように、今日カプシチンスキは編集《モンタージュ》し、圧縮する。彼はインタヴューする際に速記用口述録音機《ディクタフォン》やメモ帳を使うことさえしない。なぜなら、そのような道具はただちに対談相手の態度を変えてしまうからだと言う。彼は対話中の一つか二つの重要な文章をいつも記憶しておくのだと言う。何について書くのかを感じることが大事な点だ。そして、誰かが三発あるいは四発の弾丸で撃たれたことは重要ではない。重要なのは、その人物が死んだことだ、と彼は言う。問題は「真実の本質《エッセンス》」であると。

カプシチンスキが理解するところによれば、ルポルタージュとは「エッセイ化されており」、紀行文、注釈つきの経験、人類学的研究、歴史的研究の混合物である。このようなルポルタージュは多くのテキスト形態を統合する。カプシチンスキによれば、最良のレポーターは思想家や哲学者であって、彼らこそ、今日の世界をなお把握しうるテキストの書き手である。

さらに彼はこう続ける。なんといっても問題はなによりも、隔壁を設けることがもはや不可能であること、私たちに選択の余地はもはやないことだ。つまり、グローバリゼーションと近代《モデルネ》が意味するのは、私たちが未知の者たちのなかで生きなければならないことである――だが、問題はその方法だ。私たちは移住の時代に、区別の曖昧になった時代に、原理主義的な運動による対抗運動の時代に生きている。コスモポリタン的なものは人間に過剰な要求を押しつけるし、ナショナリズムは人間を脅かす。「ヨーロッパはアフリカ人の移住に対して相変わらず準備ができていない。ヨーロッパは脅かされていると感じている」とカプシチンスキは言う。「しかし、これはもう不可逆的な動きであって、事実なのです。だからこそヨーロッパは、この世界において人間の生活がどうすれば可能になるかについての議論が必要になる、つまり私たちの未来の文化についての真の討論が必要なのです」。〔リシャルト・カプシチンスキは二〇〇七年一月二三日にワルシャワで亡くなった〕

**北へ**

低く抑えた声で行き先を聞かれる。

ニジェール？　スペイン？　ヨーロッパ？　北へ、頼むから北へ乗せていってくれ、せめてモロッコかリビアまで？　難民たちはおずおずと尋ねる。小声で。グレーゾーンの旅だ。つまり、誰もがその旅が何を意味するかを承知している。彼らが目論んでいることはむろん禁じられている。まず金次第だ。また金の支払いが済んだ後でも、難民たちが旅を続けられるか、退却を余儀なくされるか、あるいはまた監獄にぶち込まれるか、ひどく殴打されるかは警官たちの恣意に左右される。

若い夫婦、家族、若い男たちが自動車道路《アウトバーン》の脇やバスの発着所に立つか、座り込んでいる。彼らはそこで交渉をし、そして、待つ。待つことは難民の日常だ。彼らはごくわずかな荷物しか持たない。バッグ一つだけ。身軽でなければならない。もともと彼らは多くのものを所持していない。旅費をつくるために、できる限りの物を売り払ってしまうからだ。彼らはその金を分けて収納する。下着、ソックス、帽子、ジーンズの内側、バッグのなかの汚れた下着、これらが最善の隠し場所だ。もちろん盗もうと思えば、どこを探せばよいかは誰もが知っている。

ポータブルのCDプレーヤーにヘッドフォン、それに二、三枚のCDを持っている者がいる。ここではカセットレコーダーもまだ見かける。アフリカ人は歌をラジオから録音する。ウォークマンを持っている者もいる。誰も本は読まない。本は重すぎる。私たちの旅の途上で、難民が本を読んでいるのを目にすることはないだろう。

大部分の者は木の下に座っている。じっと動かずに。できるだけエネルギーを使わないことが肝心。浅い眠りを眠る。あるいは夢見る。あるいはヨーロッパのことを考える。それは誰にもわからない。彼らはそれなりに快適な場所を見つける、できれば木陰に。そのような場所を確保すると、全身を弛緩させる。もはや話はしない、目を上げず、もうピクリともしない。ときおり仕方なしに手を振って蚊を追い払う。そうしてまた身体から力を抜いて弛緩させる。彼らの視線が通行人を追うことはなく、彼らの表情は緊張や期待、あるいは好奇心とは無縁だ。

彼らは待つ。それ以外には何もない。

明日トラックが出るという。確実なのは明後日。そのような情報は難民たちの世界では商品だ。

そして翌朝になる。すると斡旋業者の男は言う。「いや、きょうはまだだ。明日もまだだめだ。週末には車が来るだろう。それはもう間違いない。ただし、残念ながら価格が変更になった。あんたたちの安全のためにさらに手を尽くす必要があったんだ」。それは警官を買収するという暗示だ。それは値段の上昇を意味する。そしてまた、難民たちはとっくに交渉済みのことを改めて交渉する。そしてさらに数日間木の下に座っていなければならない。

彼らは待つ。

黒いシャツに黒のズボンを履いた一人の若い男が家の壁にもたれている。エドソムワンという。彼は一度目的を遂げたことがあると語る。「俺はそこに着いた。目的地に着いたんだ」と彼は言う。だが、滞在を許されたのはわずか数時間だった。

エドソムワンは八〇〇ユーロ持っていた。それで十分だった。バスでラゴスからベニンシティへ行き、さらにトラックでナイジェリア北部のカーノに着いた。そこからニジェールのアガデスへ、さらにピックアップ・トラックに乗ってアルジェリアのタマンラセットへ行った。そしてある夜、モロッコ国境を越えた。海岸には――何と言う海岸か彼にはわからなかった――ボートが待っていた。その海岸からはヨーロッパが見えた。ボートはラスパルマス〔スペイン領カナリア諸島の湾岸都市〕を目指した。しかし沖合でエンジンが止まってしまい、船長は無線でSOSを出した。スペインの沿岸警備隊がやって来て、難民たちを岸へ運んだ。つまり難民を救助すると同時に逮捕した。この両者はいつも同時に生じる。もちろんヨーロッパでは今やつねに監視が行き届いている。もちろん誰も逃げ出すことはできなかった。翌朝すぐに四〇人のアフリカ人は救助されたボートで国外追放されて、ふたたび国に送り返されたのだった。

エドソムワンは現在カメラマンで、注文を待っている。稼いだ金を貯めて、それがまた八〇〇ユーロになったら「もう一度トライするよ」と言う。

私たちの旅は格段に容易になる。というのは、北部のカーノ出身のナイジェリア人エマニュエルの車に便乗しているからだ。彼は赤いメルセデスに乗っている。私たちは短い黒髪の小柄な女性ティーヴェ・ドバを車に乗せる。彼女は「ドイツ救らい・結核協会」でハンセン病との見込みのない戦いに挺身している。

ハンセン病は今日なおナイジェリアの国民的な病気で、毎年数千人が罹病する。その理由は、薬がないからだ。ハンセン病はらい菌が末梢神経の細胞内に侵入する感染症である。この細菌はまず触覚に制限を加える。それから、神経と粘膜が壊死し、四肢が塊状化する。ワクチンはない。しかし、抗生物質を用いれば、ハンセン病はきわめて容易に治癒可能な病気である。

ハンセン病患者はいたるところで見られる。ナイジェリアだけではない。なぜなら、抗生物質の入手が治癒の前提条件だからだ。

私たちはラゴスを後にして、「教会の自動車道路《アウトバーン》」を走ってプレイヤー・シティ、つまり「祈りの町」を通過する。希望を育むものが他に多くないナイジェリアのような国々では、宗教が産業である。自由教会がつくられているが、これはアニミズムとキリスト教の混合だ。原理主義者たちは反コンドームのキャンペーンを繰り広げているが、とりわけここはひどい。「勝者の教会《ウィナーズ・チャーチ》」は完全にアメリカナイズされており、男も女も誰もが成功することを祈る――聖書に忠実に、毅然たる態度を持って、同性愛者と進化論に対しては断固反対の信念を持って。プレイヤー・シティには競技場、スタジアム、大ホールがある。週末ともなれば、みずから「神の戦闘マシン」と称するドイツ人ラインハルト・ボンケのような伝道者を通じて神の祝福を祈願するために、何十万もの人びとがやって来る。ボンケは、イエスのように病を治すことができると言う。

種族間の抗争と戦争はしばしば、資源と生活圏が逼迫した国々において燃え上がる。人口密度が高く、耕地と生活手段をめぐる争いが増大する国ルワンダで集団虐殺が生じたのは、偶然ではないと思われる。いずれにせよナイジェリアはとうに狂信者と神の戦士の国である。ボンケが一九九〇年代初頭にムスリムの多い北部のカーノで布教を開始しようとしたとき、初めて暴力沙汰が生じ、最初の犠牲者が出た。あるときはキリスト教徒がムスリムを殺害し、あるときは逆にムスリムがキリスト教徒を殺害した。この抗争——そうこうする間に宗教戦争と言ってもまちがいではないほどになった——のために、優に一万を超える人間が今日までに死んでいる。一九九五年にムスリムのハウサ族とキリスト教徒のヨルバ族がラゴスとカーノで衝突した。二〇〇〇年一月に最初の連邦州がイスラーム法（シャリーア）を導入し、他の一一州がこれに追随した〔ナイジェリアは全部で三六州からなる〕。そして、最初のイスラーム法適用——禁酒違反の廉で八〇回の鞭打ち——の後に、カドゥーナでは市街戦になり、アバではムスリムに対する虐殺《ポグロム》が起きた。二〇〇一年には、ベヌエおよびタラバで兵士たちが三〇〇人を殺害した。二〇〇二年には、アブジャで開催される予定だった「ミス・ワールド世界大会」が原因で暴力沙汰になり、二二〇人の死者が出た。* この間に、オルセグン・オバサンジョ大統領でさえ「相互の集団虐殺」に警告を発している。

私たちはプレイヤー・シティを後にして、北へ向かう。目的地であるヨーロッパへ向かう。自動車道路《アウトバーン》は四車線だ。だが、車は路面の穴のために頻繁に停止を余儀なくされ、また頻繁に停止

＊　婚外子出産した女性がシャリーアの姦通罪に問われて、石打の死刑判決。これに抗議して、「ミス・ワールド世界大会」の出場予定者が大会ボイコットを表明。さらに地元新聞が「預言者ムハンマドは同大会参加者から妻を選んだかもしれない」と書いたことに対して、ムスリムが暴徒化して、キリスト教徒と衝突したもの（共同通信の『世界年鑑二〇〇三』に拠る）

を命じられる。

わが最良の友、ナイジェリアの警官がよろめきながら助手席の窓をノックする。ひどく赤い目をしている。

「アイ・ラブ・ユー」と警官は言う。

「グッド・アフターヌーン、オフィサー」と私は応じる。

「ホワット・ユー・ゴット・フォー・ミー?」と警官。

私はズボンのポケットから二〇〇ナイラを取り出す。ここでは財布を見せないほうが良い。

「ユー・キャン・ゴー」と警官は言う。

「愛しているよ」、「いくらくれる?」、「行ってよろしい」――この三つの文がナイジェリアにおける人間関係を示している。

そして、下生えのなかから、木々のなかから、シダやツル植物などの茂みのなかから、きまって警察の停止命令の直後に、貧民たちが出てくる。車のギアがまだ四速に入らないうちにいつも現われる。彼らは車に向かって叫ぶ。「ハンセン病だ、ハンセン病だ、白人よ、俺たちはあんたの金が必要なんだ。俺たちを助けてくれよ、俺たちは病気なんだ。俺たちの子供が死んでしまう。マスター、マスター、助けてくれ」。彼らは私をぎゅっと引っ張る。叫びながらつばを吐く。私の腕をつかみ、後ろから私のシャツを引っ張る。そして、インタヴュー代金を要求し、写真の金を欲しがる。私たちはそういったことにはもういい加減うんざりしているから、何の質問もしないし写真も撮らないにもかかわらず。彼らはついには、私たちが車から降りたことに対して金を要求する。

「金を払え。払え、払えよ」。

さらにある者は棒を振り上げて、振りまわす。マルクスがカメラをバッグのなかに隠してしまったからだ。

「払えよ、金を。金を。金を。金が必要なんだ」。同情を示すことは——たとえ同情を示したいと思っても——困難になるばかりだ。嫌悪と閉所恐怖の瞬間、過大な要求がなされるこのときばかりは。

ティーヴェ・ドバは人びとを観察していて、彼らのなかには誰も病人はいない、いずれにしてもここにいる人びとのなかにハンセン病患者はいないと言う。物乞いも、成功を収めるにはそれなりのつくり話が必要だ。ハンセン病はその意味ではとても好都合なのだ。ここにいる者たちはおそらく、近隣の村々で集められて、物乞いするためにバスで連れてこられたのだろうと、彼女は言う。私たちは車を走らせる。

オスアマのすぐ手前のガードレールに一人の男が座っている。ティーヴェ・ドバはこの男を知っていると言う。ウェリントン・エノギーレという名で、二八歳か二九歳。ハンセン病のために左脚を失ってしまった。その彼が自動車道路《アウトバーン》の真んなかにうずくまって物乞いをしている。ティーヴェは非常にすばやく、ひどく狼狽して彼の前に立つと、叫んだ。「何のために私がこんなひどい仕事をしていると思っているの？　あなたのような人たちのためだ。あなたは私たちのキャンプにいたね。食料も、衣類も、少しばかりのお金もあなたは手にした。仕事を覚えようと思えばできたでしょう。どうしてあそこを抜け出して来たの？」。

「這い出て来た」と言うのが正しい。

男は黙っている。ティーヴェは、道路でならより多くの金を稼ぐことができるのは明らかだと言う。路上はなるほど健康にはよくない。水を飲むためには、腹ばいになって川まで這ってゆかねばならない。それに、彼が職場のようなものを見つけることはけっしてないだろう。だがここでなら、彼は大きな車に乗った金持の金にありつける。「しょうもない、哀れな奴」とティーヴェは言って、私たちが男に金を渡すことを禁じる。「この国の何が病んでいるかを知りたいでしょ？　この国は彼のような人間に悩まされているんだ」。

　そしてまたもちろん、この国はこのような生き方が集団化していることに悩まされている。ナイジェリアのように共同体感覚のない国では、ハンセン病と戦うことは困難だ。なぜなら、病人はここでは侮蔑され、排外されるからだ。「この社会は偏見に満ちている。そして、寛容とはまったく無縁の社会なんだ」とティーヴェは言う。「私のような仕事をしていると、自分自身をしょっちゅう無能者だと感じる。いつも泣いてばかりいなければならない。なぜって、ものごとはちっとも前進しないから」。ティーヴェ・ドバは田舎のオクパラという村で生まれた。彼女も移住者だ。なぜなら、ベニンシティへ、さらにラゴスへと移ったから。いつも学校や大学で学ぶ場所を求めて移動した。そしてついに学業を終えて、彼女がやりたいと欲していたこと、つまり現在していること――彼女の国の最下層の人びとを助けること――ができるようになったのだった。

　ハンセン病患者（遺棄された者たち）の村はオシオモといって、ベニンシティから四七キロ離れたところにある。一九三三年にオシオモは形成された。当時ハンセン病患者たちは家族から追い出されて、ここに集まり、互いに助け合った。今日では二五七のベッドを備えた病院がある。広々とした草原に平屋の建物。その周囲にはなまこ屋根の茶色の家々が立ち並んでいる。それらのなかには壁が三面だったり、二面の壁しかない家もある。瓦礫や石が散らばっている。小屋と小屋の間の道は狭く、草が高く生い茂っている。花々の匂いがする。熱帯の、湿った、腐敗した匂い。カトリックの「愛徳姉妹会」（慈善の娘たち）がハンセン病患者の世話をしている。

ここにいるのは、エロビ村出身の片脚のダニエル・エヒオゲーのような男たちだ。彼は一九八四年からここにいる。ハンセン病の診断がくだされると、妻は彼の元を去った。ここオシオモでダニエル・エヒオゲーは二度目の妻エリザベスと出会った。彼女も同病で、二人は健康な子供を授かった。一四歳になる息子エンドゥラスだ。

オシオモには家具工房がある。さらに学校があり、靴と衣服を仕立てる工房がある。木の義足は患者みずからが製作する。三五〇名の患者がこの村に住んでいる。彼らは裸のまま地面に座り、裸のままベッドに横たわる。一部屋に一二人から一五人。換気扇は動いていない。悲惨な光景。女たちは訪問客の姿を見かけると、地面を這って急いで毛布に包《くる》まる。ここにいる者たちはみな腕には手が、脚には足があるが、手足の指は欠けている。彼らは乾いたトーストパンをもらうと、歌を歌う。訪問者が彼らの身体に触れると、彼らは涙を流す。そして、訪問客と彼らの神とを褒め称える。

訪問の最後に「愛徳姉妹会」の修道女たちから昼食に招待される段になると、かなり悲しい思いをさせられることになる。患者たちにはシーツもないし、蚊帳もない。ガーゼの包帯もなければタオルもない。ところが、修道女たちは化粧直しされたばかりの邸宅《ヴィラ》で暮らしている。窓には格子が嵌められており、テーブルにはライスとチキンが載っている。ここが寄付金の行きつく先なのか？

「きつい仕事です」と施設長の修道女は言う。

「レッツ・ゴー」と私たちの案内人ティーヴェ・ドバは言う。彼女はもううんざりしている。

貧富間の、黒と白との、上と下とのささいな対立。つまり、運転手対雇用者だ。私たちはエマニュエルと長いこと交渉した。疑問の余地はないはずだった。ガソリン代は別にして、一日八〇ユーロで彼は私たちのために車を走らせることになっていた。ナイジェリアでは多額の報酬だ。宿泊は彼が自分で工面する。そう取り決めてある。さもなければ、私たちは七〇ユーロに宿泊代をプラスするつもりだったが、エマニュエルは前者を採った。

夕刻、エマニュエルが私たちの前に立って、こう言う。「ここには顔見知りは誰もいない。どこで眠ったらいい?」。さらに、彼はホテルで車を洗わせて、「料金は白人につけといて」とフロントで言うのが聞こえる。朝になると、彼は言う。「オイル交換の料金を払ってくれ」。まだ一五〇キロしか走っていない。ノー、と私。彼はガソリンスタンドに行き、オイル交換を済ませて、こう言う。「三〇〇〇ナイラくれ」。ノー、と私は言う。

「あんたは白人だ。俺に三〇〇〇ナイラ貸してくれてもいいだろ」。

貸すのではあれば、話は別だ。

「ここで友人が見つかると思ってはいけない」とジョンは言う。「私たちがこの旅の途上でかかわりあう者は誰もが、百パーセント全員が、あなたたちとの関係から最大限のものを引き出そうとするんだ」。

それでは、私たちが白人で、彼らがひどく貧しいからという理由で、私たちはいかなる要求にも応じなければならないのか?

「そうではない。でも、あなたたちは一〇年に一度あるかないかのチャンスをここの連中全員に提供するのだということを知っておいたほうがいい」。

## ジョン・アムパンの初心者のためのアフリカガイド

5. アフリカ人はすべてを今即座に手に入れたがる。たとえば、それなりに成功したヨーロッパ人であっても、自宅のドアを開けてくれる召使を雇いたいと思うだろうか? ヨーロッパ人は、車を自分で運転するのは沽券にかかわるという理由で運転手を雇うだろうか？　一方、アフリカ人は貪欲で限度を知らない。われわれには自己発展を遂げようとする基本的な徳性が完全に欠けている。アフリカの辞書に「勤勉」と「時間厳守」は載っていない。

## 民族大移動の短い歴史（一）

人間は眠る場所を、家を、故郷を欲する。そしてまた遠方へと誘われる。冒険を欲するからだ。人間はどこかに定住する。しかし人間は旅人でもある。人間は平和を欲する。しかし人間は戦争をする。人間は自身の故郷に留まることを欲する。しかし人間は他者を彼らの故郷から追い出す。

移民の歴史は永遠の探索の歴史である。人間は生きることができる土地を探す。ときにはただ生き延びるために、ときにはより良い生活を求めて。

人間はみずからの意志で出てゆくこともある。その場合、人間はもはや耐えようとは思わない場を立ち去る、忌まわしいことから離れる。

人間は他者を追い払って、自分がそこに留まる。そうなると、他者は出て行くほかない。あるいは逆に、彼が追い払われる。そうなるば、彼は出て行くほかはない。そして他者がそこに留まる。

人間は黄金を探し、石油を探し、ダイヤモンドを探す。だが、清潔な水と米を求めるにすぎないこともある。人間は海を求め、太陽を求める。だが、電気を、学校を、平穏な土地を求めるにすぎないこともある。人間がいつでも求めるのは、平和と安全だ。

人間は、移動のために移動する。そうなると、彼はノマドかトゥアレグ〔ベルベル語を話す遊牧民〕だ。

人間は、終の棲家を見つけるために、故郷を後にする。そうなると、彼は移民の多数派に数えられる。

民族大移動の歴史は人類の歴史だ。聖書を信じるならば、人類の歴史はパラダイスからの追放とともに始まったと言えよう。つまり、人間の最初の故郷喪失である。

進化の歴史を振り返ってみれば、現代人は約二〇万年前にアフリカで誕生した。人類はアフリカから世界中に移動した。アジアへ、アメリカへ、オーストラリアへ、ヨーロッパへ。長い時間がかかったが、いつか人類はインド洋のニコバル諸島〔ベンガル湾〕に達し、ハワイ諸島へ、ジュルト〔ドイツとデンマークの国境に近いドイツ領の島〕へと移動した。

伝説によれば、ローマが建設されたのは、人びとが定住地を求めていたからだとされる。すなわち、永遠の都ローマ建国の祖アエネアス〔アイネイアス、アイネアスとも〕はトロヤの戦火を逃れてきた。そして、ケルト人は北イタリアへ、スペイン北部へ、ポルトガルへ、さらにバルカンへ移動した。ゴート人、ゲピード人、ヴァンダル人〔いずれも東ゲルマンの部族〕は南ロシアとカルパチア山地へ移動した。

「民族大移動」という概念は今日では少しばかり厄介だ。この言葉は「ミグラツィオ・ゲンツィウム（migratio gentium）」に由来するが、ラテン語の「ゲンス」（gens）は部族全体というよりむしろ一族の武装部隊、すなわち部族の軍を意味する。その後、ドイツの民族主義者たちは「民族大移動」という概念を、ゲルマン諸部族の力、強さ、優越などを根拠づけるために用いた。そのため、「民族大移動」は今日狭義では四世紀以降のゲルマン人の移動を指す。すなわち、フン族はロシアに侵入し、東ゴート族はハンガリーとイタリアに進み、西ゴート族はイタリア、フランス、スペインに、フランク族は後のフランスに侵入した。そして、五六八年にランゴバルド族はイタリアへ入って、そこでランゴバルド王国が成立した。

太平洋ではポリネシア人が移動を開始した。彼らはカヌーを操って海上を数千キロ移動した。一二〇〇年には、ハワイからニュージーランドにかけての居住可能な島はことごとく入植が済んだ。

バイキングは近隣の者たちと交易をおこない、後には略奪行為を開始した。
地中海の向こう側では、ムハンマド〔五七〇年頃―六三二年〕の死後、アラビア人の移動が始まった。彼らはメソポタミアとアフリカ北部を占拠した。ベルベル人（ムーア人）は七一一年に海峡を越えてスペインに移り、そこに定住した〔西ゴート王国の滅亡〕。ようやく一四九二年にグラナダ王国が陥落すると、彼らはヨーロッパから駆逐された。彼らとともにスペイン人は一六万人のユダヤ人を国外追放した。これと同じ年に、クリストフ・コロンブスはインドへの海路を求めて出発し、その結果、新世界を発見する。この冒険を財政的に支援したのは、キリスト教に改宗してスペイン人になっていたユダヤ人だった。先住民の大部分は病気、大砲、闘犬によって殺された。そして、スペイン人、ポルトガル人、さらにアメリカに移住したイギリス人はみな現地ではむろん労働力を必要としたので、彼ら（オランダ人およびドイツ人を含む）の所有する植民地アフリカから奴隷を新大陸に拉致した。それは巨大な渦巻きであり、移住という比類のない激流だった。数百万の人間の最初の強制移住だった。

そして後に、六〇〇〇万のヨーロッパ人が移住した。大部分はアメリカへ、自由意志で。オーストラリアに渡った者たちはかならずしも自発的ではなかった。オーストラリアとタスマニアはイギリスの流刑地だったからだ。

そして、難民の世紀である二〇世紀。つねにどこかに政治難民（亡命者）が存在した。フランス革命を逃れた貴族たちは有名な言葉を生み出しさえした。「エミグラント」である〔フランス革命当時、貴族や聖職者が主にアメリカに亡命した。フランス語では「エミグレ」〕。だが、一九世紀の国民国家の成立とともに、新しいレベルの憎悪と排斥が生まれた。誤った信念、誤った起源、誤ったイデオロギー――そこに帰属していない者は、手遅れにならないうちに（出てゆける場合には）出てゆかねばならなかった。民族浄化の世紀が始まった。

コフィ・アナン〔一九九七年から二〇〇六年まで国連事務総長。ガーナ共和国の出身〕は二年前に「国際移動に関する世界委員会」を創設した。ドイツからはリータ・ジュースムート〔一九八八年から九八年まで連邦議会議長〕が参加した。この委員会は世界中を調査して、人間の移動は二〇世紀の世界の基本テーマになりうることを発見した。いずれにせよデータを見れば、この結論は容易に頷けるだろう。

二〇〇五年には、一億九一〇〇万の移住者が地球上に生活していた（これはすでに一年以上自身の故郷を離れている者だけに限定した数である）。これは世界人口の三％に相当する。急速な増加だ。というのは、一九七〇年には、移住者数はまだ八二〇〇万人で、二〇〇〇年には一億七五〇〇万人だったからだ。

移住者の四八・六％は女性だ。六四一〇万人はロシアを含むヨーロッパで生活しており、これは全人口の八・八％に当たる。五三三〇万人はアジアに、四四五〇万人は北アメリカに住む。アメリカ合衆国は全移住者の二〇％を受け容れた（三八四〇万人）。ロシアは六・三％（一二一〇万人）、ドイツは――国連によれば――五・二％（一〇一〇万人）である。アンドラ、モナコ、カタールのような小国では、移住者の割合は人口の六〇％を超えている。

彼らはなぜ移動するのか？　原因のひとつは失業だ。もうひとつの原因は劣悪な賃金。サハラ砂漠以南の国々に住む人間の四五・七％は一日一ドル以下の収入だ。故郷におけるひどい教育も理由の一つ。さらなる理由として、短い平均寿命が加わる。低所得国の人間の平均寿命は五八年、工業化の進んだ社会では七八年。そのうえさらに、戦争、自然災害、疫病、飢餓がある。

それゆえ、移住者たちは東から西へ、南から北へ移動しようとする。人間は、自身の故郷が故郷たるものであるならば、そこに留まる。

そうでなければ、出てゆく。

移住者が歓迎されることはまれだ。移民国オーストラリアは歓迎されざる移住者の大部分を南太平洋の小さな群島国家に疎開させるために多額の資金を支出している。自身の手を煩わすことなく、子供を含む難民たちが長期間滞在可能な収容所を維持するためだ。ときおり心理学者たちが島を訪れて、被収容者を検査し、「不眠症、自殺の危険、うつ病、トラウマ後のストレス症候群、その他」などの症状が簡易報告書に記される。しかし、このようなことを気にするオーストラリア人は多くない。「人間は我が身の平穏を欲する」。そう言うのはドイツの亡命研究者ヴォルフガング・ベンツだ。*

難民たちの生活の場は、ギニアとかあるいはアフリカのどこかの収容所だ。それらの収容所はとっくに都市の規模に達しており、三万、四万の人間がテントやバラックで生活している、遠く故郷を離れて。そして、一日の唯一の意味が一度の食事のために並んで待つことにあるとしたら、それは何という生活であろうか。それ以外は、無気力、荒廃。もちろん麻薬、売春、暴力。

タンザニアにおける調査の結果、少女たちの売春は一〇月から一二月にかけて特に多くなることが明らかになった——小学校は休暇になり、路上には子供が多くなる。国際移住機関（ＩＯＭ）が明らかにしたところによれば、ヨーロッパ、北アメリカ、アジアに拉致される女たちの出身地は、主にナイジェリア、ガーナ、コートジボワール、セネガル、エチオピア、ケニア、カメルーン、マ

＊　二〇〇一年八月にインドネシアからの四〇〇名余の密航者を乗せた船を公海上で沈没の危機から救ったノルウェーの貨物船「タンパ」がオーストラリア・インドネシア両政府から入港を拒否される事件が発生。この解決策として出てきたのが、「パシフィック・ソリューション」と呼ばれるもので、不法入国者をオーストラリア本土に上陸させずに、難民審査をナウル共和国などの海外の収容施設でおこない、そのための費用をオーストラリアが負担するというもの。これについては、下記に詳しい。（浅川晃広「オーストラリアの移民政策と不法入国の問題——「パシフィック・ソリューション」を中心に」外務省調査日報二〇〇三／№11）

リ、ガボン、ニジェールである。
短い銀髪に丸い眼鏡をかけ、金の十字架の付いた金のネックレスをした修道女レア・アッカーマンは一九三七年にドイツのザールブリュッケン近郊のクラーレンタールで生まれた。銀行での見習いを終えると修道院に入った。アフリカに行きたかったからだ。伝道活動はアフリカへの切符を意味することを彼女は知っていた。修道女レア・アッカーマンは「ルワンダにおける教育」で博士号を取得し、後にモンバサ〔ケニア南部の港湾都市〕に行って、そこにソルオディ〔SOLWODIは“Solidarity with Women in Distress”の略語〕を設立した。これは、売春婦や人身売買の犠牲者など、苦境に陥った女性の戦いを支援する組織だ。レア・アッカーマンは言う。「アフリカの家父長制的な社会にあって、女性（子どもたち）が夫（父親）を失って、いったん貧困限界以下に陥った場合、どうしたら生き延びられるかを想像することはドイツではほとんど不可能でしょう。売春によって女性たちはさらに社会の周辺へと追いやられるのです」。

修道女レアと彼女の支援者たちはセンターを建設した。そこには学校があり、少女や女性たちは料理や美容を学ぶのだが、その前にまず習うのは読み書きだ。「ここでいちばんびっくりするのは」とレア・アッカーマンは言う。「ヨーロッパではお金が路上にばら撒かれているという迷信が蔓延《はびこ》っていること。またひどく根強い神話は、黒は嘆きの、白は善の象徴だというものです。みながヨーロッパに行きたがります。他に方法がなければ、娼婦としてでも。彼らはアフリカでドイツからやって来る買春目的の男たちを見ています。それらの男たちが格別賢いわけでもないのに世界旅行をする金銭的な余裕があることを彼女たちは見ている。その結果、これらの愚かで金のある娼婦目当ての男たちの出身地ヨーロッパへ渡るためには何でもするのです」。

## ベニンシティ、ナイジェリア、九七三キロ

女性売買の町は失業者の町だ。ここには何の産業もなく、何の希望もない。ナイラ〔ナイジェリアの通貨〕はとっくに何の価値もなくなっている。それゆえ、出てゆける者はみなヨーロッパを目指す。

女性売買の町はラゴスよりも緑が濃い。町には草原や樹木があり、植物園さえある。

それにもかかわらず、ベニンシティは赤い汚泥の町だ。道路は舗装されておらず、ここにあるのは、道路の穴とバラック小屋と市場だけ。市場ではあらゆるものが売られているが、買い手はいない。絶えざる渋滞。その原因はわけても、誰もが可能なかぎり遠くまでやたら車を走らせることにある。他の車に道を譲ろうとする者はいない。信号のない交差点では、交通の流れが遮断されないように、左右からの車の進入を阻む。一〇〇万以上の人間が「ナイジェリアの鼓動」と呼ばれるこの町で暮らしている。失業率は九〇％。ベニンシティはかつて交易の町だった。ここから木材とゴムが輸出され、家具とブロンズのフィギュアが製作されていた。「しかし、それからヨーロッパ人がやって来て、すべてを台無しにしてしまった。彼らはわれわれの木材を輸出し、『アフリカン・ティンバー・プロダクション』は立ち行かなくなった。彼らはわれわれの最良の人びとを連れ去って、市場を荒廃させ、破壊された町が取り残された」と自説を展開するのはレヴェレンド・デイヴィッド・ウゴロだ。彼は搾取と汚職に対して戦うＮＧＯ「環境・経済問題における公正を求めるアフリカ・ネットワーク」を主宰している。

今日、この町は娘たちを輸出している。

デイヴィッド・ウゴロはたくさん穴のあいた白いマントを羽織り、木製の事務机の上に山と積まれた新聞の前に座っている。二人の女性秘書が彼の発する言葉をことごとく筆記する。きょうはまたもや電気が止まっているので、発電機がうなっている。ウゴロは演説を始める。彼は叫び、立ち

上がり、事務所のなかを歩き回る。彼はすぐに激昂する。というのも、彼はアフリカの敵ヨーロッパを憎んでいるからだ。

「ここの人間は誇り高い。彼らは独自の伝統と独自の文化を有しており、誰も国外へ出てゆこうとは欲しなかった。誰一人ヨーロッパへ逃げ出そうとはしなかった」とウゴロは声高に叫ぶ。「だが、アフリカにどうしろと言うのだ？　ヨーロッパの雌牛はアフリカの人間よりも多くの金を稼ぐ。あなたたちの農業補助金がわれわれの農業を壊滅的にしている。われわれはヨーロッパの補助金政策によって毎年二五〇億ドルもの輸出収入を失っていることを知っているのか？　これと比べたら、あなたたちの発展途上国援助なんてお笑い種だよ。さらに、あなたたちの移民戦略はわれわれには致命的だ。なぜなら、あなたたちはビザ政策によって医師やコンピュータ技術者をアフリカから釣り出す一方で、それ以外の者たちをみな拒絶するからだ。あなたたちは石油、金、天然ガスをアフリカからもってゆく。ヨーロッパとアメリカの基本的な関心事は利益の最大化であって、それ以外には何もない」。そこでウゴロはふっと息を吸う。今こそアフリカの指導者たちの責任を問うべき瞬間だ。

「そうだ」とデイヴィッド・ウゴロは叫ぶ。「そう、そう、そうだ。もちろんんだ。われわれの司祭たちは寄付金を集めては、それですばらしい家々を建て、彼らの宮殿の周囲に塀を巡らす。われわれの知事たちは世界銀行の金を自分の懐に入れて、そこから彼らの妻たちの整形美容手術の代金を支払う。われわれの指導者は堕落している、残念ながら。しかし、あなたたちが彼らを支援しているのだ。あなたたちは彼らのためにスイスの銀行口座を開設して、彼らに金を与える。というのも、あなたたちが欲するのはナイジェリアの平穏だけだからだ。あなたたちにとって肝心なのは、暴動を目にすることなく、われわれの石油を採掘することなのだ」。

これに対してはおそらく沈黙するほかない。
「ノー、ノー、それとヨーロッパは何の関係もありません。アフリカがうまく行くも行かないも、それはもうまったくアフリカ自身の責任です」。こう語るのは、私たちが二時間後に訪問した、アフリカ大陸について精通した別の人物で、D・U・エデビリ長老だ。彼は王国ベニンシティのなかば宗教的なかば世俗的な世界で高い地位に就いている。序列はナンバー・スリー。長老は白いマントを羽織り、彼の地位に見合う木製のネックレスをつけて、自宅の中庭イクムにある木製の二頭の象と二頭のライオンの下に置かれた玉座に座っている。長老はコーラの実を差し出す。礼儀正しい客人としてはその実の殻を割って、種を噛まねばならない。コーラの実は苦いが、健康と幸運をもたらす。それは祝福であり、生の象徴だ。

　長老エデビリは、ヨーロッパ人は一九七〇年代初頭に繁栄するナイジェリアを残していったと言う。「われわれが独立したとき、ナイラはドルやポンドよりも強い通貨だった。なぜなら、この国にはあらゆるものがあったからです。地下資源、鉱物、大学、港、森林、肥沃な土地。われわれには石油がある、たくさんの石油があると聞いている。しかし、私はそれを自分の目で見たことがない。いや、いや、この国は政府首脳の無能力、強欲、失政、汚職によってみずから破滅したのです。この国では両親が子どもを売り飛ばす。警官は料金を取って自分のピストルを銀行強盗団に貸し出す。そして、銀行が強盗団に襲われると、警官は休暇を取って雲隠れするのです。この国では泥棒が大臣を名乗っている。人身売買反対のすてきな演説をぶつ者たちは、同時に人身売買によって自分の銀行口座に金を貯め込んでいるのです」。

　というのは、ヨーロッパの工業地帯の路傍に立つ黒人女性たちはベニンシティの出身だからだ。ここの家族は貧困ゆえに、娘たちを密航幹旋業者《シュレッパー》に売り渡す。いつの日かパラダイスから金が来ることを期待して。金が来なければ、そして借金を密航斡旋業者に返すことができなければ、家族は娘だけでなく、彼らの家も失う。家はこの賭けの担保になっているからだ。六万ユーロ。これが取引額だ。娘ひとりに六万ユーロかかる。家族は六万ユーロを密航斡旋業者に支払わねばならない、いつか。そしてたいていの父親や母親はこれに手を出す。なぜなら、ヨーロッパの路傍に立って六万ユーロを稼ぐことがいかに困難なことかをベニンシティの人間はほとんど知らないからだ。

密航斡旋業者とかかわりたくない者は家の壁に「この家は売り物ではない」と書く。その意味するところは、密航斡旋業者はこの家のドアをノックするにはおよばない、ということだ。

少女たちは一三歳か一四歳だ。胸がふくらみ始めると、彼女たちは商品になる。そうなると彼女たちは出てゆかねばならない。ここでは誰もがそれを知っているし、多くの者が、余りにも多くの者たちが同じことをする。誰もが少しばかりの金を手にする――密航斡旋業者はきょう監獄に入れられたかと思うと、もう明日には自由の身になっている。

しばらく前のこと、私たちがアフリカの旅に出る前だった。ドイツ西部のある小都市で、一人の若い女性と出合った。彼女は保護を必要としていたから、仮の名をサンドラとしておく。サンドラは二五歳で、ベニンシティの出身だった。彼女はジーンズに白のタンクトップ、その上にカーディガンを羽織り、黒い巻き毛を後ろで束ねた姿で駅のレストランに座っていた。茶色の目は落ち着かない。サンドラは賢くて機転の利く女性だったが、同時にかなりびくびくしてもいた。なぜなら、彼女は密航斡旋業者と売春業者から身を隠していなければならなかったからだ。彼女はこの世界から抜け出しており、賭けに終止符を打っていた。彼女を助けたのは修道女レア・アッカーマンとソルオディ（ＳＯＬＷＯＤＩ）の仲間たちだった――ライン河畔のボッパルトにあるソルオディの組織が売春を強制される女性や苦境に陥った女性を援助している。つまり、密航ルートを明かせば滞在許可を出すと言われる女性たち、故国と同じくドイツでも密航斡旋組織のマフィアを恐れる女性たち、顧客のサービスを終えるまで無事でいることを願いつつ赤ん坊をシューズの紙箱に入れてバス停に置いておく女性たち、自分の家族を恥じるあまり、自身がどこに帰属するのかわからなくなってしまった女性たちだ。

サンドラのような女性たち。

サンドラはゆっくりと物語る。彼女はドイツ語を流暢に話すが、ときおり次の一語を発するまでに五分間待たねばならない。彼女はグラス一杯のミネラルウォーターの前に四時間も座っている。そして急に立ち上がると、駆け出して、いなくなる。水の入ったグラスはまだ半分残っている。

＊

**サンドラ、二五歳、ベニンシティ、ナイジェリア**

私が覚えているアフリカは、太陽が照っているアフリカ。私の兄弟姉妹たちのアフリカ。でも、そのことはあまり考えない。電話もしない。私が書いた手紙は家には届かなかった。父は死んだ、二年前に。それは知っているけど、何で死んだのかはわからない。父は以前からいつも熱があった。でも、熱で死ぬことはないでしょ。

何キロ離れているかって？　ベニンシティからドイツまで？

私を連れてきた男はオンコという名前だった。三〇歳くらいで、黒人。でも、私が知っているのはこのオンコという名前だけ。たぶん彼は私を探している。たぶん彼は私にひどく腹を立てている。私を殺したいと思うほど怒っていると思う。

私の兄弟姉妹は男四人に女三人だった。私は真んなか。父は家具職人だった。椅子を一つ仕上げると、父はそれを家の前に置いて、売った。母は果物を大きな袋に詰めた。それを私たちは市場まで運んで、売った。私たちはいつもベニンシティのなかをとても遠くまで歩かねばならなかった。市場まで。水場まで。いつも歩いた、いつも裸足で。バス代を払えなかったから。家にはベッドがなかった。一家全員が一つの部屋で生活していた。その小屋は竹でできていた。そして、地面の上で眠った。電気はなかった。一日一回何か食べるものがあることもあったし、まったくないこともあった。

私たちが遊ぶとしたら、けんけん遊びか縄跳びだった。でも、いつも遊んでいたわけではない。きちんと学校にも行かなかった。行ったり行かなかったり、合計で数週間くらい。私は少し読み書きと計算ができる。学校ではみな一つ屋根の下に座った。男の子は半ズボン、女の子は青いワンピースだった。私もそれを着たかったけれど、両親はそれを買うお金はなかった。ベニンシティでは一〇〇ユーロで家族が一ヵ月暮らせる。学校は一人当たり月に一〇〇ユーロかかる。学校に行くためには、子どもでも自分でお金を稼がなければならない。でも、それは無理だった。ベニンシティではお金を稼げるところはどこにもないから。

ときどき私は思う。子どもは希望なんて持たないほうがいいのだと。そして、将来の夢を見たりしないほうがいい。夢や希望を持てば、そのために人はすべてを犠牲にしてしまうから。夢や希望を持てば、たやすく犯罪に行きつく。悪い者たちがやって来て、微笑みながら、お前の夢をかなえてやろうと言う。すると彼らはあなたの人生を台無しにしてしまうよ。笑いながら。

私の夢はシューズだった。

私の人生は、友達のオササがやって来たときに決まった。私は眠ろうと思っていた、暑い日の午後だった。私はオササと遊びたくはなかった。

「ねえ、来て見て。お兄ちゃんたちの弓矢を持ってきたから。あなたに見せてあげる」と彼女は言った。そして、彼女は弓を射た。「さあ、あなたの番」と彼女は言った。

どうしてそうなったのか、わからない。弓をどのように持っていたのかももうわからない。でも、突然オササが顔を押さえて、叫んだ。他の人たちがやって来て、みんな叫び、私を殴って、オササを連れ去った。どうしてそんなことをしてしまったのか、わからない。私は彼女の片方の目を射抜いてしまったの。

人生を決定づける瞬間というものがある。この瞬間が私の人生の転換点だった。私は九歳だった。私は罪を一人で背負った。父は、何のかかわりもない、と言った。父はただ叫んだだけ。私を殴った、いつも両目を。あの頃の私はいつもひどく殴られて、赤い目をしていた。私たちのところでは、このような場合に納まりをつけてくれる警察はなくて、家族間で話をつける。このときから私たちはオササの家族に借金を負うことになった。オササの兄弟が私たちに金をよこせと要求したわけ。彼らにはその権利があった。彼らがそうしたいと思うときには、いつでも私を殴ってもかまわなかった。それから彼らはまた家にやって来て、もっと多くの金を要求した。それから二年後に父は言った。これ以上は無理だ、お前をここに置いておくわけにはゆかない、家族全員が破滅してしまう。だから、お前は家を出てゆかねばならない。

そんなわけで、私は父の妹とその夫の家に行くことになった。叔母夫婦には二人の幼子がいた。三ヵ月の赤ん坊と二歳児。私はこの二人の面倒を見なければならなかった。叔母の夫は私を殴った。私と寝ようとした。彼は私の着衣を引きちぎった。アフリカでは、男は好きなようにできる。浮気をしても、殴っても問題ない。男は何をしてもかまわない。私の祖父には七人の妻がいた。男にはすべてが許される。私はいつもものすごく怖くて叫ばずにはいられなかった。

私が泣いていると、友達がどうしたのかと尋ねるので、そのときにはただ「何でもない。皿を落として割ってしまっただけ」と言った。とても恥ずかしかった。真夜中に二度逃げ出したことがある。私が家に帰ると、父はこう言うだけだった。「お前はおそらく叔父さんに素直に従わなかったんだな」。そうして父は私を送り返した。

母は言った。「お前がいなければ、私たちはみな十分に食べてゆける」。父は言った。「お前のために家族はたいへんな目にあっているんだ。俺が人非人だったら、お前を殺しているよ」。

それから私が少し大きくなったとき、私はある女の人のために料理をするようになった。その人は道端の木陰に小さな食堂を持っていたの。お金はもらえなかったけれど、そこで食べさせてもらえた。それだけでもすごいことよ。するとあるとき、あの男がやって来た。

男は何かを注文して、私に話しかけた。そしてこう尋ねた。「きみはよくここにいるのかい?」。それがオンコだった。その後男はまたやって来て、シューズを持ってきたの。

シューズだぜ! どうだい?

オンコは言った。「俺はヨーロッパから戻ったばかりだ。ジャーマニーから。知ってるかい?」。まったく聞いたこともなかった。アメリカとジャマイカは聞いたことがあったけれど、ジャーマニーなんて聞いたこともなかった。オンコはとても感じがよく、信頼できそうだった。「あなたはお金持ちにちがいない」と私は彼に言った。すると彼はこう言った。「俺はまもなくジャーマニーに戻る。ここには家族はいないから」。

こうして旅立ちの話が始まった。

彼は尋ねた。「俺と一緒に行く気はないかい? ジャーマニーは金持の国だ。きみはジャーマニーでたくさん金を稼げるし、学校にも行ける。あそこではきみのしたいことができるよ」。

私は言った。「私はあなたのことを知らない。私にとってあなたはサンタクロースだ。どうして一緒に行こうって言うの?」。

彼は言った。「きみは俺のことを知っている。俺はまったく普通だし、親切だろ。きみにシューズをプレゼントしたじゃないか?」。それは赤い靴だった。

私はこのことを母に話した。母は言った。「ええ、もちろんだよ。とてもいい話じゃないか。そうすれば、お前は私たちの借金を払えるよ」。私は、突然すべてが可能になる気がした。もう精霊になったような心持だった。もう有頂天で何も考えられないような感じ。すべてはすばらしい可能性に満ちあふれていた。

男は私に、すぐに学校に行くことはできない、まず彼の妻の経営するレストランかブティックで働いて、航空券の代金を返済する必要がある、しかしその後は自由だと言う。私はそれを正当だと思った。ジャーマニーはたぶん三時間くらいの距離だろうと考えた。だめならば、また家に戻ればいい。私たちは契約書をつくらなかった。私の命が契約書で、私の命が署名だった。

オンコは私に新しいワンピースを買ってくれた。「もう穴の開いた服を着ることはない」と彼は言った。飛行機に乗り込むとき、私は怖かった。彼はすべての書類を持っていた。私用の旅券とチケット。

飛行機の長い旅。私は一七歳だった。

それから私はオーバーハウゼン〔ルール地方の工業都市〕に行った。寒かった。テレビとラジオのある部屋をあてがわれた。私専用の部屋。オンコは私にバッグを渡して、このなかに私の必要なものすべてが入っている、と言った。でもそれは下着とブラジャーだけだった。彼の奥さんを見たことはないし、子どもにも会わなかった。いつも男たちしか見なかった。

オンコは私に、男たちと寝るようにと言った。金が必要だからだと。

私は言った。「私にはできない」。

彼は言った。「一人だけ」。

私は言った。「いや、お願い。それはできない」。

彼は言った。「習わなくてもできることがある」。

私は言った。「そんなことさせないで」。

彼は言った。「頼むから、俺を見捨てないでくれ」。

こうして始まったの。

一人の男がやって来た。それから次の男が来た。繰り返し男たちはやって来た。ますます大勢が、続々と。どのくらいの期間？　いいえ、私にはわからない。男たちは私を縛りつけ、私を殴った。それは私が妊娠するまで続いた。

＊

娘の家族は、娘が旅立つ前に女祭司や魔術師のところへ行き、儀式を済ませなければならない。家族全員がその威力を信じている。そこには二重の意味が込められている。保護であると同時に威嚇である。

これらの奇妙な場所の一つは、ベニンシティの西欧式の裁判所である連邦最高裁判所に隣接するアパパ通り一五六番地、白い壁とローズ色の扉の奥にある。これは、ジョン・アムパンのようなアフリカ人が同行していなければ、白人レポーターがけっして足を踏み入れることは許されない場所のひとつだ。というのは、ここで五六五年前からおこなわれていることは、魔術と呪文と宗教の混じりあったものだからだ。

　コンクリートでできた五メートル四方の小さな建物のなかに六人の人間が座っている。みな裸足だ。そのうち三人は長い赤いガウンを着て、腕と足に鎖を付けている。他の三人は普通の服装だ。右手の玉座には首席プリンセスことイムエティヤン・イホソギエが座っている。彼女は宗教上の指導者オバにのみ齎《もたら》されるお告げにしたがって選ばれた。

　それからは「イパテ・オバ」と呼ばれている。「ここは犠牲の場であり、神聖な場所です。私たちは人びとを助けて、彼らの悩みを解決してあげるのです」と、イパテ・オバは言う。

　白人の齎《もたら》したよそ者の神をもはや信ずることなく、ここへやって来て、ふたたび彼らの故郷を、歴史を、風習を取り戻せば、アフリカの索漠とした悲しい日常はより良いものになるだろうと信じられている。

　病んでいる人間は、ここでふたたび健康になる。

　ここを訪れれば、市場での商売はふたたびうまくゆく。

　健康を謳歌している敵もここで病に屈する。

　ここで夫と妻は和解する。

　旅立つ者は雄鶏、コーラの実、あるいはワインをもってくる。彼らは捧物をする。そうすれば、彼らの目的は必ずや達せられる。

　マダムと呼ばれる女手配師は、娘たちの世話をした見返りとして一万二〇〇〇ドルを家族に要求する。これに対して当該の家族は五〇〇〇ドルだと主張する。それから、女手配師と娘の父親（または母親）は首席プリンセス、イパテ・オバの前に歩み出て、黙って待つ。すると、女祭司は神の決まり文句を唱える。双方のうちで偽りの宣誓をした者は昏倒して、死ぬであろう。これはいつでもそうなる。もしそうならない場合には、当事者はもちろん毒を盛られることになる――アフリカでは毒は魔術につきものだ。毒は不信心者へ、疑い深い者へ、恐れ多くも魔術師に逆らう者たちに向けられる。

首席プリンセス、イパテ・オバの左目は麻痺して動かない。小屋の隅には羽毛、牛の頭、鶏の頭、瓶、グラス、骨、錆びついた鉈《なた》など、腐肉の臭いのするものが積み上げられている。祭壇だ。儀式が始まると、女祭司が前に歩み出て、祭壇にワインを――より効果を高めるには高価なジンを――振りかけて、みずからも一口飲み、呪文を唱える。そして、彼女は歌い、踊り、金切り声で叫ぶ。

こうして女祭司は、遠方へ旅立たねばならない少女を守る。それと同時に、少女が祭司を裏切ることのないように少女を呪縛する。というのは、いまや少女は、血とワイン、それに自身の腋毛と陰毛を混合したものを飲まなければならないからだ。この儀式によって、将来その少女はつねに女祭司のコントロール下におかれるようになる。万一少女がヨーロッパで身を隠したり、借金の返済を拒否したりした場合には、彼女はもはや長いこと生きてはいられなくなる。そのときには、債権者たちは、手配師の手を借りてヨーロッパに渡った者たちに魔術をおこなうように女祭司に要求する権利がある。すると、女祭司はジュジュと言われる呪いを地中海の向うへ送るのだ。

六万ユーロ――これだけの金をヨーロッパの乗用車の後部座席で、あるいはミュンスターやオーバーハウゼン、またはツヴィッカウ〔いずれもドイツの都市〕の売春宿で働いて返済しなければならない。

威嚇は少女を拘束する。なぜなら、ここでは誰もが魔術を信じているからだ。医者も教師もホテル経営者もブードゥーの力を、呪物や魔除けを意味するグリグリの力を信じている。ジョン・アムパンもそうだ。ブードゥーはアフリカの根源であって、少女が遠方で魔術にかけられていて、病気になり、最後には死ぬこと、これはもう紛れもない事実だ、とジョンは言う。少女たちがとにかく突然いなくなり、魔術によって消されて、二度と姿を見せることはなかった――このような話はここにはたくさんある。そして新しい物語が生まれるたびに、それはベニンシティに住む人びとの信仰を強化する。先週また一人の女性が癌から救われて治癒したではないか――彼女は、呪術師たちが踊っている間、わずか一週間、身体に粘土を塗られ、木の葉で覆われて裸のまま横たわっているだけでよかった。

一つの証拠だけで十分。

多産の儀式の結果、子どもが生まれたではないか、じつに多くの子どもたちが。雨乞い師が踊った後、雨が降らないことがあっただろうか？

多くの証拠がある。すべてに証拠がある。

高位の女祭司が彼女自身の行為になにかいかがわしいものを感じているとは言えない。オーケー、若い娘たちは売られる。そのとおり、娘の両親が娘を売るのだ。たしかに、娘たちは売春目的で連れてゆかれる。しかし、とイパテ・オバは言う。「それはわが国のためになること。わが国は貧しく、ここの人間は飢えている。そして、ヨーロッパから送られて来る金でここの家族は生活できる。いつでも誰かが犠牲をささげなければならない」。

そうして、彼女はまた仕事を始めた。私たちは礼を述べて、外に出る。

ベニンシティは活気があって、人びとが満ちあふれている。どの通りにも市場がある。排気ガスとヤシ酒の臭いがする。市で売られるのは、櫛、鏡、サングラス、時計、ラジオとCDプレーヤー、豆菓子、焼きトウモロコシ、ココナッツの輪切り、そしてもちろんヤムにキャッサバ。身体障害者は埃に苦しめられる。脚のない人間は両手で道路の穴、停車中の自動車、ロバ車などの間を這ってゆかねばならない。渋滞のなかには多くのドイツ車が見える。古いフォルクスワーゲンや古い型のメルセデスだ。アフリカ人の多くはヨーロッパ製の古い車を好んで輸入する。第一に安いからであり、第二に修理が可能だからだ。現在のヨーロッパ車の電子技術はアフリカの自動車工場では手に負えない。ベニンシティのレストランは「マンナ」とか「アフリカン・ママ」などと呼ばれていて、そこではヤギ肉のグリル、数週間乾燥した鶏肉、ライスなどが提供される。

この町から逃げ出したピーター・アイムフア〔本書三〇頁以下を参照〕は言う。「ベニンシティは水面下で戦争がおこなわれている世界だ。生き延びるための戦い、万人の万人に対する戦い。いかなる希望もない都市だ」と。いたるところにウエスタンユニオンのポスターを見かける。ヨーロッパからのほとんどすべての送金が一八%の手数料を取るこの銀行を介しておこなわれる。ウエスタンユニオンはアメリカの企業だ。アフリカ人がシートで覆われたヨーロッパの果樹プランテーションで働いて稼いだ金を故郷に送金しようとするとき、平均的な送金額のほぼ五分の一がこの銀行のものになるというのは、なんたる皮肉であろう。さらに、アフリカ人がこの商売を自前でおこなわないとは、なんたる想像力の欠如、なんたる無力であろう。ウエスタンユニオンのポスターでは、高齢の夫婦がとてもリラックスして、この上なく幸福そうにこう言っている。「息子が私たちにアメリカドルを送ってくれる。私たちを助けるために、私たちの困窮を和らげるために」。

人身売買反対のすてきな演説をぶつのはエド州の知事夫人エキ・イベニドンだ。密航斡旋に反対する彼女の組織は、ベニンの最初の女王の母親の名を取って、「イディア」と呼ばれる〔ベニンは一二世紀に建設されたベニン王国の首都だった〕。州政府の所在地は白亜の大聖堂《カテドラル》で、複雑に入り組んだつくりだ。床は大理石、化粧漆喰《スタッコ》塗りの天井からは金色《こんじき》のシャンデリアが下がっている。壁には黒枠のついた写真が掛けられている。これらは大統領夫人ステラ・オバサンジョの写真だ。大統領夫人はスペインで脂肪吸引手術の結果死亡した。アフリカでこれほど不条理な死はおそらくまれであろう。

州知事婦人エキ・イベニドンは、鈍く銀色に光るドレスを着て、金刺繍の施されたソファに座っている。ソファの後ろには胸像、立像、花束が飾られている。

最近数年間は良いことがたくさんあった、とエキ・イベニドンは言う。それは彼女の夫と彼女自身の貢献によるものであると。「売られる娘たちは彼女らの名と人間としての尊厳が奪われます」と彼女は言う。「彼女たちは非人間化されます。これは人間の肉体の商売であり、わが連邦国家の最大の問題です。しかし、私たちはこれに反対して、人間は教育されねばならないというキャンペーンを始めました。沈黙の壁は消えました。その間に若い娘たちの商売について語られるようになっています。そして、私たちはこの国で最初の反人身売買法を成立させました」。

この町の通りで人びとが語っていることを検証しようとすると限界にぶつかる。すなわち、知事もまた少女の売買で利益を得ているとか、知事の妻がおこなっていることはすべて二重モラルの表われであり、彼女自身のイメージアップを狙うもので、それ以外の何ものでもない、等々。「そんなの中傷よ」とエキ・イベニドンは言う。「私の夫は私同様にこの犯罪に絶対に反対しているのです」。

ともあれ彼女は語るだけでなく、「エド州技術習得センター」を設立した。そこでは毎週月曜から金曜まで一五〇人の少女たちが訓練を受けている。彼女たちは料理を習い（「これはトマトです。さあ、トマトの切り方をよくご覧なさい」）、髪のカットの仕方、裁縫、手紙の書き方を習う。さて、教室ではジョン・アムパンがぬっと立ち上がって、説教を始める。

「おはようございます。私の名はジョン・アムパンです」。それから彼は自分の旅について物語る。「家族を捨て、故郷を遠く離れて一人で暮らすことが私の望みだったと思う？」。ノー、とクラス全員が斉唱する。「ヨーロッパは寒いから、一年に三種類の衣服を必要とするのを私が好んでいるときみたちは思うかい?」。ノー、と少女たちは叫ぶ。「ほんとうにヨーロッパ人はきみたちを待っていると思う? 仕事のない人間がたくさんいる大陸がきみたちを大歓迎してくれて、きみたちに仕事とたくさんの金をくれると思う?」。ノー、と少女たちは言う。そうは思わない、と少女たちは言う。「ここに残ることだ」とジョンは叫ぶ。「ここで働き、ここで何かをつくりあげて、きみたちの力を投入するのだ、アフリカを発展させるために。アフリカはすばらしい大陸じゃないか。アフリカは私たちの故郷だ。より良いアフリカを建設するのだ」。

アフリカから出て行った男がこう語る。ヨーロッパの冷たさを知っている男、忌々しいことがあった日にはいつもアフリカを懐かしく思う男、彼自身がそう言うように、ヨーロッパには自分の幸福がないことを思い知り、それにもかかわらずこのヨーロッパへ戻ろうとし、そして留まろうとする男がそう語る。

その後、私たちはやはり魔術師の一人であるベニン王国の長老ジョン・オデ・ウンヴォイエンのところへ車を走らせる。彼は私たちにブロンズ製の腕輪をプレゼントしてくれる。それは人目につきにくいもので、染みがついている。この腕輪は、まず清めの儀式を済ませれば、私たちを無事ヨーロッパへと導いてくれるだろう、魔術師はそう確言する。

「アフリカは沈下する、ますます深みに落ち、下落するばかりだ」と長老ジョンは彼の暗くて黴臭い家で言う。「世界はここアフリカでまもなく終わるようだ」。祭司は木製の椅子に鎮座している。椅子の脇には陶器製のフクロウが置かれている。フクロウは魔術師のシンボルであり、力のシンボルだ。長老ジョンは三つの赤い輪を首の周りに掛け、頭をすっかり剃りあげて、一房の髪だけが額を飾っている。

これほど大きな大陸にあっては、さらに巨大な国民国家群が実際にはそうではないのに一つにまとまっているように見せかけている大陸にあってはなおこと、ものごとを一般化することは用心しなければならない。「アフリカ」について十把一絡げにして一義的な特性を描写することはできない。以上を前提条件として、最大の注意を払うならば、アフリカの人間の精神世界にはたいてい四つの領域が含まれると言ってよい。第一に、多くのアフリカ人は彼らの環境を、つまり手に触れうる現実を霊的《スピリチュアル》なものとして体験する。動物も樹木も石も霊魂を持っている。第二に、アフリカ人は、死者の世界、昔の世代の親類の世界、先祖の世界が現在に対してもなお影響を及ぼすのを感じ、さらに犠牲および他の正しい行為によって制御可能な力を感じる。第三に、彼らは霊たちの世界を恐れる。そしてこれら三つの領域を第四の領域である神が見張っている。どの神か？　それはまあ場合によりけりだ。

諸霊の力にとって、あるいは諸霊の力を信じることにとって重要なのは、偶然に起きることは何一つないという深くて固い信念だ。いかなる事故にも、いかなる戦争にも、いかなる盗みにも、いかなる雨滴にも、特にいかなる病気にも原因がある。したがって、現実はけっして単なる現実なのではなく、それはつねに超現実的なものによって説明できる。いかなる病気であれ、いかなる事故であれ、アフリカ人はすべてに対して原因を見いだす。しかし、その原因が自分自身に帰されることはけっしてない。呪いだったのではないか？　ひょっとしてこの前の供え物が効かなかったのではないか、あるいは少なすぎたのではないか？

よそ者に対する敵意と偏見はこの信念の結果の一つかもしれない。すなわち、事故や旱魃の責任が自身の部族に帰せられることはもちろんない。昨年村にやって来たよそ者が悪い霊を持ち込んだのではないか？

魔術は西アフリカではとても現実的なもので、嫉妬とおおいに関係している。つまり、成功した者は呪われる危険があり、自分の村を捨て去った者は村の憎しみを買うリスクを負う。誰か一人が豊かになるよりも全員が貧しいままでいるほうがつねに良いのだ。誰も貯め込んではならないし、何かをつくりあげたりしてはいけない。全員が分け合わねばならない、さもないと呪われる。こうして、全員が永遠に相互に傷つけあい、迫害しあう。この考え方はすべてを萎えさせる。人間はあらゆる責任を放棄する。というのも、魔術師は進路を示す助言者であり、カウンセラーであり、医師であり、裁判官であり、教師であり、エコノミストでさえあるからだ。日常的なこと、社会的なこと、宗教的なこと、これらがアフリカではつねに関連している。

アフリカにはクーと呼ばれる樹皮からつくられる粉薬がある。呪術を防御するための手段だ。呪術をかけられたときには、このクーを呑み込む。そして、呪術を仕掛けた者が傍を通りかかれば、呪いをかけた張本人であることが感覚的にわかる。そのとき、呪術者に粉薬を吐きかければ、呪術者は死ぬ。たちどころに。

アフリカには砂のお告げがある。

ある定められた袋に針を刺し込み、呪文を唱える。すると、相手はもうしゃべることができない。彼の口は縫い合わされているから。

アフリカにはエイズに対抗する薬がある。まず生きている鳥の雛を焼いて、完全に炭化させる。それを塩とクリビと呼ばれる黄色い香料と混ぜ合わせる。それを食べると、下痢をする。その下痢によって、あらゆる毒素およびもちろんウイルスも体内から出てゆく。

自分自身ではかなり啓蒙されていてまっとうな人間だと考えるヨーロッパ人にしてみれば、このアフリカの文化は子どもたちがおよそ次のように信じるのとほぼ同じくらいに効き目があるものだ。

「ぼくがこの階段を後ろを向いたまま登れたら、シャルケがドイツのチャンピオンになる！」〔シャルケ04はドイツの強豪サッカーチームの一つ〕。

しかしアフリカ人に言わせれば、アフリカの宗教を迷信だと考えるヨーロッパ人は途轍もなくナイーブだということになる。世間知らずで、無邪気で、きわめて愚かだと。

長老ジョンは、彼自身としてはみずからの天賦の才をどうこうすることはできない、彼は選ばれたのだと言う。彼が六歳のとき、力が彼のなかに流れ込んできた。彼はそれを感じ、彼の父もまたそれを感じた。だから、そのとき父は彼を一四日間荒野に放置したのだと言う。すると、そこの草原《ステップ》地帯で神々が小さなジョンに道を示した。長老ジョンは彼の神を「キング・オブ・ナイト」（夜の王）と呼んでいる。

それ以来、彼は夜の王の祭司を勤めている。彼には人間を助ける天賦の才が備わっている。長老ジョンは粉薬とパウダーと石鹸をつくっており、これらの商品を顧客に持ち帰らせるか、またはDHL〔ドイチェポストの子会社で国際宅配便を扱う〕で送る。電話で呪術の注文ができる。電話をし、料金を振り込む。すると魔力が速達便で届けられる。長老ジョンは喘息やマラリアを治すことができる。恋の悩み、糖尿病、孤独や貧困も。もちろん神々がみずからすすんでことに当たることが前提条件だ。長老ジョンは神々の操り人形にすぎない。だから、神々に生贄を捧げなければならない。犬、ヤギ、鶏など。長老ジョンはまず空気穴のついたブリキ缶のなかにうずくまっている小さなトカゲに呼びかけねばならない。それから、笛で神々を呼び出す。耳をつんざく高い音。

私たちは生きた雄鶏一羽とジン一瓶を持参するように言われていた。それらを持って祭壇に歩み出る。よく見られる光景だ――動物の頭、骨、糸、瓶、血、鉈《なた》、小刀、内臓、そして羽根。悪臭を放つ巨大な一塊。神の男はジンを飲み、じたばたする雄鶏を掴むと、じつにすばやく雄鶏の頭を引きちぎる。あっさりしたものだ。つまり、一捻りする。するとぴくぴく動いている雄鶏の体から首が見える。魔術師は雄鶏の頭を、彼が祭壇と名づける雑多な堆積物の上に投げる。それから彼は、雄鶏の首から血を吸うことができるように雄鶏を手で掴む。彼は祭壇に雄鶏の血と唾を吹きつけ、叫び、金切り声を上げ、歌い、跳びはねる。それから私たちに清められた腕輪を渡して、まじないの決まり文句を並べる。そして最後に、長老ジョンは腕輪に黒い粉をすり込んで、言う。「あなた方はつつがなく故郷に戻るであろう」。

謝礼の必要はない、と彼は言う。だが、お布施をもらえるならありがたい。

私たちは彼に五〇〇〇ナイラを差し出す。

昨年あなたの同僚が来られた、と彼は言う。その方は一万ナイラだったと言う。

私たちは五〇〇〇ナイラを追加する。

**ジョン・アムパンの初心者のためのアフリカガイド**

6．ブードゥーは効力がある。母方の祖母はマミワタ〔アフリカの混淆宗教のひとつ〕の祭司だった。祖母は彼女の家族を守ることができた。あなた方ヨーロッパ人はそれを信じないことを私は承知している。しかし、私は信じられないことがらを見てきた。たとえば、防御用の盾を貫通し得なかった銃弾だ。私たちが白人のようでありたいと欲してからは、私たちを守ってくれるものはない。

ボブ・イズアは今ではベニンシティ王国の長老アヨバハンと名乗っている。

ボブ・イズアは一九五四年の生まれで、かつてジョンの友人だった。一四年前のラゴスの監獄でのこと。当時イズアはガーナ出身の仲間を保護してくれた。彼はジョンに毛布、石鹸、干し魚、大麻タバコを与えた。さらに彼の家族がミニバスに乗って、飲物や食物を差し入れにやって来ると、ボブ・イズアは仲間たちを獄中パーティーに招いた。イズアは当時四ヵ月間獄中にいたのだが、その後そのコネクションが効果を発揮した。

私たちは待たねばならない。ボブ・イズアのボディーガードたちがマシンガンを抱えて私たちの前に立ちはだかったからだ。彼らは、屈強であることを見せつけるために、シャツの袖をまくり上げている。

一六歳のアフリカの権力者たち。

ボブ・イズアの実業家としてのキャリアは安い住宅を買うことから始まった。住人に借金があったり揉めていたりする家々を安く買って、住人を追い出し、高く貸すのである。ボブ・イズアは、何人かの政治家が脅迫されたり消息不明になったりしたことに関与したと言われている。そうすることによって彼は新しい知事が権力の座に就くのに手を貸した。そして、彼の拘留が解かれて自由の身になると、石油にかかわる商売を始めた。彼はニジェール・デルタでコンツェルンのパイプラインから石油を抜き取る連中の一人であり、この「貯蔵」によってシェルだけで一日当たり二万バレルをくすねていると噂されている。ボブ・イズアが驚くべき速さで驚くべき金持になったことは明白な事実だ。今日彼は三〇〇台のバス、二五〇の家屋、八人の妻（みな同じように見える）、八〇台の自家用車――リンカーン、ハマー、メルセデス等々――を所有する。ボブ・イズアが窓から外をのぞけば、彼の自家用車では走れない道路が見える。道路には穴と砂しかない。また、竈《かまど》の前にうずくまって、ネズミを焼いている家族の姿が見える。彼が彼の車を一台でも売れば、それで学校を建てられるし、この町のすべての道路を補修できるだろう。この男は町全部を救うことができる。だが、そうなると彼の車は一台少なくなる。それはもちろんだめだ。

ボブ・イズアは読み書きができない。しゃべることもできない。どもって、つかえながら音声を発する。彼は右の切歯が欠けている。ボブ・イズアは太っていて、よだれを流す。ボブ・イズアは額を剃りあげて、後頭部で灰色の髪を束ねている。彼はブロンズ製の揺り木馬に跨《またが》っている。彼の周りに立つ人びとが彼の電話を持ち、手紙を読み、低い声でボスにお伺いを立てる。それに対してボスはかなり腹立たしげにイエスあるいはノーと言う。

ボブ・イズアはすでにエチオピアの皇帝ハイレ・セラシエを凌駕したと言ってよい。セラシエもまた学校へ行かなかったし、セラシエも読み書きができなかった。だが、セラシエは車を二七台しか所有していなかったから。


ジョン・アムパンの初心者のためのアフリカガイド
7. アフリカの男たちは語らない。彼らは沈黙し、何をすべきかを見て、そして行動する。語るのは弱い人間だ。

ボブ・イズアがジョンとの再会を喜んだのは約一分間だった。「俺が誰かわかるだろ?」とジョンは言う。すると、「オー」とか「アー」という声がボブ・イズアの口から漏れる。ボブ・イズアが「ダ・セル」と奇妙な英語で言うところを見ると、彼はムショのことを覚えているようだ。しかし、彼は何の質問もしないし、ジョンの近況を知ろうともしない。彼が言うことは、二〇〇〇人を雇っていて、毎月三五〇万ナイラの給料を払っているということだけだ。

彼はジョンに自分の富を誇示せずにはいられない。まずは壁にかけられた写真――巨額を費やしたと思われる家具調度品を背景にしたボブ・イズア、大統領や知事とのツーショット。次に地下室へ案内される。そこでは地面から水が湧き出ている。その水はプラスチックの袋に詰められて（「神聖なるジェーン・ウォーター」）、売るために貯蔵される。次はパン工房。そこでボブ・イズアのパンが焼かれる。続いて祭壇。牛の頭、鶏の頭、羽毛、象牙、さらに夥しい血、これらがすさまじい臭いを放っている。つまり、ベニンシティのゴッドファーザーはここで祈り、ここで犠牲を捧げる。彼の神々の名はオルクン（水の神）またはシャンゴ（雷の神）という。それからボスは、カラシニコフ銃を持ったボディーガードたちを従えて、ストリートを大またで歩く。この散歩によって、彼が白い客人を迎えたことを彼の支配する町に示す。というのは、ボブ・イズアはベニンシティの支配者であり、この町は彼のものだからだ。それゆえ、彼は町を破壊する。

埃のなかで一人の男が跪いている。ボブ・イズアは彼を今日首にしたばかりだ。この男はボブ・イズアの運転手の一人だったのだが、酒を飲みすぎたのだ。「きょうはお前にとっては吉日だ」とイズアは叫ぶ。「俺の友達のジョン、司祭のジョンがここに来ているからな。お前に恩赦を与える」。運転手はボスの埃だらけの両足にキスして、泣いている。それからボスは、彼の新しい家へ行く。まだ建築中だ。高い塀がめぐらされている。三〇ある部屋はいずれも広大だ。浴室の大理石の壁はすでに完成している。

イズアの取巻き連中はみなベニンシティの権力の中枢に属している。彼らは太っているが、そうでなければならない。なぜなら、それは豊かさを示すものだから。イズアの妻たちはスリムで、若く、少女で、成熟した女性ではない。

これがナイジェリアだ。教育も共感する心もない人間が、野蛮と力を誇示する人間が権力と金を我が物とし、それらを家族間だけで分かち合う。他のすべての人間は彼らの敵だ。すべては野卑で、節度に欠ける。だからこそ、ナイジェリアは虐げられた国なのだ。
エド州東部出身のオイル男爵はさしあたり「司令官《コマンダー》コロンブス」とみずから名乗っていたが、ほどなく「ミスター・リッチ」と改名した。ボブ・イズアは金の力にものを言わせてベニンシティ王国の序列を五〇位から五位にまで引き上げた。彼の富の源泉は、彼が闇で密かに盗み取っている油《ゆ》井《せい》にあり、その窃盗行為は知事に黙認されている。その一方で当の知事はボブ・イズアの保護下にあるという噂はほんとうなのか？「それは妬みだ。嘘だよ」とイズアは言う。「俺は眠らない。俺はハードに働いているんだ」。

このボブ・イズアのところで私たちは全旅程のうちでもっとも危険な瞬間の一つを経験した。それはボスとのビリヤードだった。「彼はチャンプだ」とボディーガードたちは言う。しかし、チャンプは残念ながらビリヤードができなかった。彼は力ずくでプレーするばかりで、球を当てる角度についてはまだ聞いたこともなかった。私は数分もしないうちに五つの球を沈めたが、彼はゼロだった。そこでこう言われたのは奇妙ではない。「チャンプに恥をかかせてはいけない」とボスの助言者が私の耳元で囁いた。私の長い居酒屋《クナイペン》ビリヤード歴において、八番の球を沈める際に故意に白い手球をいっしょにポケットに沈めたのはこれが初めてだった〔手球をポケットに落としてはならないのは基本ルール〕。私はチャンプにお祝いを言った。すると彼は、彼の勝利を自明のごとく受け取り、私にブロンズのフィギュアをプレゼントしてくれた。それは額に角の生えた女性で、彼はそれを無造作に差し出す。あたかも汚れ物をさあ受け取れとでも言わんばかりに。

私はこのフィギュアが気に入っている。

ケネス・アイムフアは両親から置き去りにされた。だが彼は、かつて彼の身に生じたことのうちでもっとも良かったことは、ジェーンとピーターのような両親を持ったことだと言う。彼の両親はスペインにいる。ケンは、彼がいつふたたび両親に会えるかわからない。そもそもふたたび会えるかどうかさえわからない。「ぼくは二人に永遠に感謝するだろう」、と彼は言う。

二年前にジェーン・アイムフアと彼女の夫ピーター・アイムフアは北に向かって出発した、三人の子どもを故郷に残して。一九八一年生まれのケンと彼の一二歳になる妹のオサス、一一歳の弟イゾドゥワはベニンシティに住むピーターの兄ジョンの元に預けられた。ジェーンとピーターが出発したのは、彼ら自身と子どもたちに生きるに値する人生を可能にするためだった。

金を稼ぐために、子どもたちを学校に遣るために、三人の子どもを残してゆくというのはアフリカ的な決定だった。私たちはスペインでジェーンに会っていた。彼女の夫が国外追放のために拘留されていた。そして今、私たちはここアフリカで彼らの子どもたちを目の前にしているのだ。

ケネスは母親譲りの細面の顔と茶色の目をしている。それに小さなあご髭とカールした長髪。この若者はまだ敗北を知らないようにみえる——気の滅入るこの国でこれまで誰もが語った敗北を。彼の携帯電話が鳴ると、「ヨー。トーク・トゥー・ミー」と言う。ケンはそんな若者だ。「ぼくはヒップホップ・ソングを書いている。詩を書いている。ぼくは成功するよ、ここで、あるいはヨーロッパで。誰でもない人間でいたくはない、絶対に」。彼は陽気で自意識の高い学生だ。ベニンシティ大学で銀行業務《バンキング》と金融《ファイナンシング》を専攻して三年目になる。彼はナイジェリアの音楽を、イードリスやテリー・ダ・ラップマンらのつくる誇らしげな音楽を愛する。ケネスは言う。「教育を受けようと思えば、ステップごとに金を出さなければならない。だが、わが国では日毎に経済条件が悪化しているから、ここでそのような金を出せる人間はそもそもいない」。

彼もまたいつか両親の後を追うのだろうか？「ぼくが知っている二〇〇人のうち一九九人はヨ

ーロッパへ行きたいと思っているよ。ぼくもここに残る一人にはなりたくない」。

ケネスは彼の母親を「ミセス・ジェーン」と呼び、父親を「ミスター・ピーター」と呼ぶ。彼の伯父のことを「ダディー」と呼んでいる。

そのダディーは薄暗い居間に座っている。絨毯は赤で、寝椅子《カウチ》は茶色だ。壁には絵はない。ベニンシティのような都市では絵画に金を払う人間はいない。その代わりに去年のカレンダーが掛かっている。「わが家族の家にようこそ。神のご加護がありますように」とジョン・アイムフアは言う。彼は一九五〇年生まれだ。

この家族の物語は一例だ。だが、典型的な一例だ。きわめてアフリカ的な物語と言ってよい。ジョンは半ズボンに上半身は裸で彼の寝椅子《カウチ》に腰を下ろしている。彼は私たちに麦芽《マルツ》ビール〔俗にノンアルコールビールといわれるアルコール濃度の低い暗褐色の飲料〕を勧めてくれるが、彼自身はまったく飲まない。彼は彼の物語を語る。

アイムフアの家族はむかしは農民だった。彼らはヤギ、乳牛、土地を持っていて、果物を栽培していた。当時は土地の権利というものがなかった。つまり、誰でもどこかで生活し、種を蒔き、ヤムやキャッサバを収穫した。アフリカではどこでもそうだった。ジョンは彼の母ウギオモの八人の息子たちのうちで最年長だったが、彼の父アイムフアにはさらに二人の妻がいて、その妻たちとの間にさらに二人の子どもがいた。一夫多妻は男にとっては当然のこととして認められていた。農夫アイムフアは家族をみな——男であれ女であれ——野良仕事に使うことができた。

それから土地改革があった。都市への逃亡があり、当時はみな出て行った。当時はナイジェリアの黄金時代だったから、都市にはさしあたり仕事がまだ十分にあった。しかしその後、もはや何もなくなった。そうなると、多すぎる人間がいるばかりになった。

三〇年前、ジョン・アイムフアが大学を終えたときには、まだ職場を自分で探すことができた。

彼はナイジェリア航空《エアウェイ》を選んだ。航空会社だ。そこで技術者として働き始め、自動車のメンテナンスを担当して、高給を得た。

良い時代にはナイジェリア航空はボーイング七四七型を五機購入し、代金を現金で払った。当時ジョン・アイムフアは従業員チケットを利用しようと思えばできた。ロンドンやパリまで一五ユーロで飛べた。その頃は彼のような従業員はお望みのビザを入手できたからだ。しかし、彼は仕事が忙しかったからヨーロッパに行くこともなかった。

その間にナイジェリア航空は二八機の航空機を所有するようになっており、このような会社が潤沢な石油と資金を持っているこのような国で潰れることがあると思う者は誰一人いなかった。

ナイジェリアは発展途上国援助を、それを必要とする隣国に回してやった。ナイジェリアにはあらゆる可能性があった。一九六〇年代にはニジェール・デルタに大油田が発見された。日産二〇〇万バレルが採掘されて、三九の大学が建設された。

しかし、ナイジェリアはすべてを浪費した。権力の座にあった者は、何百万もの夥しい額を浪費し、宮殿を建て、一〇車線、一二車線、一四車線の自動車道路《アウトバーン》を建設し、武器を買い、買収し、盗み、殺した。あるときは一八〇〇万トンのセメントの注文が出されたが、それが何のためか誰も知らなかった。炎天下にセメントを放置したらどうなるかを誰も考えなかった。すでにアパパの港ではセメントは無価値な石塊になっていた。

それから原油価格が下がった。ひどい年がやって来たとき、何百万もの多額の金がどこに消えてしまったのか誰にもわからなかった。ナイジェリア航空を辞める者が徐々に出てきて、その数は四〇〇〇人になった。それは二〇〇三年だった。会社はもう救いようがない、と政府は言って、看板を下ろした。ナイジェリアの破産だった。退職補償もなかったし、年金もなかった。「もちろんわれわれには請求権がある」とジョン・アイムフアは言う。「しかし、政府が会社を所有していて、いかなる裁判官もその政府の言いなりになるこの国でどうやって権利を主張できようか？　チャンスはまったくない、われわれにはいささかのチャンスもない」。

そんなわけで、兄弟が集まった。ピーターも同じく失業していた。明らかだったのは、ベニンシティは変わらないだろう、いずれにせよ良くはならないということだった。「ヨーロッパの人間は幸福ではない。ここが俺の故郷だ。俺は出てゆかないよ」。そう言ったのはジョンだった。

「ぼくは別の人生を歩む。でもそうなると、兄さんにぼくの子どもたちの面倒を見てもらわなくちゃならない」。そう言ったのはピーターだった。

「そうしようじゃないか」とジョン・アイムフアは言った。

それはアフリカ的な解決だった。一人が出て行き、多くの者は残って、出発する者を助ける、子どもの面倒を見ることによって。出て行った者が首尾よく目的を達すれば、稼いだ金で故郷に残った者たちを援助する。

「これで話はまとまった」とジョン・アイムフアは言う。「ピーターがスペインで金を稼げば、自分が使うほかに残った金をわれわれに送金してくれるだろう」。

こうして、ピーターとジェーンは彼らの子どもたちに別れを告げて、出発した。残った者たちにとって当初はうまくゆかなかった。ジョンの妻ヴェロニカは盲腸穿孔を患った。だが、誰からも診断を受けられず、処置もなされないまま、二〇〇五年二月七日に死んだ。「ヴェロ」とジョンは言う。彼は妻をそう呼んでいた。それ以来、ジョン・アイムフアは彼自身と彼の子どもたち、さらに弟の子ども三人の面倒を見ることになった。八人がこの家に住んでいる。ピーターが初めて金を送ってくるまでの長い間彼らの助けになったのは、不動産だった。つまり、一軒の長い家である。地下室のない平屋で、部屋と部屋が続いている。一九七四年以来ジョンはこの家を増築してきた。最初に二部屋、その後資金ができるとさらに二部屋を建て増した。金銭的余裕ができるといつも増築した結果、彼の家は長くなった。ジョンは気長に辛抱強くこれを続けた。その結果今日では、長い廊下の両側にそれぞれ六室を有する長い家になった。そのうち四室は賃貸しされていて、いくばくかの金が入る。

電話が鳴る。ピーターがスペインから掛けてきたのだ。しかし、時間が三〇秒にかぎられていて五〇〇〇キロも離れている父親に何が話せようか。学校のこと？　家のこと？　兄弟のこと？　麻疹《はしか》のこと？　破れた靴のこと？　先日家の前で起きた事故のことを話す？

各自が一言ずつ話す時間しかない。

「ぼくもだよ」。こう言うのは一三歳のケン。

「パピー、パピー。マミーはどこ？」。これは一二歳のオサス。

そしてイゾドゥワが言う。「おやすみ、パピー」。

＊

**イゾドゥワ・アイムフア、一一歳、ベニンシティ、ナイジェリア**

マミーはぼくを迎えに来る。そう約束してくれた。マミーは別の国にいる。なんていう国か忘れちゃったけど。マミーはそこに行かなくちゃならなかった、パピーも。ぼくたちが食べ物を買うことができるように。ぼくが着ているこの服も。そしてぼくのシューズも。ジョン伯父さんは親切だ。ぼくたちに、マミーとパピーは毎日ぼくたちのことを思っていると言う。ぼくもマミーとパピーのことを思っている、毎日。でも電話で話すことができる、ときどき。そのときパピーは、ぼくたちはいい子でいなくちゃいけないし、ジョン伯父さんの言うことを聞かなくちゃいけないと言う。マミーがもうすぐぼくを迎えに来てくれる。マミーはぼくにそう約束してくれた。

＊

私たちは、出発する前にジェーンの母親リータを訪ねた。彼女は一〇二歳で、町外れの黄色い石の家に住んでいる。

彼女の夫オヴィンロバは祭司だったが、何十年か前に死んだ。リータの母親は呪術師だった。リータ自身も呪術を使うことができたが、今ではもうやらない、と彼女は言う。

彼女は多くを語らない。私たちはジェーンのことを、スペインのことを、ジェーンの旅のことを物語ったが、ローズ色のワンピースを着たリータはじっと静かに座っている。

「あの子にはいろいろわけがあってね。どこでもここよりはマシだろう」と、リータは呟く。彼女には一〇人の子ども、五二人の孫、そして二一人の曾孫がいる。

**ジョン・アムパンの初心者のためのアフリカガイド**

8．アフリカでマフィアの一員になろうと思えば、何かを犠牲にしなければならない。何を犠牲にするか、マフィアから指令がある。だが、それはいつでも当人にとってもっとも大切なものだ。三人の娘と一人の息子があれば、息子が要求される。新婚ほやほやであれば、花嫁を犠牲にしなければならない。犠牲を差し出す用意ができると、彼らの一員と認められる。そして、金持になれる。

9．アフリカで金持であれば、わが身を守らねばならない。親衛隊が必要になる。そして、入手可能なあらゆる神々が必要になる。アフリカ人は、白人の宗教を完全に拒絶する勇気はない。そこにはそれなりの意味があるのかもしれない。つまり、彼らはあなた方の神を半分信じる。しかし、彼らの祖先の諸霊を拒絶する気はいささかもない。だから、彼らの机の上には十字架があり、机の下には供物の入った木箱がある。それはアフリカ流の保険なのだ。二つのうちのどちらかがきっと助けてくれるというわけだ。

**カドゥーナ、ナイジェリア、一六三八キロ**

ジョン・アムパンはこのような車に何度も乗った。彼から金を受け取り、黙って彼を北へと運んでゆく名の知れぬ運転手たち。ジョン・アムパンは後ろに座った。車は満杯になるのを待って出発するから、身動きが取れなくなる。メルセデスには一〇人、小型トラックなら四〇人と割当数が決められていた。

ジョンはラゴスからベニンシティに行き、そこではからずもすぐに北へ向かう車に乗ることができた。道路はたいてい四車線だったが、ときにまた狭くなる。あたりの風景は初めのうちはかなり緑が豊かで、熱帯の樹木がある。それが徐々に色褪せてゆく。やがてズマロックにさしかかった。暗い灰色の巨大な岩の塊だ。オーストラリア中部のウルル（エアーズロック）に劣らずスペクタクルだ。やがてあたりの風景はベージュ色になり、土地はますます平坦になった。道端には車の残骸がある。略奪されて、焼き払われた車だ。警官は難民から金を巻き上げる。

今日では道端に一枚のポスターが立てられている。「われわれの建国者たちはナイジェリアのために戦った。この国を破壊させてはならない」。当時はここにはまだなかったポスターだ。

ジョンの乗った車はカドゥーナに到着した。ここはナイジェリア北部で、イスラームの土地だ。訪問者がシャリーア（イスラーム法）に注意するように警告される地域がある。ここの女性はベールを被っている。アルコールは禁じられているから、ポロのときに観衆は麦芽ビールを飲む。カドゥーナ・ポロクラブはさほどスペクタクルではない。広大な土地、グラウンド、観客席、周辺では馬が草を食んでいる。カドゥーナ・ポロクラブが興味深いのはむしろ、ジョンと運転手のエマニュエルがその名を口にするのも憚るからだ。

というのは、ここを取り仕切っているのは、油井を握っている旦那方だからだ。誰が次期大統領で、誰が知事になるかがここで決定される。ナイジェリアという国はここで二分される。カドゥーナ・ポロクラブ、それは名誉あるこの国のマフィアの名だ。ジョンがラゴスの監獄にいたときもそうだった。今日にいたるまで変わっていない。なぜなら、マフィアの連中は彼らから権力が奪われないように絶えず気を配っているからだ。

ジョンは当時小さいナイロン製のバッグをもって旅をした。そのなかには、彼の故郷の伝統的なシャツ一枚、ズボン二着、シャツ三枚、下穿き二枚、タオル一枚、歯ブラシ一つ、ターバン一つ、カシオのウォークマン、カセットテープ四個（ジャズ、ブルース、ガーナの音楽、レゲエ）が入っていた。しかし、やがてバッテリーが切れた。伝統的なシャツは途中で売り払った。その金でさらに四〇〇キロ先に進むことができた。

車のなかでは誰もほとんど話さなかった。身動きができなかった。通りすぎてゆく町々や風景もほとんど目に入らなかった。ときおり親切にもジョンを食事に招いてくれる人間もいた。街中の「チョップバー」〔ガーナふうの食堂〕や道路脇の移動式の屋台でジョンに一皿のライスをふるまってくれた。誰もおごってくれないときには、朝食用にパンを一つとファンタを一本買った。パンの半分は残しておいて、昼食にした。夕食のための金はもう残っていなかった。

ジョンの目的地はイギリスかドイツで、スペインではなかった。彼はイギリスの大学で学ぶか、ドイツで仕事を探そうと考えていた。最終的な決定は旅の途上で下すつもりだった。

「ぼくの身体は臭った」とジョン・アムパンは言う。「この道路状況で数日間、この暑さのなかで数日間、しかもこのような車のなかにこれだけの人間といっしょにいると、人間の身体は、事前には想像もできない臭気を発する。人間は本来どんな匂いがするのか、いつかわからなくなる」。

ジョンはニアメで一晩を過ごした。ニジェールの首都だ。彼は安い部屋を借りて、もう水が出なくなるまでシャワーを浴びた。翌朝、アガデス行きのバスを見つけた。そのバスのなかでジョンはアーメドに出会った。アーメドはあらゆる旅行者を相手に金を稼ぐ男たちの一人だった。アーメドはジョンにパラダイスに行くには二つのルートがあると説明した。一つはリビア経由でイタリアへ行くルート、もう一つはモロッコを通ってスペインへ行くルート。リビアへ入る国境は目下監視が厳しい、アーメドはそう言った。

午後二時にバスはアガデスに着いた。アーメドはジョンを食事に誘った。アーメドはジョンにバスターミナルの場所を教えて、ピックアップ（トヨタの小型トラック）に乗れば先に進める、翌朝には次の車が出る、と言った。

私たちの車は国境に向かって走った。そこでちょっとしたトラブルが生じた。

私たちはほとんどいつも国境で車と運転手を代えた。車が外国ナンバーを付けていれば目立つし、土地の事情に通じている運転手のほうが好都合だからだ。

私たちのナイジェリアの運転手エマニュエルは毎日毎日私たちからできるだけ多くの金を引き出

そうと躍起になっていた。食事のたびごとに、またホテルでもいつもそうだった。それで、私は彼には厳密な支払いをするようにした。彼にはオイル交換代金の三〇〇〇ナイラの貸しがあるから、宿泊代金と差引勘定をする。彼は当然彼が貰うべき分を手にする。だが、チップはなし。自業自得だ。私がフェアであることを彼は知るべきだ。私はそう考える。

詐欺だ。スキャンダルだ。俺にはこの白人の金をもらう権利がある。エマニュエルはそう考えているらしい。

彼は叫び、足を踏み鳴らし、大声を上げて、私たちの新しい運転手アハリの車の前に立つ。さらにそこの埃のなかに座り込んで、「この問題を解決しなければならん」と喚《わめ》く。しかし、私は解決するつもりはない。私はうんざりしている。俺にはお前の金を当てにする権利がある、もっと金をよこせ、という彼の態度はもうたくさんだ。

そして私は、この場の証人、つまりここの国境にいる全員が、なぜこの白人はあっさり紙幣を何枚か砂の路上に投げ出してこの問題を解決し、そうして自身の面目を保って、走り去らないのかと思っているのを感じる。しかし、私に言わせれば、それはべらぼうな話で、そんなことをすれば私にとってはまさに屈辱となろう。それは私の敗北を意味し、強請《ゆすり》によるエマニュエルの勝利を意味するだろう。私の考え方はひどくドイツ的だろうか？

私はアハリにゆっくり車を出すように頼む。エマニュエルは脇へ飛びのいて、車の屋根を叩き、咆哮する。アハリはトゥアレグで、青いガウンに白いターバンを巻いているが、そのターバンは日に焼けて茶色だ。アハリはかなり物静かな男だ。

# 第三章　錯誤

「砂漠はひとつのことを教えてくれる」とサハラの移動商人がニアメで私に言った。「女を渇望したり愛したりする以上に渇望し、欲するものがある。それは水だ」

リシャルト・カプシチンスキ『黒檀』

## アガデス、ニジェール、二二五四キロ

ニジェールの土地は乾いていて、不毛で、砂だらけだ。この国では丸い木製の小屋に柴の屋根が載せられている。どの家もたぶん一〇平方メートルくらいの広さだ。家族はそのなかで毛布もなしに眠る、剥き出しの粘土の上で。何か食べる物があれば、全員が鍋を囲んで車座になる。それからみな鍋に手をつける。順番に、いつも交代で、がつがつする者はいない。誰もが他者のひもじい思いを知っており、それを尊重するからだ。一〇から二〇の小屋が一つの村を形成する。村の中央に井戸がある村の住民はしあわせだ。井戸を持たない住民にとって、水汲みは彼らの生活そのものである。午前中に女性と子どもたちは最寄の水汲み場へ行き、夕方になると壷やバケツを頭に乗せて戻ってくる。

農業――乾燥した土壌の大陸、降雨がまれで当てにできない大陸、害虫が多く病気が急速に伝播する大陸、このような大陸に住む大部分の人間にとって農業は一日一日を生き延びることを意味し、なんらかの豊かさを意味するのはごく限られた人間にとっての話だ。

近代《モデルネ》とは、このような国においては、小屋の多くが粘土レンガで建てられることを意味し、さらには、住居のなかが涼しく保たれている「家屋」を意味する。

それはなんという違いであろう。つまり、その国で生活するのかその国を旅するのか、旅券を持っているか否か、生きるためには立ち去るほかない国を立ち去ることが可能な状況にあるか否か。ニジェールのようなアフリカの内陸国に生まれた者は、海岸線からは遠く隔てられ、自然の力に翻弄されて、誕生したその日からすでに呪いのもとで生きることになる。

ニジェールはサヘル地域〔サハラ砂漠南縁部の半乾燥地帯〕に位置するフランスの旧植民地で、国土の五分の四は砂と石の荒地だ。一二〇〇万人強の人口を有し、住民の平均寿命は四四年。住民の八〇%以上は読み書きができない。というのは、小学校へ行くのは子どもたちの三〇%にすぎないからで、中学校に進むのは五%だ。国連は、ニジェールを地上の最貧国、つまりシエラレオネを差し置いて一七七ヵ国中第一位としている。だが、何を比較してそうなるのか？　電卓もボールペンも紙さえもない地域でなんらかの数字を挙げれば、それが何かの裏づけになるというのか？　学校の数？　医師の数？　あるいは水？　さらに、為政者たちが冷房の効いたオフィスに座っていて、小屋に住む人民が摂氏五〇度の暑熱にさらされている国々に関するそのような統計は、つまり政府と人民の間にいかなる接触もない国々に関する統計は何を意味するというのか？*

一〇〇年前、ニジェールには象や羚羊《れいよう》が生息していて、かなり緑豊かな土地だった。だが、サハラ砂漠が広がりつつある今日、ニジェールにあるのは砂漠と貧困と誤解だけだ。

イラク戦争が始まったとき、ニジェールは世界の注視を浴びた。というのは、アメリカ政府は、ニジェールのウランがバグダッドに密輸されている証拠を握っていると主張したからだ。それは戦争を始めるための口実で、このような密輸はなかった。こうして嘘を根拠にして戦争が始まった。

二〇〇五年七月にニジェールはふたたび世界の注目を集めた。当時、メディア、義捐金、人道援助者、さらにまた多くのメディアの波が押し寄せて、そのうねりは数週間後にはさらに高まった。その結果、同情と食料品のパッケージで埋め尽くされた国が後に残された——いつものように。ニジェールでは、二〇〇四年の八月に降雨がまったくなかったことがこの波の引金だった。バッタが畑を食い尽くして、そのためにかつてないほど多くの人間が飢えた。

あるいはこの現象はいつもと同じだったのか？

これについては今日なおこの国で議論されている。援助者たちは、飢饉は破局的だと言う。ママドゥ・タンジャ大統領に言わせれば、これはニジェールのような国々でしばしば経験する食料品の逼迫《ひっぱく》の一種であって、飢饉ではない、すべては義捐金を集めてメディアを惹きつけようとする援助者たちの「誤ったプロパガンダ」にすぎない。もちろん援助者やメディアは大統領の見解に反発する。大統領自身は飢えを知らず、援助を妨げているから、危険な人物だと言う。

アルネ・ヴィクトル・ガルヴィが言うには、大統領の言い分が正しく、危険なのは赤十字であって、西欧が「発展途上国援助」と呼ぶこれらすべてのくそ忌々しいものこそ致命的なのだ。

アルネ・ヴィクトル・ガルヴィには別のアイディアがあった。彼もまたアフリカを助けたかった。だが、彼は大きな組織とは異なるやり方で立ち向かった。彼の課題がサハラの緑化という尋常でないことであれば、おそらく尋常でない者が必要なのだ。狂信的な人間が必要なのだ。あるとき、冷

＊　これらの数字は二〇〇〇年前後の統計にもとづくと思われる。共同通信社の世界年鑑二〇〇三年版および二〇〇九年版に拠れば、識字率は二〇〇〇年には男二三％、女八％だが、二〇〇七年には男四四・三％、女一六・四％に改善されている。したがって、読み書きができない住民は二〇〇七年の段階でほぼ七〇％程度と想定される。また人口も二〇〇七年推定では一四二二万六〇〇〇人である。

房の効いたニアメのオフィスに座っている高級官吏たちがこの奇特なノルウェー人に、彼の仕事はおよそどれくらいの時間がかかる見込みかと尋ねると、このノルウェー人はこう答えた。「これは膨大な時間を要する革命です。私が提供できるのは、一世代だけです」。この奇特なノルウェー人の息子は当時一八歳だったが、息子の人生もすでに織り込み済みだった。

アルネ・ヴィクトル・ガルヴィは一九五四年にスタヴァンゲルに生まれた。控えめな表現とはほとんど無縁な男だ。彼は、彼が犯罪的だと考える人間を「犯罪的」と呼ぶ。アルネ・ヴィクトル・ガルヴィには迷いがほとんどない。彼は、「人類は一歩退いて、ふたたび多様な可能性を探る必要がある」と言う。「われわれは過去五〇年間の発展の方向を変更することができる」。

地上には食用になる植物種がおよそ七万八〇〇〇存在するが、人類は植物性の養分の九〇%を二〇種類の植物から摂取することを習慣化している。これら二〇種の植物は残念ながらサハラでは育たない。だが、サハラは成長を続ける。なぜかといえば、それは気候変動のためであり、風が砂を運んで砂漠を拡大するからであり、土壌が浸食されて、ニジェールのような国々ではサバンナが消えるとともに最後のガゼルやライオンが死滅するからだ。ここの砂地は痩せていて、養分が少ない。窒素は動物の糞尿から生成され、カリウムは砂漠の風に乗って運ばれる塵埃から得られる。しかし、微量の燐酸塩が土壌にかたく結びついているために、植物はほとんど成長しない。それに加えて、風による浸食や害虫の問題があり、もちろん乾燥の問題がある。口ひげをたくわえてサンダル履きのアルネ・ヴィクトル・ガルヴィは頑丈な広い背中と茶色に焼けた腕をしている。彼は砂漠を愛している。それでも彼は砂漠と戦う。かならずしも砂漠のなすがままになる必要はないのだと言う。そして、水不足にもかかわらず、絶えず浸食があるにもかかわらず、人間は飢えたままでいる必要はないのだと彼は言う。

ガルヴィは、若い頃は冒険家だった。高校《ギムナジウム》を終えないうちに旅に出た。シドニーで船乗りに伝道する教団で助任司祭を勤め、現在の妻と知り合った。一九七五年に二人は初めてフォルクスワーゲンのミニバスでサハラを横断した——もっとも、車を走らせるよりは車を運んだり掘り出したりするほうが多かったが。彼らはアルジェリアにやってきた。彼の言によれば、「いつ喉を掻き切られても不思議でない時代に」、二人は「エデン財団」を設立し、四度目のサハラ横断のときには冷蔵庫とピアノをニジェールに運んで、そこに定住した。そして現在、アルネ・ヴィクトル・ガルヴィは息子のヨセフとともにザンデールの自宅から農園へ行く。農園はタヌーの南一三キロのところにあり、年間降雨量は一二五ミリリットル。荒地のただなかに農園がある。そこは驚くばかりの緑だ。

多くの白人たち、政府やNGOの人間は、ガルヴィは頭がおかしいと言う。多くの黒人たち、砂漠国ニジェールの二〇〇〇人の農夫たちは、ガルヴィは正しいと言う。農夫たちには十分な論拠がある。すなわち、数年前には彼らは飢えていた。しかし今では彼らは収穫できる。エデン財団の統計によれば、一年目の収穫は平均して六八セント、三年目は六ユーロ二二セント、一二年目には四四ユーロ三二セントになった。

それが簡単だと主張する者はいない。

六八セントというのは、それがなければ餓死するほかない人間にとっては一財産である。

エデン財団は次のようなやり方で成功を収めた。まずアルネ・ヴィクトル・ガルヴィ、それから特に彼の息子ヨセフとその妻、さらにときには五人、あるときは一〇人のボランティアが数年にわたって、どの植物がサハラで生育可能かをテストする。彼らは種を「直播《じかま》き」する。その意味するところは、植物を栽培せず、売りもせず、そのまま放置する。そのために、植物は地下深くから水分を摂取するために力強い根を地下に張り巡らすことになる。そしてなんらかの花が咲けば、ガルヴィ一家は種を白い容器に入れて、ザンデールの自宅の棚に置いて、待つ。というのは、後見をしないこと、つまり勧誘しないことが彼らのコンセプトだからだ。関心がある農民は、みずからやって来て、ここでいったいどんな植物が突然成育するのか、それはどうしてなのかと問うべきだとガルヴィは考える。

欲しければ、農民は種子をもらえる。彼らがその種を蒔けば、来年新しい種をもらえる。種まきをしなければ、何ももらえない。「彼らに魚の食べ方を教えてはいけない。魚の取り方を教えるのだ」とガルヴィは言う。「なぜなら、そうしなければ、未来永劫に彼らに食料援助を続けることになるだろう」。

経済学者のアクセル・カブー〔フランス育ちのカメルーン人女性〕は、アフリカは、アフリカ人が好んでそう思いたがっているよりもはるかに多くアフリカの状況に対して自己責任がある、と書いている。つまりアフリカ人はそもそも初めから世界の残りは彼らを助ける義務があると思っているが、このような被害者意識や物乞い姿勢はもちろん無邪気すぎると彼女は言う。カブー女史はこれを「拒まれた近代化」と呼ぶ。アフリカ人は「他の人たちは自分たちのこと以上にアフリカ人の発展に配慮する義務があるといまだに考えている世界で唯一の人間だ」と言う。それゆえ、カントを引用すれば、真の途上国援助は啓蒙でなければならない、つまり、負債を抱えた未成年状態から抜け出す道を探す手助けになるものでなければならない。

ガルヴィ一家は一九八七年にこの企てを開始した。それ以来彼らは一六〇種をテストした。種をまいて、待った。灌水はせず、保護もしない。生育するかしないかのどちらかだ。二年後、最初の農民がやって来て、尋ねた。「いったいどうやって灌水するのかね?」。それから二人目の男がやって来た。ガルヴィ一家は再三絶望的になる。たとえば、ある農夫は収穫物を売り払い、その金でヨーロッパに出て行く。妻子はここに残されて、すぐにまた飢えることになる。あるいはまた、ガルヴィ一家にハウサ語を教えてくれた男は、ガルヴィから得た金でやっと彼の妻と三人の子どもたちを養えるようになるとすぐさま二人目の妻を娶る。「貧しければ、過ちを犯すこともない」とガルヴィの息子ヨセフは言う。

それでも彼らは耐え抜いた。アルネ・ヴィクトル・ガルヴィの農園のなかを歩いてゆくと、コルディア・ネビリが育っているのが見える。小さな漿果《しょうか》の実る灌木で、その実からシロップが採れる。またダニアも育っている。これはアメリカの落花生のような味だが、甘みがもっと強い。定着するまでに五年かかる植物も少なくない。しかし、そこまで成長すれば実を結ぶ。アカシア・セイアルは昨年はまだ一メートル四〇センチだったのが、この一年で三〇センチも丈が伸びた。

このノルウェー人一家とそのプロジェクトのための年間予算は五万ユーロ。この五万ユーロは友人たちからの醵金《きょきん》だ。アフリカ人はヨーロッパから子どものような扱いを受けている、と彼は言う。すべての発展途上国援助がなくなれば、アフリカはみずから発展できると。というのは、そうすることでのみ大陸は自身が有しているものを利用し、そこから独自の、まったく新しい、これまで考えもしなかったようなアイディアが生まれるからだと彼は言う。

このノルウェー人の考えに耳を傾けるのは黒人の農民たちだけで、アフリカにいる白人の援助者たちはそうではない。じつに奇妙だ。

たとえば、「国境なき医師団」の見方は少し異なっている。彼らはニジェール南部のザンデールにキャンプを設けている。チーフのイザベル・ドットは巻き毛にぴったりした黒いTシャツを身につけた細身でタフな女性だが、彼女はこう言う。「私たちはいつも新たな子どもたちを受け容れていますが、来年の指標は危険を指しています」。しばらくしてから彼女は付け加える。「ここは焦眉の人道的な危機に直面しているのです。それについてはなんら疑う余地はありません」。

ニジェールは、世界銀行や西欧の醵金者、およびその政府がニアメに設立しようとした自由市場が機能しない国々の一つである。自由市場は結局土地改革に行きついた。すなわち、農民たちは彼らが耕作していた土地をついに所有する権利を得ることになった。それはすてきな構想だった。だが、そうなると売りに出される土地が増えて、ニアメの金のある商人たちは、それがどこであろうと売りに出された土地をすべて買い漁った。こうして改革後には農民たちは彼らの土地を相変わらず所有しておらず、彼らはもはや耕作することさえできなかった。彼らは土地を立ち去らねばならなかった。なぜなら、新しい土地所有者がそれを要求したからだ。井戸までもが私有物になった。それ以来、農民たちは水の代金を支払うことになった。

こうして自由市場によって、物資は逼迫し、物価は上昇した。大多数の者にとってパンは買えないほど高価になった。するとニアメの大企業はサイロに貯蔵してあった収穫物の大部分をナイジェリアに売ったのである。理由は単純。ナイジェリアのほうが高く売れたからだ。そして、食料品が逼迫して飢饉が始まったとき、この惨めな国には売却された食料品をふたたび買い戻す十分な金を持っている者はいなかった。

そして、援助者たちからの物資、つまり配給食料品が国内に入ってくると、それらは迅速に分配されるということはなく、そこでは商取引があり、窃盗があり、これらの援助物資をめぐる戦闘と抗争があった。これらの物資は宝物であり、商品だった。

ニジェールのような国々にあっては同情や共感は美徳ではない。

ニジェールの「国境なき医師団」は七〇名からなり、彼らはザンデールの周辺に二種の異なるキャンプを設営した。「クレニ」と呼ばれる重症患者の集中治療のための二つの野戦病院があり、そこでは母親たちは子どもといっしょにとどまって、看護と治療を受ける。「クレナス」と呼ばれるのは一六の移動ステーションで、そこでは飢えてはいるが生命の危険はない者たちが食料を受け取ることができる。チュニジア人のヘルミ・メカウイはここにいる医師の一人だ。髪を後ろで束ねてヘッドフォンをつけている。これまでコンゴ、エチオピア、リベリアで働いた。ブリュッセルでは我慢できなかったと言う。「なぜなら、ヨーロッパの病院ではいたって健康な連中がベッドに横たわっていて、まったく馬鹿げたことで苦情を述べ立てるからだ」。

ニジェールはちがう。「ここでは人間は重大な病で死ぬ、不満を漏らすこともなく」とヘルミ・メカウイは言う。

「子どもたちが生き延びれば、それは世界共同体の介入が正しかったことの証《あかし》です」。こう言うのはイザベル・ドットだ。

「世界は飢えている者たちを教育して無能者にしてしまう。彼らを怠け者にし、依存者にし、そうしてすべてをより悪化させる」。こう言うのはアルネ・ヴィクトル・ガルヴィである。

ニジェールの子どもたちは「マネー、マネー、マネー」と叫ばない。彼らは「カドー」と叫ぶ〔「贈り物」の意〕。ニジェールはフランス語なのだ。

次の例がアフリカを示している。

たとえばあなたが小さなホテルの唯一の客であるとしよう。あなたは夜の一一時にフロントで、明朝は朝早く発つので支払いを済ませたいと言う。するとほぼ一時間も待たされる。フロントでは三人の人間がなにやら論争し、話し、描き、書いている。四五分が経過したころ、もういい加減に話をまとめてほしいとあなたは頼む。すると三人はこれまでよりもいくらか速やかに論争し、話し、描き、書く。そして、零時一五分過ぎに三人のうちの一人があなたのところにやって来て、引きちぎられた紙片を差し出す。そこには一〇〇〇〇〇という数字だけが記されている。

ニジェールでは車はあまりみかけない。しかし、いったん車がやって来ると、どれも鈴なりの人間を乗せて北へ向かう車ばかりだ。多くのラクダがニジェールのなかを移動する。北部のアイール山地から中央および南部の諸都市へ向かう隊商《キャラバン》で、その道程は一〇〇〇年の歴史がある。ラクダには塩が積まれている。これらの動物はゆっくりと大儀そうに、だが休むことなくサハラ砂漠を移動してゆく。塩を運ぶ隊商の最初と最後のラクダにはトゥアレグが乗っている。彼らは黒のターバンと黒のマントに身を包んだストイックなラクダの乗り手で、彼らはヨーロッパ人やジョンのようなアフリカ人には見えない砂漠を抜ける道を知っている。アフリカは、文字が何の役割も果たすことのない口承の大陸だ。おそらく実際にトゥアレグの集団記憶のようなものがあり、伝説があり、そしてまた祖父から父へ、父から息子へと伝えられる秘密があるのだろう。だから彼らはいつでも彼らの目的地を見いだす。トゥアレグのコックは鞍の上でガスやラクダの糞を用いて調理をし、ブリキの鍋を次の者に手渡す。鍋はそのように次から次へと回される。ハンブルクのアフリカ研究者ハインリヒ・バルトは一五〇年以上も前に「トゥアレグ族の旅の平均スピードは一三分間に半マイル」〔時速約三・七キロ〕と算出している。

カプシチンスキは祖国の三つの定義について語っている。

ジュネ：「私の祖国、それは二人か三人の知り合いだ」。

カミュ：「ええ、私には祖国があります。フランス語です」。

トゥアレグ：「雨が降るところが私の祖国」。

ラクダの背に乗った旅人たちの傍らを四輪駆動のランドクルーザーで走り抜けるのはなんたる不条理であろう。

だが、アハリ・マリヤは私たちにとってはうってつけの運転手だ。というのも、彼は自国について語ってくれるし、どこでも訪問するに値する人間を知っているからだ。また、彼は毛布と砂漠での休憩用の小さなティーグラスを携えているからでもある（さらに、彼の車の運転ぶりは速やかで確実だ）。彼はトゥアレグ族で、自身の民族について話してくれる。

トゥアレグは褐色の肌をもち、数千年来ヒトコブラクダに乗ってサハラやサヘルを移動してきた。砂漠が彼らの故郷であり、おそらくトゥアレグほど砂漠のことをよく知っている者はあるまい。彼らは塩を山から町へ運び、そこで金を得、その金で生活に必要なものを買う。それが彼らの営為の意味であり、ゆっくりとした永遠の循環である。しかし、彼らも途方に暮れて、困窮に陥ることもある——塩の源が枯渇して、旱魃そのものが彼らにとっても致命的になると、彼らは南に移動して、ニジェールでも比較的土地の肥えた地方に移る。するとそこでは衝突が待っている。すなわち、肌の黒い農民たちはトゥアレグを盗人とみなす一方で、トゥアレグは肌の黒い農民を劣等人種とみている節があるからだ。

トゥアレグ族と一緒にいると、彼らは日常生活の一部をしゃがんだ姿勢で過ごすことがわかる。彼らはしゃがんで待ち、しゃがんで茶を飲み、しゃがんで小用を足す。

アガデスの手前二五〇キロの地点で道路は終わる。そこからはサハラの砂のなかを進むほかない。一台のトラックが身動きできなくなっている。前輪が砂のなかにめり込んでいる。荷台の上に座っていた一五〇人は這い降りてくる。彼らはマットレスや水のボトルなどザイルでしっかりとトラックの脇に固定していたものすべてを解かねばならない。車を砂のなかから引き上げられるようにするためだ。それには数時間かかる。その後彼らは先を急ぐ。

ニジェールからヨーロッパを目指す者にとって転車台となるのがアガデスだ。

アガデスは九万の住民を有し、道路は砂漠の砂で覆われている。薄茶色の家々が立ち並び、中心部にはモスクがある。モスクの四角の塔は上に伸びるにしたがってますます狭くなるが、狭い通路をよじ登ることができる。上からは、中心から離れるにつれてますます大きくなる弧を描いて砂漠のなかへ広がっている町が一望できる。家々の周囲には、ここの人間をサハラの砂嵐から保護するための壁がめぐらされている。砂漠の建築術の要諦はすでに数百年前から、穴や螺旋、隙間や割れ目などによってできるだけ通風をよくすると同時に、砂をできるだけ内部へ入らせないことにあった。そして、迷路のようなこれらの小路のどこかに、ハンブルク出身の研究者ハインリヒ・バルトがかつて三ヵ月間居住していた家がある。

バルトは一八二一年の生まれで、父親によって「厳格なモラル、真摯な態度、徹底した秩序愛、家族愛」を教え込まれた。一八四九年にサハラを抜ける旅に出て、トリポリから当時かなり好戦的であったトゥアレグ族の地域を通ってチャド湖へ達し、さらにトンブクトゥに至った。いずれにせよ、彼は「砕いたキビ」を常食としていたと記している。彼は五年間アフリカの砂漠で過ごした。彼の同行者アドルフ・オーヴァーヴェークとジェームズ・リチャードソンはこの旅を生き延びることができずに、「学問に仕えるきわめて名誉ある死を遂げた」とバルトは書いている。従者と運搬人を失い、喉の渇きで死ぬかと思われる直前に、バルトは自身の血管を切り開いて、血を飲んだ。「自分の血を啜ったけれども、えもいわれぬ喉の渇きに苦しんだ」と記している。顎ひげはすっかり剃って、頬ひげと大きな口ひげをたくわえた冒険家バルトは、アフリカでは「半ばアラビアふう半ばスーダンふうの衣装を身に着け」、アブデルケリムという名前でアフリカを移動した。アガデスでは四〇平方メートルの部屋に住んでいたとされるが、粘土の壁は非常に厚かったので、部屋のなかはいつも涼しかった。長さ一メートル五〇センチの彼の小さなベッドは今日なお四本の丸太の上に立っている。そして壁には数本の矢とニジェールで「ラガマ」と呼ばれる鞍袋が掛かっている。

ハインリヒ・バルトの記すところでは、アガデスは当時「野蛮な無法集団のただなかに位置していた」。つまりアガデスは大きな大陸のほとんど未知の内部の地味豊かな地域と砂漠との境界に位置しており、はるか昔に建設され、平和な集会の場として、じつにさまざまな特徴を有する諸部族間の交易とさまざまな需要の交換の場として守られてきた。当時バルトは六頭のラクダ、三五頭のロバ、二頭の雄牛でキャラバンを形成してアガデスへやって来た。彼自身は手にコンパスを持って雄牛の一頭に跨《またが》っていた。すでに当時バルトの目にはアガデスは「荒れ果てた町、つまり絶頂期をすぎた都市」と映った。「非常に重要な街区、町全体の中心部においてさえ、大部分の住宅は廃墟に埋もれており、すべては死んだようにひっそりとしていた」。

ただし女たちはそうではなかった――女たちはよそ者を籠絡して、「一緒に楽しもうと言って、ごくあっさり私を誘った」。彼女たちは「まずまず美人で、良い体格をしており、編んだ黒い髪をお下げにしている。肥ってはおらず、生き生きとした目、明るい褐色の肌、感じの良い顔立ちをしている。彼女たちのうちでももっとも立派な身なりをした女は全身白ずくめの衣装だった。彼女たちはベールを被らずに出歩くが、ときおり羞恥心からというよりはむしろ媚態《コケットリー》から羽織っているローブを頭上に持ち上げることがある。ちなみに胸は完全に覆われている」。

旅人は女の魅力に屈しなかった。そして、彼にならって「手付かずの、世評高い」アフリカを探訪する計画を立てている者たちには、「女性に関しては細心の注意と自己抑制をする」ようにと助言した。ハインリヒ・バルトは自身の宿舎に引きこもった。数羽の花鶏《アトリ》が舞い込んできて、孤独のうちにも誇り高くアフリカについてのノートを記すバルトの相手をしてくれた。こうして彼はアフリカの旅を終え、不滅の名誉を得た一〇年後の一八六五年に死んだ。

　現在アガデスはすべてのアフリカの諸都市と同様に成長している。大部分の国々は束の間の陶酔を経験している。ナイジェリアでは石油だったし、ニジェールではウラン鉱石だった。しかし、ニジェールのような国々ではいつも唯一の原料を産出または採掘するだけだ。このモノカルチャーは旧宗主国から受け継いだもので、それゆえアフリカの大部分の国々は一つの生産物に依存している。そして、そのうちに世界市場で価格暴落が生じる。それがアフリカでは繰り返し生ずる。そうなると人びとは陶酔の時代に建てられた馬鹿げた家々、宮殿、工場、記念碑の傍らに立ち尽くすほかない。もはや食べるものがなくなる。なぜなら、バブルの時代にはもちろん全員が都市へと流れ込んだからだ。なぜなら、農業はアフリカの土壌では骨が折れるからだ。なぜなら、人びとは皆みずから生産したり採掘したりしない商品を今やヨーロッパで購入しなければならないのだが、もはや収入がないからである。

　アフリカは大西洋岸からサハラにいたるまではずっと緑の大陸だ。しかし、ニジェールではスペイン産のジュースが朝食に出される。このスペインのオレンジは、若いアフリカ人たちによって時給四ユーロで収穫される。というのも、これらの若いアフリカ人は故郷のアフリカではいかなる収入も得られないからだ。そして、ここアフリカでは彼らの両親がスペインのオレンジジュースの代金を払えるはずもなく、ジュースはもっぱらヨーロッパからの旅行者に提供される。

　これもまたグローバリゼーションといわれる。それは商品にはあてはまるが、人間にはあてはまらない。

アガデスは数百年の歴史を持つ交易都市で、塩の隊商の目的地だが、今日では西アフリカ諸国からやって来る移住者たちの中継基地になっている。

それは悲しい光景だ。バスターミナルには店が軒を連ねている。そこではポスターが世界地図とともに貼られている。ドイツの地図やエッフェル塔の写真、「われわれは神を信じる」と英語で書かれたものもある。ヨーロッパでは「不法移住斡旋業者」と呼ばれるシュレッパーの集合地点であるバスターミナルは、サッカー場をほぼ一回り大きくした程度の広さで長方形をしている。五頭のヤギが走り回り、日陰ではひどく汚れた黒人の男たちが小さな旅行バッグをもって眠っている。バスターミナルの入り口では古物商が旅行者用の必需品を売っている。毛布、飲料水用のボトル、ターバンなど。ヨーロッパに向かう者たちのためのアフリカの市場だ。中央には、待機者用の屋根があって、その周辺には数台の車（トラックが多い）が止まっている。バスターミナルの四面すべてに商店が文字どおり軒を連ねており、それぞれの店の錆びついた鉄の扉の奥には部屋がある。A面の店舗A3は「アガデスータマンラセット」九五ユーロ。A10は「理髪店」。A13は「手軽なアルジェリア旅行」。A18は「ガーナ・ユニオン・エージェンシー」で、専門分野はリビア旅行。A19は「トラベラー・アソシエーション・ユニオン」。

あたりが騒然としてくる。というのは、北へ向かう車が出発するときにはいつも、乗り込もうとする者たちがみな半円形になって集まるからだ。すると名前が読み上げられる。それはあたかもチンピラが彼らのサッカーチームの少年たちを選抜するような具合だ。もっとも弱い者たちは輪の外側に残される。誰からも手を貸してもらえない者たち、金のない者たちだ。そして南からの車が来るといつでも、男たちは店から跳び出して、新参者たちに呼びかける。「羚羊《れいよう》の群れがやって来るのを見るライオンのように貪欲だ」とジョン・アムパンは言う。彼らは値段を夜の闇に向かって叫び、宿を提供する。到着した者たちは不安げにあたりを見回す。彼らはここには知り合いはなく、誰を信用してよいかわからない。

金が少なければ少しの安全しか買えないが、多くの金を出せば次のタマンラセットまでの区間が買える。問題になるのはこの取引だ。

ヨーロッパでは、アガデスの店にたむろしている連中をシュレッパーと呼ぶ。ドイツの連邦内務省の見解では、これらの連中のおこなっていることは人身売買であって、組織犯罪である。専門家は人間密輸業者による世界全体での取引額を一二〇億ドルと見積もる。毎年八〇万の人間が援助者によって非合法的に国境を越えて運ばれるという。

それがアガデスのバスターミナルでは一種のサービス業だ。誰もがそこから何かを得ている。警察と軍がその分け前に預かり、商人たちは飲料水用ボトルや毛布を売り、運転手はそれなりに稼ぎ、そして旅行者は先へ進む。

悪魔的《デモーニッシュ》？　マフィアのよう？

それは見方による。アガデスのバスターミナルに見られるような店は、ここアフリカでは旅行代理店なのだ。店の連中は仲介業者だ。すなわち、一方は旅行をし、他方は旅行を仲介する。それゆえ、一方は他方に金を払う。

ヨーロッパではあなたたちは犯罪者だと言われていることを知ってる？

「どうして？　われわれは商人だ。需要があるから、供給する。それのどこが犯罪的なんだ？犯罪的なのはアフリカを搾取することだ」。そう言うのは、全体のボスであるアブドゥラ・ハバトである。私たちが市場に足を踏み入れるや、ただちに警官たちが現われて、バスターミナルの奥まった一角にある尋問室に連れて行かれた。インタヴューや写真撮影は違法だと警官たちは言う。だが、一〇万西アフリカフラン（CFA）出せば、つまり約一五〇ユーロ払えば、自由に動いてかまわないし、ボスとのインタヴュー代金もそれに含まれていると言う。

さて、アブドゥラ・ハバトは警察の建物の裏でしゃがみこんでいる。グリーンの背広に、白いターバン、サンダルは埃で茶色だ。アブドゥラ・ハバトは小さな木の枝で砂の上に図を描いて、大部分の難民はナイジェリアとガーナからやって来ると語る。全員がヨーロッパへ行きたがる。たしかな数字を持っているわけではないが、「毎月数千人はいる」とアブドゥラ・ハバトは語る。「アフリカの家族はどこでも息子を北へ遣るつもりでいる。大家族の場合には、少なくとも一人は目的を果たせるように、二人の息子を送り出す」。

夕刻になると、私たちは砂漠の町のオアシスにあるペンション・ダゼルに腰を下ろし、ステーキとポンフリを食べながらその日に出会った人たちについて語り合う——花々が咲き乱れ、小鳥がさえずっている。私たちはいつもそうする。きょうはジョンが三人の若いナイジェリア人を連れてきたが、彼らとはすでにザンデールで知り合いになっていた。彼らもアガデスにたどり着いたのだ、汚れ放題になり、疲労困憊して。ジョンは彼らを自分の浴室に案内した。彼らにとっては数週間ぶりのシャワー。口笛を吹き、笑い、歌うのが聞こえる。彼らは一時間半も浴室にいた。

二七歳のオラ・イドリスと二四歳の恋人フェイスは三週間前にラゴスを出発した。彼らの旅は三年間議論した上でのことだった。両親は反対し、友人たちは賛成した——オラは大学で学ぶ金がなかった。そのうえ仕事も見つからなかった。それで、彼は国を出ると言った。フェイスは一緒に行くと言った。オラはジーンズにスニーカーを履き、頭はドレッドロックス。若いペアのスポークスマン役である。フェイスはジーンズにビーチサンダル、袖なしの白いブラウスを着ており、何かを尋ねられると二度目にようやく話す。

出発してからは眠っていないし、ほとんど食べていないと彼女は言う。「いつも怖い」――ともあれ彼女はそう語る。

ヨーロッパに行ったら何をするつもり？　「美容師として働く」と彼女は言って、目を伏せる。「ぼくたちは愛し合っている、神がぼくたちを助けてくれる。神がいなければ、ぼくたちは破滅する」とオラは言う。旅に出てからは、ビールを飲むようになった。「アルコールは好きだよ」と彼は言う。

「二人はね」とジョンがささやく。「彼女の唯一の可能性は売春しかないことをよく承知しているんだ。でも彼らはそのことを白人の前ではけっして認めないだろう」。

そして三人目のロビンソン・イゼコは三一歳。彼はより良い仕事のチャンスを求めて、つまり立派な人生を生きるために戦うのではなく、もっと基本的なことのためにすべてを賭ける人間の一人だ。つまり生存を賭けた戦い。彼のような人間はただ生き延びるために戦う。

ロビンソンはブラジルのサッカー選手アドリアーノの黄色のTシャツを着ている。彼はエンジニアで、かつてヨーロッパにいたことがある。彼は妻ジェニファーとともに一度すでに目的地に到達していた。彼らはトラックに乗り、徒歩で進み、そして救命胴衣を手に入れた。ジェニファーは泳げないからだ。そして、地中海の冷たい水を潜り抜けてセウタにたどり着いた。セウタは北アフリカにあるスペインの飛び地だ。ジェニファーは妊娠八ヵ月だった。

二人は大陸に運ばれて、それ以来ジェニファーは赤ん坊と一緒にアルヘシラスで生活している。三人の子どもをベニンシティに残してきた例の母親ジェーン・アイムフアが住んでいたのと同じ家だ。ジェニファーには小さな子がいるので、スペインの官憲は二人の滞在を許容した。その結果、ロビンソンは一年間の滞在許可を得たが、それ以上は認められなかった。

多くのアフリカ人はヨーロッパでは、彼らには子どもがいると主張する。これは難民が語り得る最善の物語の一つで、ほんとうかどうかは誰にもわからない。これは元来効果があるはずの物語の一つだ。しかし、あまりにも多くの者たちが同じ物語を語るので、それが真実であっても、もはやほぼ役に立たない。

アフリカ人の亡命申請は、ドイツだけでも年間に約一万件に達する。それは完璧な物語を見つける一万の試みでもある。一九七一年にドイツでは申請全体の五七％が認可された。現在ではわずか〇・七％にすぎず、アフリカ人の場合には〇・一％である。非合法的に、つまり旅券もなく滞在許可もなしにEU諸国内に居住する外国人の数は約五〇〇万で、さらに年々五〇万人が新たに加わるといわれる。もちろんこれらの移住者はヨーロッパ社会に不利益をもたらす。なぜなら、彼らは税金や社会保険料分担金などを払わないからだ。他方、彼らの存在を合法化し、EU域内移住を大規模な割合で認めて、統合すれば、彼らは少子化に悩む西欧社会を助けることになるという考え方がある。これは真実の一端を突いているのだが、政治家はこれを認めたがらない。

残念なことにアフリカ人の皮膚は黒い。これは彼らの不運だ。

ロビンソンは旅券を持っていなかったし、なんらかのことを証明しうるものもなかった。滞在を許された一年間を彼はマドリッドで過ごした。アルヘシラスでは仕事がみつからなかったからだ。マドリッドでは製パン工場で「ビンボ」という銘柄の食パンを切る仕事をした。そして、稼いだ金を妻に送った。

当局はひょっとしたら自分のことを忘れているのではあるまいか、と彼は考えた。

当局はやはり子どもがこの国に留まるのを認めず、父親を送還するかもしれない、とも彼は考えた。

それから警察が来て、彼を逮捕し、飛行機に乗せた。一日後には彼はアフリカに戻っていた。見知らぬ故郷に連れ戻された。ラゴスにはもう友人もいないし、両親はとっくの昔に死んでいる。ロビンソンはスペインに戻らねばならない。彼は多くを語らず、彼の物語を語るには長い時間を必要とする。そして今ではただこう言うばかりだ。「いかなくちゃ」。

それ以外にいったいどこへ行けというのか？　ヨーロッパでは彼は犯罪的だと見なされることを彼は知っている。「非合法」、これはヨーロッパ人がロビンソンのような人間に対して用いる言葉だ。だから彼は、二度目の今回は容易ならざる状況にあることを覚悟している。しかし、彼はおそらくもう話せるようになっている息子のことを夢見る。彼の息子が「パパ、どこにいるの？」と言うのを夢見る。

私たちの三人の客人は、翌朝アルリット行きのトラックに乗る予定だと言う。そこで彼らの道はわかれる。若いペアはまずリビアへ向かうのに対して、ロビンソンはモロッコへ向かい、そこから向こう側へ、良い大陸側へ渡るつもりだと言う。

「私たちの国にとって移住というのは、西アフリカから来る非常に多くの人間が通過することを意味する」と語るのはアガデスにある「ドイツ技術協力協会」（ＧＴＺ）の地理学者ムハンマド・バーハルだ。「移住者にとってわが国は通過国です。ニジェールの多くの若い人たちは数ヵ月間アルジェリアやリビアの工場でいくらかの金を稼ぐために出稼ぎに行きますが、彼らの大部分は戻ってきます」。

ムハンマド・バーハルは殺風景なオフィスで、きちんと整理された机に置かれたラップトップを前にして座っている。天井では扇風機が回っている。彼は話を続ける。アフリカからの逃避という この忌まわしい物語で最悪のことは、人びとの間に広まっている嘘であり、根も葉もない話であり、誤った希望なのだと言う。「傍から見ていると、状況は難民たちが期待しているようなものではけっしてない。仕事は劣悪になっている。誰も歓迎されない。警察は難民を追いたてる。難民は何ヵ月も山の中に身を潜めて、待つしかない。しかし、アフリカの故郷では事情を知らない者たちがヨーロッパに行った者たちの成功物語の最新バージョンをいつでも耳にするのです。だから相変わらずいつでも余りにも多くの者たちがパラダイスを信じるわけです」。青いローブを纏《まと》った地理学者ムハンマド・バーハルはそう言って、悪戯っぽい笑みを浮かべる。

「故郷の一個のパンは異郷のライス一皿よりもいつでも良い」とジョン・アムパンが言うと、「ドイツ技術協力協会」の地理学者はうなずく。

水道、道路、学校、これらがニジェールにあるドイツ技術協力協会の主要な任務だ。三八人のスタッフは、「貧困との戦い」と呼ばれるこのプログラムのために活動している。

ジョン・アムパンの初心者のためのアフリカガイド

10．アフリカのプロジェクトはつねに多大な熱意と多大な資金をもって開始されるが、けっして完了することはない。その理由は、プロジェクトをスタートさせた人びとが消えてしまうからであり、金が尽きてしまうからであり、誰も保守管理のことを気にかけないからであり、金儲けになりそうなものはすべてただちに略奪されるからだ。われわれの大陸は廃墟であふれているが、それらの廃墟はそう遠くない過去には新たな出発の合図だった。

私たちは三日間アガデスに留まっている。バスターミナル周辺の雰囲気はつねに変わる。潮の満ち干のように。天気のように。

あるときはそこにいる人間は信頼感にあふれており、そのようなときには彼らはヨーロッパの様子を知りたがり、救いの手を伸べてはくれまいかなどと私たちに尋ねる。するとまた、不信、懐疑、恐れが現われる。これを見通すのは困難だ。だが明らかなのは、ここが噂の世界であること、ルートやコンタクトを取るべき人間や目的地などについての迅速な情報の世界であり、だが同様にこれらの情報がすばやく撤回される世界であることだ。そして、実際に警察の手入れがあったり、手入れが迫っているという噂が流れたりすると、信頼の一時期は終わりを告げる。

私たちは密航斡旋業者に接触しようとした。ガルバはスクーターに乗っている若者で、多くのことを約束し、今日、明日、明後日に出るトラックについて話してくれる。彼はたくさんの金を要求する。少しの金しか渡さないと、彼は何も話すことはないと言う。私たちはリチャードと知り合いになる。彼は実際にこのあたりの事情に通じている。ガーナ人たちがどこに住んでいるかを知っている。バスターミナルから徒歩で五分のところにある家だ。中庭にあるガレージのような建物のなかで、二〇人が床にしゃがみ込んで、ほんの少し手短に彼らの旅について話してくれる。

道路を移動する日々について、ここにあるような宿で過ごす日々について。金を要求しても何も提供するものがない男たち、つまりあたかも事情に通じているかのような、または誰かを知っているかのような振りをするだけの男たちについて。さまざまの不安については語らないし、彼らの憧れについても語らない。今はそのときではない、その雰囲気でもない。ここで話せば、それはあまりにも多くの者たちの耳に入るからだ。

一台のトラックがアガデスのバスターミナルを後にする。三二人の男たちが荷台に座っているが、一人の男が手を伸ばして、囁く。「助けてくれないか？　俺はここではたった一人のスーダン人だ。俺のほかに英語を話すのは誰もいない。彼らは金を取って、俺をこの車に乗せたけれど、どこへ行くのかわからない……」。すると警官がやって来て、この男を蹴って荷台の中央へ、他の者たちのなかに押し込む。「黙れ！」と警官はフランス語で叫ぶ。エンジンがかかって、車は砂漠へ出てゆく。バスターミナルに残された他の男たちは妬ましそうにトラックの後姿を見つめている。

ジョンはガレージのような場所の中央に歩いていって、左を示して、言う。「当時ぼくはここで眠った」。そこには何もない。埃だけだ。ジョンは私に代わって男たちに話しかけ、彼らに尋ねる。どこから来たのか、来歴を話す気があるかどうか。するとジョンは言う。「見たかい？　彼らの目はほとんど死んでいるよ。何が待ち受けているのか彼らには見当もつかないんだ」。私たちはしばらく日陰に座る。するとジョンが言う。「別の生活へ戻るような気がする。あの頃のような感覚だ」。「安心感は？」と私は尋ねる。「あの頃のような感覚だけど、安心感は高い」とジョンは言う。「今回はぼくを前進させてくれる車をもう見つけたからね」。

アガデスには数百もの人間が釘付けになっている。金が尽きたからだ。彼らは片隅に座って物乞いをする。彼らは食べないし、飲まない。ここから先に進むためには、一フランといえども無駄にはできない。彼らは数週間前から、数ヵ月前から、幾人かは数年来ここに留まっていて、先には進めない。彼らはベッカムのTシャツか、エミレーツ航空のスローガン（“Fly Emirates”）が胸に記されたFCチェルシーのTシャツを着ている。

ここにしゃがみ込んでいるのは圧倒的に男性が多く、陸路でサハラを抜ける女性に出くわすことはまれだった。しかし、これは一時的な偶然にすぎないにちがいない。というのは、「国際移住機関」（IOM）の確認するところでは、アフリカからの移住者のうちで女性の占める割合は上昇して、四七％に達している。

アガデスにいる大部分の男たちは――彼らは二〇歳から二五歳だ――みずからサッカー選手だと

名乗る。取り決めはまったく簡単だった。家族は旅行代金を支払って、待つ。しばらくは辛抱強く、そのうちいつかはひどく欲深くなって。家族は借金をしている。だから家族は債権者に利子をつけて借金を返す約束をしたのだ。家族は今や息子たちをとても自慢にしている。

そうして、期待は膨らむ。

三人のカメルーン人が隅に立っている。彼らの言うところでは、一部リーグのサッカー選手だ。すると彼らは両手の傷跡を見せる。セウタのフェンスの傷跡だ。

彼らはすでにやり遂げていた。パラダイスに入るための最後の障害物、セウタのフェンスの前にたどり着くまでに一年かかった。それから二〇〇五年九月二九日の夜が来た〔本書二七頁を参照〕。彼らは決死の行動をおこした。彼らがフェンスの上でうずくまったとき、彼らは発見されて拘束され、殴られて、トラックに乗せられた。トラックは一昼夜の間走り続けた。そして彼らは砂漠のなかに置き去りにされた。彼らにはもう金がない。また最初から始めなければならない。

若者たちは目的地に到着しなければならない。家族は彼らの成功を心待ちにしている。

灰色のトヨタの出発準備が整った。一人の男がリストを持って車の前に立っている。三四人の男たちは列をつくって、自分の名前が呼ばれるのを待っている。名前を呼ばれると、彼らは進み出る。金をすばやく取り出し、チケットを受け取る。警官たちがその傍らに立って、乗車券をチェックする。三四人の男たちは黙って順番にトラックの荷台に登る。

これらの男たちは引き返すことはできない、彼らは戻ってはならない。そんなことをすれば、家族からは拒絶され、村中の笑いものになるだろう。たとえ彼らの母親がふたたび腕のなかに迎えてくれたとしても、彼らは自身を恥じて、挫折者という烙印を押されて、それゆえ生き恥を曝《さら》しつづけることになろう。

いや、これは彼らの唯一のチャンスであり、彼らの唯一のターニングポイントなのだ。ある男が二〇代半ばで、彼の国の平均寿命が四〇年強でしかないことを知っていれば、彼には多くの時間がないことを知っているし、すでに遅きに失したのかもしれないことを知っている。まさに今敢行するのか、あるいは一切を断念するのか、そのどちらかしかないことを知っている。アフリカの人生に総稽古《ゲネプロ》は存在しない。今とここがあるのみ。ブラックアフリカの八万の移住者たちが毎年毎年サハラを通って北へ、ヨーロッパへ向かう。そして、彼らは孤独であること、ひょっとしたら旅程の一部を仲間と協力して乗り越えられるかもしれないこと、ときには相互に助け合うこと、そして信頼しあうことを知っている——しかし、結局は誰もが自分のことで精一杯なのだ。

アメリカのテレビドラマシリーズ『二四』の秘密捜査員ジャック・バウアーを引用して言えば、彼ら全員に当てはまるのは、「失敗は許されない」ということだ。

**アルリット、ニジェール、二五二〇キロ**

金色《こんじき》に輝くと同時に屈辱的でもある旅がある。挫折した者たちの町にいるのは惨めだが、サハラは朝の六時には燦然《さんぜん》と輝く、砂丘の上に日が昇るとき。夕方か夜になって頭上に星が瞬くとき、サハラは「億万星ホテル」だ。日中の呼び名はない。日中は、私たちはしゃべらないし、ほとんど動かない。そして、私たちが出会う人びとは黙っている。そこに座り、横たわって、炎暑が収まるのを、日がすぎ去るのを待つ。

ここでは世界は小さくなる。静寂、砂、太陽、星、そしてもちろん炎暑。それ以上はもう何もない。私たちは四輪駆動車に乗っていて、窓を開ける。エアコンのスイッチを入れることもできる。移住者たちはトラックの荷台で耐えるか、一歩一歩歩むほかはない。私たちの運転手アハリはとても愉快で善良な人間だ。移住者を乗せる運転手は金を受け取って、荷台の積荷を降ろしてしまえばそれで一件落着だ。

コリイ・イサカーンの近くに、数百万年前に洪水で倒れた樹木がある。それらは気密状態で砂のなかに封じ込まれたために、朽ち果てることなく石化した。つまり葉と幹の模様のついた灰色の化石、年輪のある石になった。

ダブーの近くには岩のなかに高さ五・四メートルのキリン（ジラフ）が立っている。六〇〇〇年から八〇〇〇年前に無名の芸術家によって山中に彫られたものだ〔これは一九九九年に発見された〕。さらに多くの小動物が周囲の岩のあらゆるところに刻まれている。雌牛、ヤギ、槍を持った狩人。ハインリヒ・バルトがかつて砂漠の芸術を発見したとき、狩人の描写を見て、その卑猥さに驚いている。「両脚の間には、痩せた肉体から長い陰茎がぶら下がっている」。

ウラン価格が暴落するまでは、北ニジェールのアルリットの町は繁栄していた。ここには二つの鉱山があり、コミナクとソマイルの二社が爆薬を用いてウランを採掘している。六万五〇〇〇人がまだアルリットで暮らしている。そのうち三六〇〇人は、フランス人、日本人、スペイン人およびニジェール政府で構成される採鉱コンソーシアムで働いている。下の坑や坑道では誰も保護服を着用していないし、ここではガンについて話す者はいない。

鉱山がこの町を養っていて、数千もの家族を呼び寄せた。その後経済危機が生じた。逃げ出せる者は逃げ出し、残った者は失業した。そのために、アルリットは今日ではスラムだ。町の半分には電気も水道もない。ゴミは家々の間にあって、けっして片付けられることはなく、新たなゴミによって覆われるだけ。ここを走る車はまれで、モーターバイクが富の象徴だ。ホテルやレストランももはやない。あたりが暗くなると、私たちは数キロメートル砂漠のなかまで車を走らせて、そこで寝袋を広げる。

アルリットの家々はサハラの粘土のような赤茶色だ。ここの人びとは床に砂漠の砂を用いる。その上にいくつかの壁を建て、その上に屋根をのせる。砂漠は広いから、場所は十分にある。しかし、アルリットには舗装道路は皆無で、熱い砂と過去の残骸があるばかり。

アルリットは分岐点前の最後の町である。すなわち、町の北端で左に行けば、その道は砂漠を通って、いつかアルジェリアに行き着く。進路を右にとれば、砂漠を通って、いつかはリビアに行き着く。

むろん、砂漠を生き延びたとして。

ジョンは寡黙になり、ますます口数が少なくなる。彼は読みもせず、尋ねもしない。ただ私たちが質問すれば、そのときだけ口を開く。「砂漠」と彼は言う。「ぼくは当時のことを考えている。そしてまた、身体から力が抜けてゆくのを感じる」。

アルリットでも若い男たちが埃のなかに座っている。彼らはヨーロッパに行くつもりなのだ。すでに金を使い果たしているが、家にはもう何も残っていない。旅費をつくるためにすべてを売り払ってしまったからだ。あるいはセウタのフェンスに阻まれて、砂漠のなかへ追放されたものの、命からがらここまでやってきたのか？　あるいはまた密航斡旋業者の策略にはまってしまったのか？

情報不足のために彼らは密航斡旋業者の言いなりに金を払ってしまって、そのために次のステージへ進むことができなくなったのかもしれない。

塗装工でサッカー選手のカメルーン人オーギュスト・ナナ（二三歳）はそのような者たちの一人だ。そしてまたけっして諦めるまいと思っている者たちの一人だ。

まずオーギュストは「聖ジョン」という名の船で密航して彼の故郷を後にし、コートジボワール

（象牙海岸）に着いた。そこで彼は捕縛されて、飛行機でふたたび故郷に連れ戻された。二度目は大きな外洋汽船での密航を企てて、五本のミネラルウォーターと少しのビスケットを持って機関室に身を隠した。二二日後に到着したのは、アメリカ合衆国のコネティカット州ニューヘブンだった。だが五日後には水夫たちが密航者を発見した。中国人船長は彼を入局管理局に引き渡した。裁判官は彼の政治亡命を却下した。不法入国の罰は五ヵ月間の監獄入りだった。オーギュストの話では、アメリカの監獄での生活はカメルーンの自由な生活よりも文明化されている。二〇〇三年九月にオーギュスト・ナナはデルタ航空の航空機でニューヨークのジョン・F・ケネディ空港からアムステルダムへ、さらにKLMオランダ航空で故国カメルーンへと連れ戻された。

ここが故国だろうか？

オーギュスト・ナナは二〇〇五年の夏に三度目の出奔を企てた。バスやトラックに乗り、徒歩で歩いた。今回は他の何千もの難民と同様の旅をした。しばらくニジェールのザンデールに留まり、メアリーに夢中になり、父親になったが、それからも彼は先に進むほかなかった。他の者たちと同様に北へ行き、他の者たちと同様に追放された。そして今、他のすべての者たちと同様にアルリットから動けずにいる。

「結局、すべては無駄だった」と彼は言う。「四年前からぼくは何もしていない、生きていない。ぼくの人生を探す旅をしていただけだ。で、ぼくは何を見つけたって言うの？」。

オーギュスト・ナナのような男たちはこの砂漠のゴーストタウンのなかの彼らのゲットーにうずくまっている。カメルーン人たちはナイジェリア人やコンゴの若者たちと同様に同郷人だけで集まっている。どのグループも彼らの家と彼らの中庭を持ち、密航斡旋業者や旅行代理店と独自のコンタクトを持っている。

新曜社

株式会社
新曜社

〒101-0051　東京都千代田区神田神保町2-10
電話（03）3264-4973・振替00120-5-108464
Fax（03）3239-2958
http://www.shin-yo-sha.co.jp/

## ■文学

平川祐弘・牧野陽子 編

### 講座 小泉八雲

Ⅰ ハーンの人と周辺
Ⅱ ハーンの文学世界

ギリシャに生まれ，アイルランド，北米，マルティニーク，松江など地球の周辺地域で暮らした文明の「合いの子」ハーン。近代化・産業化に伴う混淆（クレオール）化現象に注目し，文明の影の部分を記録しつづけた小泉八雲は，グローバル化のなかで今や時代の先端をいく作家として，新鮮な脚光を浴びている。本講座は，死後百年を期に行なわれた多くの国際シンポジウムの結果を取り入れて編まれた最前線の研究成果で，斬新なハーン像を提示する力作揃いの論文集。

Ⅰ 四六判 728 頁／本体 7600 円＋税
Ⅱ 四六判 676 頁／本体 7400 円＋税

ジャクリーン・ローズ／鈴木 晶 訳

### ピーター・パンの場合

児童文学などありえない？

今なお世界中で上演され，読まれつづける「ピーター・パン」。なぜ彼はこれほど私たちを惹きつけるのか。大人になることを拒むその純粋無垢イメージに隠された，「性・商品化・言語」を含む私たちの子ども観を暴いて，児童文学界に衝撃を与えた書の待望の翻訳。

四六判 318 頁／本体 3300 円＋税

## ■生物学

デニス・ノーブル／倉智嘉久 訳

### 生命の音楽 ゲノムを超えて

システムズバイオロジーへの招待

遺伝子は生命のプログラム？ 利己的？ CD に刻まれたデータだけでは音楽にならないように，ゲノムの情報だけでは生命は理解できない。遺伝子から進化まで，これまでの定説を覆し，「生命とは何か」への新しい理解をもたらしつつある統合的生命科学への誘い。

四六判 256 頁／本体 2800 円＋税

中村桂子 編／JT生命誌研究館 発行

### 続く 生命誌年刊号 vol. 57-60

今回のテーマは，生きものとして，そして文化を持つ人間としての「続く」。編者がオートポイエーシス，保全生態学，形態進化研究の第一人者らと語りあい，生命誌を幅広く探究した。38 億年続く生きものの工夫，歴史，関係性は多様なドラマに満ちている。

A 5 判 292 頁／本体 1524 円＋税

## ■哲学・思想

スティーヴ・フラー／永田晃也・遠藤 温・篠﨑香織・綾部広則 訳

### ナレッジマネジメントの思想 知識生産と社会的認識論

知識を計量化し管理することにどのような意味があるのか。ブームの知識管理（KM）的思考では，マクドナルドは「賢い組織」，大学は「愚かな組織」とされるが，はたして？　知識管理的思考を根底から問い直し，真の知識生産のための機関としての大学の再生を展望する。

四六判 400 頁／本体 4200 円＋税

山口裕之

### ワードマップ 認知哲学 心と脳のエピステモロジー

「脳は高度な情報処理機関」という発想は心を解明するために有効なのか？　科学全体を支える基礎概念から問い直すことで，この問いに迫る。「意識の科学」の提出する驚くべき成果を読みほどき，脳科学の哲学的基礎を考えるしなやかな認知哲学の入門書。

四六判 306 頁／本体 2800 円＋税

新形信和

### ひき裂かれた〈わたし〉 思想としての志賀直哉

西洋文化と伝統文化が入り混じり，ものを見たり考えたりする主体＝〈わたし〉を二つ持つようになった日本人。二つの〈わたし〉の葛藤によりひき裂かれた大作家志賀直哉の精神の軌跡を比較思想・比較文化論の観点から読み解くことで，日本文化論に再考を迫る。

四六判 276 頁／本体 2600 円＋税

伊藤勝彦

### 森有正先生と僕 神秘主義哲学への道

没後 30 年余。森有正の後輩にして若い友人でもあった著者が互いに似た資質を持ち合わせていたことを自覚しつつ，これまで語られていなかった彼の私生活と思索のなかに分け入り，その哲学に脈々と流れる神秘主義を見出した，今語らねばならない森有正論。

四六判 240 頁＋口絵／本体 2600 円＋税

## ■社会

小熊英二

***上下巻とも四刷出来！***

# 1968 上 若者たちの叛乱とその背景 / 下 叛乱の終焉とその遺産

あの叛乱は何だったのか。時代の政治・経済状況から「全共闘世代」の文化的背景までを丹念に検証し，40年を経た今に，「あの時代」をいきいきと甦らせる。60年安保闘争から日大闘争，安田講堂攻防戦までを描く上巻につづいて，下巻では，新宿事件，内ゲバ，ベ平連，リブ，そして連合赤軍とたどって，「あの時代」の後半に起きたパラダイム転換が現代に何を遺したのかを明らかにする。ノスタルジックな視点を廃し，現代の「私たち」の位置を冷静に逆照射した，真に「記念碑的超大作」。

**（上）A 5 判 1096 頁／本体 6800 円＋税**
**（下）A 5 判 1016 頁／本体 6800 円＋税**

伊藤哲司・山崎一希

# 往復書簡・学校を語りなおす 「学び，遊び，逸れていく」ために

従来の考えや実践をあらためて位置づけ直し，そこから新たなアイディアや実践を生みだす「語りなおし」としての往復書簡。少し視点をズラしてみること，語りを重ねることで学校の面白さが見えてくる！　身近な話題をベースに「学校」の可能性を探る対話の試み。　**四六判 256 頁／本体 2200 円＋税**

イングリッド・ベタンクールほか／三好信子 訳・解説

# ママンへの手紙 コロンビアのジャングルに囚われて

「人質生活は地獄だった」。反政府ゲリラに誘拐され6年にわたり囚われの身となったコロンビアの元大統領候補，ベタンクール。彼女がジャングルで母親に宛てて書いた手紙を翻訳し，拉致と解放の背景についての詳細な解説を付した。「言葉」の力が胸を打つ。　**四六判 192 頁＋口絵／本体 2400 円＋税**

L. ダーリング-ハモンド&J. バラッツ・スノーデン／秋田喜代美・藤田慶子 訳

# よい教師をすべての教室へ 専門職としての教師に必須の知識とその習得

教員養成の質を高めるために何が必要か？　新任教師の知識・技能の欠如や退職の多さなど，日本にも共通する問題への効果的な対策について，米国教育アカデミーから刊行された報告書の公式要約。第一著者はオバマ大統領の教育秘書官。教育関係者必読の冊子！　**四六判 144 頁／本体 1600 円＋税**

# 新曜社
# 新刊の御案内

Dec.2009~Mar.2010

## ■新刊

木村洋二 編　*たちまち重版！*

### 笑いを科学する　ユーモア・サイエンスへの招待

ヒトはなぜ笑うのか？　笑いの馬鹿力で世界をリセットしよう！　大反響を呼んだ関西大学の笑い測定機 DLM 開発・笑いの単位 aH（アッハ）を軸に，西洋日本の笑い文化，ユーモアと健康，笑いと脳など，豊饒な笑いの謎に迫るユーモア・サイエンスが発進！　**A 5 判 256 頁／本体 2800 円＋税**

石黒広昭・亀田達也 編

### 文化と実践　心の本質的社会性を問う

６人の心理学者による，文化的な所産としての心をめぐるスリリングな議論。心を社会的に生み出されるものとして捉えながらも立場を異にする，山岸俊男，石井敬子，石黒広昭の３氏が自らの考えを開陳し，佐伯胖，亀田達也，北山忍の３氏がそれを批判的に検討。　**四六判 290 頁／本体 2900 円＋税**

斎藤嘉孝

### ワードマップ　社会福祉調査　企画・実施の基礎知識とコツ

社会福祉分野ならではの調査を企画し実施するまでを丁寧に解説した初めての実践的入門書。基礎的な知識に加えて，一般的な調査論では書かれていない留意点やコツを満載。「社会福祉士」国家資格の取得希望者，福祉現場の人々，社会福祉を学ぶ学生・研究者に。　**四六判 248 頁／本体 2200 円＋税**

オーギュスト・ナナのような男たちは、第三次世界大戦は貧者と富者の間で、白人と黒人の間でおこなわれる、移民と亡命政策がその引き金になるだろうと考えている。オーギュストのような男たちは、白人農民の迫害を呼びかけたジンバブエの国家元首ロバート・ムガベを尊敬する。ムガベは「白人の言いなりにはならない」からだとオーギュストは言う。彼と同類の男たちは毎夜三〇人の他の男たちとともに一二平方メートルの部屋で過ごし、日中は仕事のないこの町で仕事を求めて埃のなかで過ごす。前進する道はなく、戻る道もない。彼らの大部分は、電子技術者、医師、教員など有能な人間だ。彼らは、教育があり、ユーモアを解し、仕事がなく、貧しい。だからこそ、自身の幸運を探し求める。出てゆく者たちのなかに年配者はほとんどいない。出てゆくのは、若者たち、体力のある者、想像力豊かな者たち、勇敢な者たちだ。「われわれの最良の者たちが出て行き、ヨーロッパがアフリカとの距離をますます拡大するのに手を貸している」とオーギュストは言う。

その結果は出ている。アフリカの「知性はその大半がアフリカ以外の国々で、アメリカ合衆国、ロンドン、パリなどで生活している。下層部のなかで故国に残るのは、無気力で、怖気づき、血の最後の一滴まで絞り取られた農民からなる大衆だけであり、上層部のなかで残っているのは、腐敗した官僚や尊大傲慢な雑兵たちである。（中略）アフリカは知性なくしてどうやって発展できようか、世界の大転換にどうやって参画しえようか？　独自の知的な中流階級を抜きにして？」。こう書くのは、リシャルト・カプシチンスキだ。

かつてのジョンのような男たちはアフリカを出てゆく。

アルリットの中心部にある理髪店の前のベンチにアケーム・アムサ（三〇歳）とクンレ・ラティーフ（三一歳）が座っている。理髪店はバラックで、店内にはレアル・マドリードのポスターが掛けられている。幸運児ジネディーヌ・ジダンのような億万長者は移民の子弟である〔ジダンはアルジェリアからフランスへの移民二世で、ベルベル系のカビル人。サッカー史上もっとも偉大な選手の一人で、二〇〇六年に引退」。

アケームとクンレは二人ともナイジェリア人で、頭を剃りあげたばかり。二人の皮膚は乾燥して瘡蓋《かさぶた》だらけだ。アケームは胸元の開いたグレーのシャツを着て、ジーンズにビーチサンダル。クンレは裸足で、ズボンに黄色のポロシャツ姿だ。彼らはドイツへ行くつもりだった。今日でもドイツではアフリカ人は歓迎されるからだと彼らは言う。理髪店は彼らの友人ムハンマドのものだ。ムハンマドはナイジェリア人で、彼も二八年前にはヨーロッパに行きたいと思っていたが、二八年来ここにいる。

アケーム：「ぼくたちはずいぶん先まで行ったんだ。アルジェリアとモロッコの国境まで。運転手には支払いを済ませていて、夜のうちに国境の向こう側まで連れて行ってもらえるはずだった。ぼくたちは後部座席に座っていた。すると運転手は突然ブレーキを掛けて、これから先へは行けないと言う。彼はぼくたちをとにかく車から降ろして、「ここからは歩いて行くか、俺と一緒に戻るかだ」と言う。「悪い予感がする」。そうして彼は行ってしまった。ぼくたちはそこに立ち止まっていたが、どこにいるのかもわからなかった。同じアフリカでも北部は寒かった」。

クンレ：「食べ物もなし、飲み物もなし、とにかくどちらかの方角へ行くほかなかった。それ以外の可能性はなかったからね」。

アケーム：「思うに、ぼくたちは方角を見失ってはいなかった。道は間違ってはいなかった。しかし、警察が見張っていて、ぼくたちはすぐに見つかった」。

クンレ：「奴らは黒人には容赦をしない。ほんとうに狩り立てるんだから」。

アケーム：「ぼくたちは三日間拘禁された。それから、囚人で満杯のトラックに乗せられて南へ、砂漠に連れ戻された。タマンラセットまで、さらにアッサマッカまで。そこはもうアルジェリアとニジェールの国境だ。ぼくたちは互いの身体をしっかりと支えあっていた。しかし、彼らはぼくたちをトラックから振り落とした、砂漠のなかに。そうして彼らは走り去った」。

クンレ：「それからぼくたちはここまで道を逆にたどった、砂漠のなかを三日間歩いて。この忌まわしい旅はじつに辛い経験だった。ひどいものだ。ぼくの故郷はもう故郷ではない。家はもう売ってしまった。ここから動けずに、物乞いをしている。ぼくたちは難破者だよ」。

アケーム（泣いている）：「前進もできず、……後退もできない」。

クンレ：「ぼくはアフリカ人にはより良い生活が禁じられてしかるべきだなんて言い草を甘んじて受け容れるつもりはないよ。あなたたち白人に、アルジェリア人に、モロッコ人に。そうだろ？　どんな権利があって、それをぼくたちに禁ずるわけ？　ぼくたちの国ナイジェリアは二〇年前はまだ良かった。でも風向きが変わって、今ではナイジェリアの生活は螺旋を描いて地獄に落ちて行くようなものだ」。

アケーム：「ぼくたちの国だけじゃない。アフリカ全部が破綻している。救いようがない」。

私は二人が語るままに任せて、耳を傾けているが、一度だけ質問する。「あなたたちはどんな職業教育を受けたの？」。

クンレ：「電気工養成の教育を受けた。でも仕事はなかった。妻と子どもが三人いる。三歳、七歳、一〇歳だ。旅費をつくるために、ぼくは携帯電話とわが家を売り払った。子どもたちが学校に行けるように金を稼ぐためだ。あそこにはぼくたちの仕事はない」。

アケーム：「ぼくにも仕事はなかった。ぼくは電気技術者だ。しかるべきコネがなければチャンスはない。ぼくは学生連盟に所属していたことがあって、当時は女性の権利のための運動にも加わったけど、そのような行動はナイジェリアではけっして許されない。卒業証書を示して、建築現場で石を積む仕事でも何でもやりますと言っても、そうしたところで何の仕事ももらえない」。
クンレ：「ぼくは妻に了解を求めて、こう言った。二ヵ月か三ヵ月かければヨーロッパに行き着けるだろう、そうしたら最初の金を送ることができると。その約束の期限はもう半年も前にすぎている」。
アケーム：「そのうえ、ぼくたちは動物のように扱われることを再確認させられたよ。彼らはぼくたちをトラックに詰め込んで、行き先をぼくたちに告げるのは不要だと考えている。彼らはぼくたちを閉じ込める、四〇人を便所のない囚人房に閉じ込める。なぜなら、動物はとにかく地面に糞をするからだ。彼らはスープの入ったボウルを房内に入れてよこす。全員がボウルのなかに手を伸ばす。なぜなら、動物もボウルから直接餌を食べるからだ」。
クンレ：「全能の神はひょっとしたらヨーロッパ人かもしれない」。
アケーム：「いずれにしても、神は白人だよ。昨日お袋に電話して、旅について話した。今お袋は友人たちのところを物乞いして回っている。ぼくに帰国の旅費を送るためだ。お袋は泣いてばかりいた」。
クンレ：「リスクのある賭けだった。それはあらかじめ承知の上だ。もちろん、ハイリスク・ゲームだ。でも、こんなふうになるとは思わなかった」。
アケーム：「ひどく惨め」。
クンレ：「屈辱的だ。ぼくの知るかぎり、二度目の旅に出る者はいない。旅がこんなふうになるとは誰も予測していないから」。
アケーム：「ぼくは故郷で挫折者として死ぬよりは異郷で死ぬよ」。
クンレ：「そうだ」。

アルリット：最上の席は運転席の屋根の上だ

しかし、そうではない。アケームとクンレはラゴスに戻るための、つまり出発点に戻るための旅費四〇ユーロを必要としている。私たちが彼らの手に四〇ユーロを押しつけると、二人は跪き、私たちの手を取って、泣いた。

私は髪をカットしてもらおうと思って、ベッカムとジダンのポスターの前に座る。ムハンマドは鋏を持っておらず、頭髪を剃りあげる。馴染むにはしばらく時間がかかりそうだ。

翌朝、アケームとクンレはここを離れた。

朝の六時、サハラの空はオレンジ色に染まる。その後オレンジ色は褪めて、空は地平線の近くが赤くなる。最初は色褪せた赤だが、その後濃くて力強い赤になる。数分もしないうちに星は消えて、空の赤はふたたび色褪せる。そして今や空はブルーだ。

半時間ちょっとの間この日の出は続く。

夜の終わりの空気は冷たく、空は晴れ渡っている。砂漠の一日でもっともすばらしい時間だ。太陽はまだ照りつけず、殺人的な暑さではないからだ。

太陽が昇るとき、サハラの砂漠はリラ色。それからオレンジ色になる。半時間がすぎようという頃、黄みを帯びた砂漠の砂の色になる。そして、象、キリン、雌牛などが小さく刻まれた灰色の巨大な岩々が、あたかも神々によって投げ出されたビー玉のように砂のなかに点在している。

一九九三年当時、ジョン・アムパンはサハラのアルリット周辺を通過したが、アルリットには足を踏み入れなかった。運転手は町の郊外に車を止めた。岩の近くだった。彼らは待った。三台のピックアップがアガデスを出発しており、八八人の難民が荷台の上に座るか立つかしていた。朝の六時半、日の出直後に彼らはアガデスを出発した。ジョンは一ガロン（約五リットル弱）の水にビスケット、さらにキャッサバの根茎からつくられるガリと呼ばれる粉を携帯していた。この粉を水と混ぜると粥状になる。格別うまくはないが、カロリーはある。

三台の車両が八八人の難民をニジェールとアルジェリアの国境に位置するアッサマッカの近くで降ろすと、そこでは三台のアルジェリアの車両が待機しているはずだった。七三人の男たちと一五人の少女、合わせて八八人はアガデスのバスターミナルでアルジェリアの高地に位置するタマンラセットまでの運賃を支払い済みだった。

アルリット近くの砂漠に三台の車は集結していた。そして車はさらに先に進んだ。運転手と乗客の間では争いが絶えなかった。運転手は休憩を取りたくなかった。それぞれの車には二人の運転手がいて、運転と仮眠を交代した。一方、荷台の人間はつねに緊張して、互いにしっかりと支えあって座っているから身動きができず、数時間毎に車から降りてストレッチをし、数歩歩かねばならない。そのために荷台の乗客は手の平で運転室を叩いた。すると、運転手は室内で音楽をつけて、あたかも乗客の合図が聞こえないかのような振りをする。

屋根の上はぐらついていた。誰も難民トラックの重量バランスを取ったりはしない。出発前にそのような配慮はなされない。トラックは傾いていて、ときおり乗客が振り落とされた。

それはじじつ狩猟だったし、隠れん坊遊びだった。ジョン・アムパンが旅を続けていた当時はアフリカからの逃避が始まったばかりで、一四年後の今日のように組織化されてはいなかった。ニジェールの警官たちはまだ旅行産業の集金部門ではなかった。彼らは難民を狩り立てた。

荷台の上では英語とフランス語、さらにいくつかの部族語が交わされた。彼らは、ガーナ、ナイジェリア、カメルーン、マリの出身で、自分たちの夢を語り合った。「俺は二年ヨーロッパに留まって、金を稼ぎ、貯金する。そしたら故郷に帰って家を建てる」。そういったことをたいていの者たちが語っていた。ジョンの隣に一人の若者が座っていた。アシャンティ語を話すガーナ出身の若者で、彼はすでにオランダにいたことがあり、オランダに子どもがいること、それにもかかわらず、彼が旅券を持っていなかったために国外追放されたことを物語った。そして今、この若者は彼の子どもの元へ戻る途中だった。

若者は二〇歳だった。彼はクウェクと呼ばれていたが、それは「水曜日に生まれた」ことを意味する。クウェクが言うには、ヨーロッパがパラダイスだと言われるのはほんとうだ、なぜなら、そこには仕事と病院があるからだ。

彼らはピックアップの荷台で無事を祈った。車はたいてい時速四〇、五〇キロの速度で砂のなかをあえぎながら進んだが、平坦で固い直線道路では七〇、八〇キロで走ることもあった。

ヨーロッパには微笑みかける人間がいるとクウェクは言った。ヨーロッパの人間はアフリカ人よりも二倍長生きするとも。

ジョン・アムパンの初心者のためのアフリカガイド

11. アフリカ人の名前は私たちの歴史を表わしている。妻は夫の名前と自分の名前の双方を名乗り、息子たちは彼らの父親の名を名乗る。クウェクは水曜日に生まれた子ども。家族の三番目の息子はメンサ、四番目はアンナニ。金曜日に生まれた子どもはみなコフィと名づけられる。コフィ・アナンもそうだ。

私たちは旅行代理店でチケットを買う。アルリットからリビアまでが四万CFA、約六〇ユーロだ。そうして私たちは古いピックアップに乗って、サハラのなかを走っている。荷台には、ナイジェリア、ニジェール、カメルーン出身の三一人の男たちがいて、始めのうちはそれぞれの話を物語る。われわれは一緒に行動しよう、そう彼らは言い合う。収入を分け合おうと彼らは言う。そして、金持になったら、故郷に戻って、自分たちの国を変えるのだ。二時間後には彼らは静かになり、前方を凝視している。そしていつか、彼ら自身の逃避行を耐え忍ぶだけになる。

車は一九八四年製のトヨタだ。運転手二人は座席の上にカバーをかけ、ダッシュボードには音楽のカセットテープを積み上げてある。彼らが難民たちと話すことはない。なぜなら、そこには明白なヒエラルヒーが存在するからだ。上の者は下の者とは話さない。話すことはなにもない。商売はとっくに済んでいる。アルリットからリビア国境まで七日間で四万CFA。そこで男たちは車から降ろされて、そこから先は歩かねばならない。

私たちはアイール山地の縁にある谷をいくつか走り抜けた。ここにトゥアレグは一一世紀に故郷のようなものを見いだした。そして彼らは一九九〇年からここで彼らの権利を求めて戦った。ここで反乱を起こし、政府軍を追い詰めて、一九九五年に勝利として祝われる和平協定を結んだ。この地域のサハラの風景は絶えず変化する。あるところでは地面は岩石状で固く平坦だが、数分後にはふたたび砂丘のなかを走っている。数キロもまったく植物がないかと思うと、オアシスが現われる。するとそこでは平地の真んなかに一本の樹木があり、砂嵐のなかでたわんでいる。

ラクダたちは砂のサーキットの縁に立って、私たちを見送る。

トラックの荷台では上下に揺さぶられる。

荷台の上はひどく狭いから、手と足はつねに痺れていて、自由に動かすことができない。それでも動こうとして、片方の脚をもう一方の脚の下から引っ張り出そうとすれば、誰かが身を脇によじって、その痺れている脚を望みの位置まで押してやらねばならない。誰かが靴を脱ごうと思えば、この靴に手が届く者たちがこの作業を引き受ける。そうしてようやく、爪が剥がれて瘢痕《はんこん》のある汚い両足にいくらかの空気が触れる。

この荷台には、学校におけるのと同様に、仲間たちとともにいちばん良い場所を確保したボスたちがいる。この荷台で最高の場所は、両足をぶらぶらさせることができる車の端で運転室に近いところだ。ザンデール出身のムハンマドもボスの一人だが、その理由は、勝手を知っていること、毎年同じ行程を行き来すること、そして彼自身はヨーロッパに行くつもりはなく、故郷での生活費を稼ぐためにリビアで出稼ぎをしてきたからだ。北への旅は今回で七回目。拘束されたこともないし、追放処分の憂き目にあったこともない。毎回、七、八ヵ月間異国に留まり、四、五ヵ月間故郷に戻って、稼いだ金で暮らす。ムハンマドはサングラスにターバンを巻き、ジーンズに白いスニーカーを履いている。リビアでは運転手かコックとして働くつもりだと言う。「仕事がないよりも、生活がないよりも、すべてはずっと良いよ」と彼は言う。つまりアガデスよりもリビアの方が良い。

ムハンマドの旅行バッグには「ジャスト・ドゥー・イット（Just do it）」というナイキの宣伝文句が見える。

荷台の中央部は、気の弱い者、物静かな者、臆病者たちの指定席だ――他の者たちはこれらの弱者の上に乗って、彼らを支柱代わりにして自分の身体を支える。弱者の多くはもはや座る余地さえ見いだせない。そうなると彼らはぐらぐらと揺れる荷台の上に立ったまま、お互いにもたれ合い、支え合い、そしてまたいっしょによろけることになる。

最悪なのは汚れだ。荷台の上では全員が上着とターバンを着用している。しかし、風と砂に対しては無用だ。出発して数時間もしないうちに、つまり到着予定の七日前に彼らはみな浮浪者にしか見えなくなる。彼らの目は虚ろで、万事為されるがまま。彼らの手は擦り傷だらけで、引っかき傷のある皮膚には白いあざがある。難民の外見にはすてきなところは何もない。彼らは輝くものを持ち合わせていない。異郷においても彼らの状況が改善されることはないだろう。

私たちは車を降りる、無気力と退屈の数時間を経た後に。荷台の上では誰もしゃべろうとはしなかった。彼らは自身の身体を支えていなければならないから、しゃべることができない。口を開けば砂だらけになるから、しゃべることはできない。私たちのルートは別のルートだ。私たちは西へ、スペインに行く。

この旅を終えて帰宅すれば、欠けてしまうもの、それは私たちが出会う人間の情熱であり、異なる生活だ。もちろん力と人情、さらにアフリカ人の楽観主義、そして砂漠の夜。これらすべてが懐かしいものになる。

　私たちの運転手アハリは敷物の上で眠っている。彼は私たちの蚊帳《かや》のことで冗談を言う。彼はベルトで額に固定するランプがひどく気に入ったようだ。私たちはバゲットにツナ缶とコンビーフを食べる。水を飲む。仰向けになって、星が明るくなるのを眺める。そして、私たちの見てきた大陸の諸文化について、寛容と憎悪について、その日に出会った移住者について話す。私は二日か三日に一度衛星電話を持って砂丘に立ち、娘に電話をする。彼女はモノポリーで祖父母を負かしたこと、水泳クラブを抜けたいと思っていることなどを語る。今回の私の旅は娘にはあまりにも長すぎる。

　EUの旅券を持ってアフリカを旅行する場合、国境管理官によっては問題が生じることがある。移住者の足跡をたどる私たちの旅もほとんど終わろうかというとき、ニジェールとアルジェリアの間、アッサマッカの国境でビザを示すと、兵士たちは私たちのビザはもはや有効ではないと言う。それどころかジョンはビザを持っていない。なぜなら、彼のアフリカとヨーロッパの身分証明書があれば、つまりアフリカの旅券とヨーロッパで発行された旅券があれば、西アフリカは問題なく旅行ができると考えていたからだ。ところがジョンの入国は不可だと言う。いずれにせよホワイトアフリカと見なされる地域、つまりサハラ砂漠以南のブラックアフリカとは距離を置く地域ではだめだと言う。

「ここでは入国できない」とろうけつ染めの黒いシャツを着た兵士は言う。「二人の白人が一人の黒人と旅行をするのは尋常ではない」。兵士の背後には一枚のポスターが貼られている。「安全は市民とともに始まる。警察は市民の道具にすぎない」。

　今回ばかりは賄賂を使おう。私たちはテーブルの上に金を置いて、懇願し、説明する。しかし彼らは私たちを入国させてくれない。それでは回れ右をして、戻るほかない。二つ、三つのスタンプを貰うためにサハラを五〇〇キロ、一週間前にいたアガデスまで戻る。そこではアルジェのドイツ大使の電話が功を奏する。二四時間後、私たちはスタンプを貰った。方向転換して、北へ戻る。今度は入国が許される。さて今や私たちはアハリに別れを告げなければならない。ついに私たちはアルジェリアに到達したのだ。私たちのアルジェリアの運転手が国境で待っている。彼の名はアーメド。

そして、白いトヨタの荷台にいたムハンマドと他の者たちは今やリビアに向かう途上にある。ムハンマドはいつものようにするだろう。仕事を見つけて、数ヵ月一緒にいる女を見つけ、さらにその場かぎりの友人を見つけるだろう。そして時期が来たら故郷に、彼の妻の元へ、彼の本来の友人たちのところへ戻るのだろう。ムハンマドは、さまざまな事情と折り合いをつけて、それによってしかるべき生活を送ることのできる移住者の一人だ。

他の大部分の者たちは別の道を試みる。

彼らはイタリアに行く船を探す。バリへ、またはランペドゥーザ島〔アフリカとシチリア島との間にあるイタリア領の島〕へゆく船を。移住者たちの到来を欲せず、彼らを遠ざけるために――どれほどコストがかかろうとも――全力を挙げるイタリアへ向かう。

これらの移住者は未知の人生に命を賭ける。

**アッサマッカ、アルジェリア、二七一〇キロ**

砂漠の真んなかに位置するアッサマッカは発展のない町、笑い声のない町だ。国境はここにあり、国境の遮断棒の周囲に五〇ほどの家々が建てられている。人間がこのアッサマッカに住んでいるのは、ひとえに遮断棒があるという理由による。

兵士たちは旅券をチェックして、出入国税を払わせる。彼らの妻たちは金を受け取り、そこで見つけられるものを調理する。子どもたちはタバコを売っている。ここには学校はない。あたりにはトラックの残骸が打ち捨てられ、ゴミが散らばっている。難民たちは彼らのための車がどこかに止まっている町のなかをとぼとぼと歩む。

アフリカはいつでも移動する大陸だった。数百年、あるいは数千年もの間アフリカ人は東から西へ、南から北へ移動し、いつかまたふたたび戻る――泉が涸《か》れると、戦争が始まると、疫病が突発すると、いつも次の移動が始まった。車輪が発明された後も、アフリカ人はそれを長いこと知らずにいた。その理由は、データや知識が伝播するにはこの大陸は大きすぎて、その動きが緩慢だったからだ。だから人びとは移動した。

サハラには移動用の家畜がいた、わけてもラクダが。南部では移住者たちの世代は裸足で砂の上を歩き、裸足でジャングルのなかを歩き回った。もちろんこのことは二〇世紀になるとインフラの整備を困難にした。道路がなかったからだ。しかし、そんなものが何のために必要だったろうか。

一九九三年当時、八八人の難民は三台のピックアップに分乗してアッサマッカ手前の砂丘に到達した。ここで全員が乗り換える。三台のアルジェリアの車がジョンと他の者たちを待っていた。そして、全員が新しい車にすべてのバッグや包みを、これまでの旅程のうちで残っている物を一切合財しっかり紐で結わえてから、彼らは数時間横になることができた。地面の上で眠ることができた。その後でようやく次の行動に移った。

難民たちは、運転手は何をすべきかを承知していると思っていた。サハラでは過ちは許されない。日が高くなると、難民たちは口を開かなくなった。彼らは荷台に座っていた。彼らを灼熱の砂漠が取り囲んでいる、白くきらきらと光って。車の走行風でさえ焼けるように熱い。

彼らの車は三六時間タマンラセットの方角に走った。未舗装の道路を離れて、山の中を、穴だらけのなかを、サハラの砂のなかを走った。アッサマッカでジョンは水を買っておいた。容器二つで一〇リットル。

ジョンは日付をもう思い出せないが、三台の車のうちの一台がエンジントラブルで止まったのは午前十時だった。全員が下車し、運転手たちは集まってなにやら話し合っていた。それから彼らは故障した車両を修理しようとした。うまくゆかない。そこで運転手たちはふたたび相談した。難民たちは地面にしゃがみ込んで、待っていた。すると一台の車が走り去った。すばやく、なんの予告もなしに。あの運転手は救援を求めにいったのだろうか?

彼らは二日待った。彼らは疲れていた。気温は四〇度、砂のなかに横たわっているだけで、何もすることはない。一言も発せずに丸一日をやり過ごすことができる。難民たちはこれをすばやく習得する。そして、彼らは消耗し、ひどく喉が渇き、疲れて、ぐったりして、疲労困憊して、もはや歩くこともできなくなる、一〇メートルの距離も。もはや何も考えず、しゃべらない。この状況が変わるとはもはや思えず、もう何も欲しない。ただ、これ以上喉が渇かないこと、身体がだるくならないこと、さらに疲労困憊しないことしか願わない。

一度言い争いになった。あんたたちは俺たちをくたばらせるつもりか、と難民たちが言った。俺たちにはあんたたちを運ぶ責任がある、と運転手たちは言う。誰も衛星電話を持っていないし、近くに村はない。今どこにいるのか、ジョンには見当もつかなかった。

そして三日目に二台目の車が消えた、突然。突如として運転手たちが車に乗り込んだことに誰も気づかなかった。数秒後には彼らはもう走り去っていた。

五日間ここにしゃがみ込んでからさらに二日がすぎていた。幾人かはもう水がなかった。数人の男たちはガソリンを飲んだ。それ以外に飲む物がなかったから。数分後に彼らは意識を失い、そして死んだ。ジョンはまだ水を持っていた。そして彼は自己を律することができた。彼は飲み干したい激しい欲求を覚えたが、水をまず口全体に含み、唇を湿らせて、さらに口中のいたるところに行き渡らせてからようやく飲み込んだ。彼は水を他者にくれてやることはしなかった。教会ではこれとは別のことを教えられる。分かち合うこと。しかし、分かち合っていたら、ジョンは死んでいただろう。

信じて金を払ったにもかかわらず、置き去りにされ、忘れられた八八人の難民。先に進む道を求める八八人の人間。

待つのか？　進むのか？　だがどこへ？

「自然と人間との関係においては、自然を実際よりも穏やかにみせるようなものは何もない」とリシャルト・カプシチンスキは書いている。「妥協はなく、中庸はなく、中和させるものはない。すべては極度の緊張であり、闘争であり、生死を賭した対決である。アフリカ人は、誕生の瞬間から死にいたるまで闘いの矢面に立ち、自身の大陸の敵対的な自然から身を守らなければならない人間である。そして、彼が生きていること、そもそも存在しうるという事実だけでそれはもう彼の最大の勝利なのだ」。

数日間あるいは数週間はなんとか凌《しの》げるかもしれない。だが、それでもいつかは敗れる。

ジョンと他の者たちは出発した。総勢二五名の男たち。トニー、ダポ、そしてアーデが一緒にいた――これらの名前をジョンは思い出すことができる。彼らは足を引きずって砂漠のなかを進んだ。しかしクウェクは、オランダにいる子どもの元へ向かうあの若者は、目的を果たすことができなかった。もう無理だった。彼は砂のなかにくず折れて、もはや前に進むことができなかった。もう話すこともかなわなかった。それからほどなく彼は死んだ。男たちは素手で墓を掘った。墓は浅く、かろうじてハゲタカが近づいてこない深さだった。男たちは若者を墓に入れる前に、彼の靴と有り金を奪った。それらをそのままにしておくことは、「浪費」を意味しただろう。砂漠のなかで為しうる最後のこと、それは「浪費」だ。

ジョンは死にたくなかった。ここでは死ねない。まだ死ぬわけにはゆかない。

彼は家族のことを思った。彼はもう家族の顔を失ってしまっていて、思い出せたのは幻影だった。妻と子どもたちの顔と身体はぼんやりとしていて、鮮明ではなかった。ジョンは家族の写真をじっと見た。彼は自分の人生であったものが霞《かす》んでゆくように思われた。

八日目に彼らは発見された。アルジェリア軍のトラックが通りかかったのだ。難民たちはもはや身を隠すことなく、助けを求めて叫んだ。兵士たちは難民を軍のキャンプへ連れてゆき、閉じ込めた。フェンスで囲われた部分が監獄だった。青い空の下の砂漠。それでも兵士たちはスープの鉢を運んできた。湯に野菜が入っている、ただそれだけ。しかしジョンと他の者たちにとってスープは望外のプレゼントであり、祝宴だった。

そして、兵士たちはジョンの財布とサングラス、さらに彼の母親からプレゼントされた金のネックレスを盗んだ。財布にはヴァイダーと子どもたちの写真が入っていた。

それから彼らはジョンをアッサマッカへ、国境の向こう側へ、ニジェールへ連れ戻した。彼と他の二三人を。確信はないが、八八人の難民のうち五〇人が死んだとジョンは考えている。

「彼らがどうなったか探り出そうとした」と彼は言う。「でも、どこで聞いても何もわからなかった。彼らのことをふたたび聞いた者はいない」。

12．ジョン・アムパンの初心者のためのアフリカガイド
私たちはいつか愛することを止める。そうならざるを得ない。あなたがあなたの家族を故郷に残したまま何年も彼らに会わなければ、私たちアフリカ人が経験することをあなたも経験すれば、あなたは孤独に耐えかねて他の女たちと夜を共にするだろう。あなたは現実的になり、客観的になって、毎日食べ物と衣服と眠る場所を獲得するために戦う。あなたは愛を忘れる。

難民は好まれない、世界中どこでも。難民は金を持ち込まずに、面倒を持ち込む。難民は煩わしい。政府は難民とはできるだけかかわりたくない。いずれにせよ移民問題は政府にとって勝ち目のない政治テーマの一つだからだ。私たちはアルジェリアの警官に、私たちジャーナリストがここで何をしているかは言わない。だが、この地域にやって来るジャーナリストが他にどんな目的を持っていようか？

警官たちは私たちから目を離さない。グリーンの制服を着た男たちが私たちの周囲を取巻いており、マルクスは撮影を禁じられている。「あなたたちが単独でタマンラセットへ行くことは認められない」と彼らは言う。アルジェリアは警察国家だ。

彼らは怪しい者を追跡する。彼らはスパイを使う。そして、彼らは怪しい者たちを乗せて走る車の運転手に探りを入れる、運転手が彼らの一員でない場合には。

やっと私たちはアルジェリアに到達した。だが、先に進むことは許されない。警官たちは、私たちを保護するために、エスコートすると言う。しかし、今日ではない、ひょっとしたら明日かもしれない。そうなると私たちはさらに二日を失う。私たちをきちんと保護するという名目で、私たちの旅券はむろん取り上げられる。そうして私たちは砂漠のなかで眠る。汚れて、汚れ放題になって、

待つ。唯一のしあわせは満天の星と砂丘、そして私たちの運転手アーメドの料理の腕前だ。アーメドは火を焚いてキノコクリームスープをつくる。それから、ヤギ肉、ラクダ肉、ジャガイモを調理する。食後にトゥアレグ族の甘いお茶が出るが、それは小さなグラスで飲む。

アルジェリアの警官たちは夜の八時にカラシニコフ銃を抱えて私たちの「億万星ホテル」にやって来る。そして、もう一度陸軍大佐のところへ来てもらわなければならないと言う。マルクスは的確なアイディアを口にする。「衛星電話を使って、誰にでもいいから、ここで今起きていることを話せ」。私はハンブルクにいる伴侶に電話をして、ここの警官たちのことを話す。彼女は私の電話に驚く。だが、私たちがあっさり彼らの言いなりにはならないことを示すには、それで十分だった。彼らは私が電話で話しているのを見て、一瞬待ってから、「オーケー、ここにいてかまわない」と言う。電話をしなかったら、由々しい事態になっていたかどうかはわからない。それにしても、奇妙な数分間だった。私はウルリーケに電話をして、警報解除を告げる。「あなたのいるところはいったいどんな世界なの？」と彼女は尋ねる。

さて、アルジェリアは平坦で、砂漠の国、ステップの国だ。

アルジェリアはいつも争いの渦中にあった。文字どおりいつも。そして、しばしば激しい戦闘が繰り広げられた。ヴァンダル人〔五世紀から六世紀にかけて北アフリカにヴァンダル王国を築いた東ゲルマンの一部族〕、アラビア人、そしてグラナダの勝利〔イスラームのグラナダ王国が一四九二年に滅亡〕の後にはスペイン人がやって来た。一八八一年以降、アルジェリアはフランス領として認められ、一九四二年にはアルジェに地中海連合の本部が置かれた。一九五四年に独立戦争が始まり、一九六二年にシャルル・ド・ゴールが独立を承認。一九六五年、軍部がクーデターを起こした。再三クーデターがあり、大統領が暗殺され、爆弾が破裂した。しかし、すべてが本格化したのは一九九二年のことで、内戦が始まった。

七〇〇〇人が行方不明、死亡したのは一二万人、あるいは二〇万人とも言われる。村々は焼き払われた。ヨーロッパ人は狙い撃ちされた。政治家、抵抗運動の闘士、将校、彼らはみな襲撃の標的だった。

というのは、この戦争ではまたもやあらゆることが問題になったからだ。宗教をめぐって（イスラームが国教とされているが、その解釈に異論がある。それゆえ、「武装イスラーム集団」（ＧＩＡ）が政府軍に抵抗している）*、石油をめぐって、権力をめぐって、国家組織をめぐって、肥沃な地域をめぐって、少数派〔ベルベル人〕の権利をめぐって。アルジェリア人は殺戮の年月を「暗い一〇年」と呼ぶ。内戦は表向きには二〇〇〇年に終わりを告げた。というのは、アブデルアジズ・ブーテフリカ大統領がイスラーム過激派メンバー二三〇〇人に対する恩赦法に署名したからだが、その一方で、内戦で行方不明になった者たちの家族が不満の声を上げた。しかし、彼らには後ろ盾がなく、無力だった。

そして今日、アルジェリアは公式には三〇以上の政党を有する民主主義国家だが、実際には相変わらず軍事独裁国家である。この国では、ジャーナリストのハフナウイ・グールのように、病院内の汚職と劣悪な医療手当てが原因で一三人の子どもが死亡したと書けば、国家誹謗の廉で監獄に送られる。されば、移民について報じる者の運命も知れようというものだ。

翌朝の六時に三台の警察車両が砂丘のなかをやって来た、私たちをエスコートするために。つい

＊　一九九二年の総選挙でイスラーム原理主義を標榜するイスラーム救国戦線（ＦＩＳ）が勝利した後、軍がクーデターを起こしてこの選挙結果を無効にしたために武装イスラーム集団（ＧＩＡ）が活動を開始した。彼らの目標はイスラーム国家の建設であり、民間人、ジャーナリスト、外国人が襲撃の標的となった。現在ではその残虐性ゆえに支持を失っている。

に私たちはふたたび出発する、さらに北に向かって。数キロメートルはアスファルト舗装道路を、それからはまた砂のなかを。鶴嘴《つるはし》をもった男たちが道路建設に従事している。このやり方ではなお数十年はかかるだろう。

## タマンラセット、アルジェリア、三一五五キロ

この旅の途上では、すべてを停止させたい、すべてを逆転させたいと思う瞬間がある。ここで何をしているのか、すべてはいったい何だと言うのか、何を達成したのかと考える瞬間がある。

ある若いナイジェリア人オラクンレ・オルミデが私たちのためにアルジェリアの山中に隠れている難民たちを見つける手助けをしてくれると言う。彼がそうするのは、これから先へ進むために金を少し稼ぎたいからだ。万事がうまくゆかなかった。私たちは彼にまだ謝礼を払っていなかった。彼の助力に対する報酬は五〇〇ディナールという約束だった。彼にとっては大金だが、私たちにとっては取るに足りない額だ。わずか数ユーロにすぎない。

ついに私たちはタマンラセットに着いた。ここは別のアフリカだ。ゴミバケツがあり、環状交差路《ロータリー》があり、穴のないアスファルト道路があるからだ。しかしここでも気がかりなことは非常に多い。町の中央にある平屋の、首をすくめたような青い教会では——このイスラーム世界にあってはキリスト教の教会であることが知れぬように、屋根には十字架がない——アントワーヌ修道士が跪いている。白いローブを身に着けた白髪のこの司祭は難民たちを援助しているとここの人たちはみな言う。だが、アントワーヌ修道士は二つの文句しか発しない。「インタヴューを受けるのは良くないでしょう。ここを立ち去ってください」。さらに、ホテル・タハトで食事をしていると、二人の私服警官が隣の席に座って、私たちを監視している。私たちの運転手アーメドは、マルクスがカメラ

を持ち上げるのを見るとただちに言う。「ここでは写真を撮ってはいけません。許可を得ていませんから」。この許可というのが少々カフカ的だ。すなわち、アッサマッカの警察では、許可証はタマンラセットの警察で入手できると言われたのだが、タマンラセットに来てみると、それは観光局でもらえると言う。ところがそこの局長は、知事のところへ行けと言う。すると知事の秘書官は、「いや、ここでは出せない。アルジェの本省でないと出せない」と言うのだ。さらに、その許可証はファックスや電話で取り寄せるわけにはゆかず、アルジェの本省まで出向いてゆく必要があるという。一枚の紙切れのために二〇〇〇キロを往復するとは――それでもとにかく入手できれば、の話だが。まあとにかく許可証なしでどこまでやれるか様子を見ようということになった。

それで、ジョンは難民たちがたむろしている場所へ行く。そこは干上がったタハガト川の河床だ。ヤギがあたりを歩き回っては、食べられるものを探してゴミのなかを漁っている。難民たちは小さなグループで集まっては、小声で話している。彼らはそこで仕事を待っているのだ。それは毎日の賭けだ。アルジェリア人が塀をつくったり、家を建てようとするとき、ここへやって来て、三、四人の難民を連れてゆく。八時間の労働に対して一〇〇ディナールが支払われる。約一・一ユーロだ。五〇ディナールを出せば、屋台でソースの掛かったライス一皿が食べられる。残りの五〇ディナールは後々の北への旅費に取っておく。

労賃が約束どおりに支払われる場合はそうだ。

だがときには、塀や家が完成すると、つまり仕事がなされて支払いの時期が来ると、雇い主のアルジェリア人が警察に通報して、難民たちの不正労働を届け出ることがあるのだ。

ジョンは乾いた河床に下りていって、難民に混じり、何人かに話しかける。インタヴューに応じてくれれば、謝礼として食事と飲み物を提供する、と。その結果、二人の若者が来てくれる。私たちはレストランの奥の部屋で彼らに会う。レストランというのは、年配の婦人たちがライスとヌードルを大きな鍋で調理している店の一つだ。肉はない。肝心なのはカロリーと安価なこと。二人の若者はオラクンデ・オルミデとベルティン・ドムグモと言い、前者はナイジェリアのイバダン、後者はカメルーンのドゥアラの出身だ。

ベルティン・ドムグモは商人で、一九九八年からアフリカを移動している。彼は布地や衣服をカメルーンから北のアルジェリアに運び、ここタマンラセットで商品を売りさばいて、金を稼ぐと、数週間ふたたび故郷に戻る。これがアフリカ流の放浪生活で、彼はアルジェリアにやって来るたびに、このままさらにヨーロッパに行くべきかどうか考えると言う。「なぜって、アルジェリアは容易じゃないからね。ここは人種差別があって、俺たち黒人、非ムスリムはいちばん下だ。社会の除け者さ。しょっちゅう手入れがあって、しょっちゅう警察がやって来る。そうなると走って逃げなくちゃならない。でも、ヨーロッパに行ったことのある連中からはひどい話をたくさん聞いている。とても寒くて、危険だって言うんだ。ほんとうかい?」。

ベルティンはライスの入ったスプーンを右手の人差し指の上に乗せて、スプーンが平衡状態に達するまでバランスを取ってからこう言う。「ほんとうを言えば、俺はヨーロッパが怖いんだ。それにここでもまあなんとかやってゆけるからね。生きてゆけるよ」。

「でも、行くだけの価値はあるぞ」と、ベルティンの隣の黒い木製ベンチに座っている友人のオラクンレ・オルミデは店の入り口に視線を走らせながら言う。「ヨーロッパには言論の自由がある、労働の自由がある。すべては自由だ」と彼は言う。「とにかく行ってみないことにはわからない」。

オラクンレは一九六六年生まれで、顎にちょび髭を生やし、ジーンズに赤い運動靴を履いている。茶色のセーターの下に着ている白いスウェットシャツのフードを頭の上に引っ張りあげる。オラクンレは二〇〇〇年の夏までは兵士だった。しかし給料はまれにしか支払われなかったので、副業を始めた。それは難民が北へ来るのに手を貸す仕事、つまり密航斡旋業だ。そのために彼は軍を除隊させられた。そうなるともちろんアイディアが浮かんだ。そのアイディアは大きくなり、ますます大きく膨らんだ。いったいどうして自分が行ってはいけないわけがあろうか？

彼は目的地の直前まで到達した。すなわち、イバダンを出て、アガデス、アッサマッカ、タマンラセット、ラバト、タンジールまでやって来た。そしてついに二四人の他の仲間たちとともにゴムボートに乗り込んだ。それは夜で、寒かった。ボートが浸水し、ますます多くの海水がボートに入ってきたとき、難民たちはボートの操縦者に元に戻らせた。モロッコの海岸では兵士たちが難民を待ち構えていた。難民たちはトラックに載せられ、モロッコとアルジェリアの国境を越えたところまで運ばれて、そこでトラックから降ろされた。砂漠のただなかだ。水もないし、地図もない。オラクンレは二度目を試みた。挫折がさほど苦痛を伴うことなくあっさりと生ずるのであれば、面倒はない。ところが二度目のときには、地中海まで連れてゆくという約束で、彼は手引き者に金を渡した。だが、夜になってもその手引き者は現われなかった。とにかくまったく姿を見せなかった。この二度目の挫折は忌々しいこと限りないものだった。オラクンレはそのために二〇〇〇ユーロを投資していた。その結果、彼は今こうしてここにいる。

「タマンラセットまでたどり着けたのはたいへんな幸運だった」とオラクンレは語る。しかし、これからどこへ？　彼の妻子はイバダンの家で暮らしている。今のところはまだなんとかやってゆける。彼は二年半前に「カフタンの商売」を始めた〔カフタンはイスラーム文化圏で着用される足首丈、長袖の衣服〕。ニジェールのアルリットで安価に縫製されるカフタンをアルジェリア国内で売りさばくために、国境を越えて密輸する仕事だ。彼はそれで生きてゆけるが、家族に送金する分はごくわずかしか残らない。いったいなんという生活だろうか?

西アフリカの難民たちは動こうにも動けずにここに留まっている、とオラクンレは言う。「なぜなら、目下国境の監視がこれまでになく非常に厳格になっているから」だ。ヨーロッパの戦略が功を奏したように見える。その戦略の核心は、問題をできるだけ南に押しやることだ。EUはこの数年間北アフリカとの関係を改善した。スペインさえもこれに同調している。

スペインは長いこと北アフリカとの良好な関係を構築することにほとんど関心を示さなかった。マドリッドの政府は、移民、麻薬、漁業権、西サハラをめぐるあらゆる問題にすっかりうんざりしているように見えた。ところが、二〇〇二年七月に一二人のモロッコ軍兵士がスペイン領のパセリ島(モロッコの沖二〇〇メートルに浮かぶ無人の岩)を占領するという事件が突発し、その後スペインの精鋭部隊がこの島を奪還することで決着がついた。

時代は変わった。スヘフェニンゲン(オランダ)でEUの内務大臣たちは、チュニジア、リビア、アルジェリア、モロッコ、モーリタニアにいわばヨーロッパ式の難民受け容れシステムを組織するのを援助することを決定した。二〇〇五年の秋にEUはモロッコ一国に対して四〇〇〇万ユーロを支払い、二〇〇四年にはシェンゲン協定〔EU域内での国境規制廃止を目的とした協定〕の調印国は、スーダン、ナイジェリア、北アフリカ諸国に従来よりも厳格な出国管理を勧奨するために、向こう五年間にわたって三億九〇〇〇万ユーロを調達した。モロッコはヨーロッパ経済圏への加入を望んでいる。二〇一二年には地中海協定がすでに調印されているかもしれない*。そうなれば、何かが入り込む余地はもはやなくなる。さらに、国際政治の世界では世界銀行のクレジット供与や債務免除のように興味深いことがらが期待できる。EUの後押しがあればそのようなことがらははるかに容易に得られるだろう。どうすればそのような後押しが得られるだろうか?

その結果、難民たちが今やタマンラセットの手前に住みつくことになった。「岩《ロックス》」あるいは「城《シャトー》」と呼ばれるキャンプ地に彼らは住んでいる。

そこへオラクンレは私たちを連れてゆく。

私たちは注意深くゆっくりと町の外へ出る。でこぼこ道だ。通行人は私たちをじっと見ている。一人の男が携帯電話に手を伸ばしている。私たちは四キロ先まで進んだ。すると、私たちのアルジェリア人運転手アーメドは言う。「ここは走れない」。どうして？　道がでこぼこだから。しかし、問題はそれではない。アーメドはここで車を走らせたくないのだ。彼は拒絶し、車は停止する。

私たちは車を降りて、運転手には目もやらずにドアを閉めて、歩き出す。

後ろから「写真はだめですよ」とアーメドは叫ぶ。「撮影は禁止されていますから」。

アーメド、きみは誰のために働いているんだ？

「あなた方のためです、雇い主ですから」と彼は言う。「でも、私はあなた方を守らなければなりません」。

ここは山地だ。タマンラセットは標高約二〇〇〇メートルに位置する。道は険しくなる。灰色の岩が殺風景な草地の上に点在している。潅木がいくつかあり、それから急勾配の壁が続く。そして、それらの険しい壁の上に五〇人、あるいは一〇〇人の若い黒人たちが座っている。そこからは町と道が一望できる。というのも、ここは数年前から彼らの根城になっているからだ。ここに住んでは

＊　EUならびにその加盟国とモロッコ王国間に連合を形成する欧州地中海協定。欧州・地中海パートナーシップは三九ヵ国で構成されており、その内訳は二七のEU加盟国とクロアチア、マケドニア、トルコのEU加盟候補三ヵ国、アルジェリア、エジプト、イスラエル、ヨルダン、レバノン、モロッコ、パレスチナ、シリア、チュニジアの地中海のパートナー九ヵ国である。なおリビアは一九九九年以降、オブザーバーの地位にある。

いるものの、彼らにはもはや出口がない。どの方角に向かって旅をしようとも行き着く先はない。彼らにはもう金がないし、拘束されて、追放されたからだ。

無権利の人間、圧力団体《ロビー》もネットワークもない人間、汚くて病んだよそ者たち。それでも人間だ。彼らは岩の上で叫び、身振り手振りで意思を伝えようとする。彼らは拳を固めて立っている、二〇メートル上の頭上に。彼らは石を高く持ち上げて、谷へ向かって叫ぶ。オラクンレとジョンは叫び返す。「俺たちは友達だ。俺たちはきみたちと話をしたいだけだ」。

だが、うまくゆかない。オラクンレはナイジェリア人だが、彼は私たちをカメルーン人のグループのもとへ連れて来たのだ。おそらくそれが決定的な誤りだった。ここでは各グループが競い合っている。仕事をめぐって、トラックの荷台の場所をめぐって彼らは争う。難民たちは出身国ごとに連帯し、他国にあっては愛国者にもなり、また敵対もする。さながらヨーロッパの学校の校庭のようだ。どこでもそうだ。アウトサイダーは互いに協力し合うべきなのに、そうはせずに相争う。なぜなら、影の領域においては光の差すごくわずかな場所を獲得するために戦わねばならないと彼らは考えるからだ。

私はまだ「なんて餓鬼っぽいのだろう」と考えている。私は暴力を計算に入れることはめったにない。暴力は抑止することができるはずだし、本来インタヴューには何の問題もない。難民たちは彼らの物語を好きなように語る。それは結局誰かがその物語を聞いてくれることが彼らにはうれしいからだ。その後で私たちの宿泊しているホテルでシャワーを浴びてもらったり、レストランで食事をしたり、あるいは彼らに次の旅のチケット代に当ててもらうためにいくらかの謝礼を渡してきたが、これまではいつもみなそれで満足してくれたものだった。

だが、きょうはそうではない。

私はきょうこれまで危険を認識していなかった、あまりにもナイーブだった。

私は二、三歩前進する。それだけで上の男たちには十分だった。彼らは私たちの意図を察知しようともしない。彼らが私たちと話をしてくれれば彼らの利益になるかもしれないなどとは考えもしないように見える。そして、石が飛んでくる。

大きな石、小さい石、重い石、角の尖った石が飛んでくる。

石は私たちには当たらない。だが、その後から男たちが崖を駆け下りて、突進してくる。彼らは躓《つまず》きながらも、なおも走り続けて、もう下に到達している。すると、彼らはジョンの首からネックレスを引きちぎる。それは彼のスペインの伴侶イザベルからプレゼントされたものだ。彼らはジョンのサングラスを奪い、ジョンがいつも肩に掛けていて、今は腕の下に抱えていたバッグを奪う。そこには旅券とEUの滞在許可証が入っている。ようやくこのときに至って、この旅がジョンにとっていかなるリスクを負っていたかを理解する。旅券がなければジョンはヨーロッパに戻れない、いずれにせよ合法的には戻れない。

男たちは叫んでいるが、私には一言も理解できない。マルクスと私に対しては、白人に対しては、彼らは喚きたてるだけで、身体に触れることはない。だが、彼らはジョンを跪かせて、一人の男はジョンの前に立って石を持ち上げる。

だが、襲撃者の一人が下の谷を指し示している。一台の車がやって来るのが見える。警察だ。まさにここに欠けているものだ。誰かがこちらへ来る私たちを見かけたにちがいない。そして私たちのことを警察に通報したにちがいなかった。オラクンレは私たちをその場に残して、山を走り下ってゆく。だが、二人の警官が車から降りて、彼を追跡し、地面に投げ飛ばす。カメルーン人たちは私たちを捕虜のように彼らの隠れ家に連れて行く。これでとにもかくにも彼らのキャンプ場を見ることができる。毛布とタオルがベッド代わりで、セーターを丸めて枕にしている。運がよければ、張り出した岩の下の場所を確保できるが、大部分の者は屋根のない屋外で眠る。私たちは二〇分間私たちを攻撃してきた者たちといっしょに隠れていたが、彼らは相変わらず私と話をするつもりはない。

ジョンの旅券は、五〇ユーロと引き換えに返してよこした。

ネックレスとサングラスは持っていない、と彼らは言う。前回、一二年前には、ジョンは母親からプレゼントされたネックレスを兵士たちに奪われた。今回奪われたのはスペインの伴侶からプレゼントされたものだ。

ジョン・アムパンの初心者のためのアフリカガイド

13．グループ毎にまとまることは各個人の利益になるから、難民は連携する。そうしてゲットーができる、山の中でも、ヨーロッパでも、異国のいたるところで。私はゲットーが好きだった。なぜなら、それは私の故郷になったし、そこにいればもう孤独を感じることはなかったからだ。ゲットーは私たちの大学であって、そこで生き延びることを学ぶ。

それから私たちは山を這い降りた。下では、私たちの車の隣には、警察の白いランドローバーが止まっている。制服を着た三人の男が車内にいて、後部のベンチ座席には二人の警官に挟まれてオラクンレが座っている。そして私服の白いスーツを着た大柄な男がボンネットにもたれている。

大男は身分証明書を差し出しながら尋ねる。「あなた方は誰か？　名前は？　雇用主は？」

それから彼はこう言う。「アルジェリア国はあなた方の安全に責任がある。ここは危険だ。不祥事が起きていたとしても不思議ではない」。

彼は尋ねる。「みなさん方をここへ案内したのは誰かね？」

市内である男が私たちにそれとなく教えてくれたこと、だが彼の名前や住所はわからない、と私たちは答える。

「あなた方はプロだな」。そう言って、彼はにやりとする。

私たちをどうやって見つけたのか、と私たちは尋ねる。

「半時間前に、あなた方がここにいるという情報を得た」と彼は言う。

「あなたはプロだ」と私たちが言うと、みなが笑う。だが笑っている場合ではない。というのは、私たちがオラクンレを釈放できないか、彼は犯罪者ではない、私たちは自分たちのおこなったことに責任があるからと言うと、「それはだめだ。どうしようもない」とそのプロは言う。「この黒人はアルジェリアの滞在許可証を持っていない。われわれは彼を彼の出身地に連れ戻す」

私たちに何ができよう？

# 第四章　前線

私は移動する、それゆえ私は存在する。

ポール・モラン

## アルジェ、アルジェリア、四七〇五キロ

アルジェリア北部のサハラは南部のサハラとは異なる。岩と山々が交互に現われる。巨大な曲線と直線、数千年をかけてつくられた自然の壮大な芸術だ。これらの自然の造形のなかにあらゆるものを見ることができる。動物、種々の建物、人間の体型。巨大な大腿、腕、肩、胸。「太陽の灼熱に焼かれた砂漠の谷と平地ほど想像力を掻き立てる造形物は世界中どこにもない」。こう書いたのはハインリヒ・バルトだ。「きみは少々頭が混乱しているのではないかな」とマルクスは言う。だが私は魅了され、心を奪われている。ここでは砂丘はまれになる。だがいったんその姿を現わすや、それは南部の砂丘よりも高くて巨大で、はるかかなたまで弓形をなして広がる。

物音がしない。ヨーロッパの大都市で生活している者はこの砂漠の静寂を想像することができないだろう。それはあまりにもひっそりとしているから、「自分自身の呼吸とか、自分の歩みに意識を集中できる。つまり自分自身に意識を集中できる。ヨーロッパではめったにそうはならない」。ロジャー・ヴィレムゼンはアフガニスタンのステップについてこう書いているが、それはアフリカの砂漠についても当てはまる。

ここ北部では道路はかなり良い。中央に白線のある二車線道路を何時間もただまっすぐに走り続ける。誰にも出くわさないが、例外は警官と兵士たちだ。一〇〇キロ毎に道路が封鎖されていて、旅券検査がある。再三彼らは私たちを止めて、ジョンを尋問する。北へ向かって移動する黒人はつねに怪しまれる。兵士と警官たちは建設用車両でできた兵舎で暮らしており、彼らの持ち物といえば、フェンスと遮断用の棒と広漠たるサハラのみ。ときには砂のなかに打ち込まれたサッカー用の二つのゴールがある。バレーボール用のネットのこともある。

アーメドは絶え間なく「アメリカンレジェンド」を吸う。ハンドルを動かすことはめったにない。アーメドが車をスタートさせるときには、二本のケーブルをショートさせる。ジョンは首筋に傷がある。昨日バッグを奪われたときに負ったものだ。

私たちはほとんどしゃべらない。私たちを乗せた車は静寂のなかをひたすらまっすぐに進む。

私たちはインサラーで一泊して、また先へ進む。ガルダイアに一泊して、また先へ進もうとするが、それは認められない。グリーンの制服に黒のブーツを履き、マシンガンを腰だめにした警官隊の隊長が私たちのカメラを見て、護送部隊《コンボイ》を形成するように命じる。二台の警察車両と二台のオートバイが北へ向かう私たちに同道し、数時間後には次のコンボイチームに引き継ぐ。これがアルジェ到着まで繰り返された。「前回は囚人だったけれど、今回は大統領のような旅だ」とジョンは言う。「もっと正確に言えば、まるで国連難民高等弁務官だね」。警官たちはプジョー三〇七とＢＭＷのオートバイに乗っており、私たちが道を外れて山中に潜む難民を探すチャンスはまずもってない。

ラフィク・シャミの『愛の暗黒面』〔Rafik Schami: Die dunkle Seite der Liebe、英訳は The Dark Side of Love〕を聞く。アイポッドに入れた二一枚組のＣＤブック。ヨーロッパ人は旅行中自分の時間をつくることができる。難民はただひたすら耐えて、逃亡の旅が終わるのを待つだけだ。

「自由があればこそ、問いただせる」というフレーズが聞こえる。私はアクラで聞いた西アフリカの言い回しのことを考える。当時アクラで聞いたときにとても気に入ったものだ。「白人は時計を持っていて、私たちは時間を持っている」。そのとおりだと思う。だが同時にそうではないとも思う。たしかにアフリカ人は一切合財を市場の流通のなかに投入することのない世界に生きており、おそらくヨーロッパ人よりは感覚的に、精神的に、深い家族意識をもって、落ち着いて生活しているかもしれない（「全員が」ではなく、「多くのアフリカ人が」という意味で）。しかしそれでも、彼らの時間は私たちの時間よりも早くすぎ去る。彼らは時間をすぎ去るがままに任せる、あまりに無気力に。人生はかならずしも一分一秒を効率的に利用することを意味する必要はないが、それでもやはり人生は、学び、自己形成し、自己発展できる可能性を与えることを、またチャンスを見いだし、このチャンスを利用しようとする可能性を与えることを意味する。人生とは自由であることを意味し、決定を下すことを意味する。人生とは旅することを意味するのであって、逃避することを意味するのではない。つまり人生とは時間と時計を同時に持つことなのだ。

この北部の山中では気温が下がる。ものすごく寒くなる。ここを通過する難民にとっては、西アフリカの暑さに慣れていて、衣服を買う金もなく、夜はアルジェリアの岩の上でうずくまって凍えるほかない人間にとっては恐ろしいことにちがいない。そして、彼らは主要道路を進むことは許されず、砂丘を、岩の上を、峡谷を、山岳地帯を苦労して抜けてゆかねばならない――つねに注意を怠らず、不安から開放されることなく。

アルジェの手前四〇〇キロの地点で砂漠は終わる。すると、別の世界が開ける。電柱、家々、広告版、子どもたち、車。私たちの世界の騒音だ。

私たちはアルジェに到着した。地中海は、夜には黒く見える。ホテル・ソフィテルに着いた。それは同時に、石鹸、浴槽、バー、電話、インターネット、白いベッドシーツ、ワインにクスクスのあるレストランを意味する。これはかつてハインリヒ・バルトにとっては「饗宴」であり「入手不可能なごちそう」だった。私たちはこれを楽しみ、アフリカについて語り合う。

ジョン・アムパンの初心者のためのアフリカガイド：
14. アフリカでは下心のない人間関係は存在しない。私の家族は月末になると決まって電話をよこす、まったく偶然といった感じで。月末には金が必要だからだ。アフリカで大事なことはいつでも、コネが何をもたらすか、コネが役に立つかどうかなのだ。
15. アフリカのセックスはヨーロッパとは異なる。語らいはなく、行為あるのみ。長い前戯はない。愛があることもあるが、果てしないおしゃべりはまったくない。アフリカのセックスはもっと現実的《プラグマティック》だ。スペインにいる私の伴侶は、町の広場で彼女の腕を取らなかったり身体に触れなかったりすると気分を損ねた。アフリカ人のキスもまた異なる。アフリカではキスはいずれにせよさほど重要ではない。

難民にとって問題はいつでも金だ。難民の多くは金のために旅に出る。金は彼らを前進させ、金が尽きれば彼らの旅は終わる——さしあたりは、ひょっとしたら永遠に。

だがしかし、この世には、金と同じくらい重要な何かが、ある意味では金よりもっと大事な何かがある。それは情報だ。情報は難民の世界で最も重要な商品なのだ。

いつどこでヨーロッパに向かうボートが出るのか。どのボートが安全で、どの船長がほんとうに信頼できるのか。モロッコの国境越えの約束を果たせないのは誰か、この約束を守ることができるのは誰なのか。どこで眠ることができるか。どうしたら仕事を見つけられるか。特定の目的地までの走行時間あるいは日数はどれくらいか。この砂漠のなかをそこまでどうやって歩いて行けばよいのか、道路もなく標識もない砂漠のなかを。ヨーロッパではどの国が良くて、どの国が黒人を忌み嫌うのか。そこでは何が必要か。

アルジェは首都であり、港町であり、ヨーロッパへの門であり、アルジェは多くの衝突と内戦の中心だった。ここでは多くのものが入り混じっている。アルジェの街角がサイゴンを想起させるのは、フランスのコロニアル様式のためだ。モスクがあり、「ナイキ」や「リーバイス」のショップがある。フランス人たちの大聖堂サクレ・クール寺院の前には——アルジェリアが独立したとき、従前の占領者たちは上品な場所となることを望んでいたのだが——今ではガソリンスタンドがある。というのは、それによって教会を非神聖化し、価値を下落させることができるからだ、直接手を下すことなく。このようなアルジェは丘の上に立つ都市であると同時に海辺の都市でもある。オリエンタルでヨーロッパ的、アラビアふうかつフランスふう。そして何よりも、アルジェは広い。ここなら完全に地下に潜ることができるし、身を隠すことができる。だからこそ、アルジェはアフリカ北部の情報市場なのだ。ここではいろいろなことがわかる。

ボートは現在ではベニサフから出る。アルジェの西で、オランから遠くない。

難民たちを実際に国境の向こう側のモロッコまで連れてゆくことができる男たちは、オランの中心部にある「グラン・オテル」周辺のバーや店にたむろしている。

国境での監視は厳重だが、管理官を買収することが可能だし、幸運に恵まれることもある。つまり国境を通過するチャンスが現にある。国境は一九九四年以来閉鎖されている。それは、モロッコ政府が、マラケシュにおける一連の爆弾襲撃にアルジェリアが密かに関与していると主張して以来のことだ。その後一二年間公式の国境往来はなくなっているが、むろん密輸はある。アルジェリアではガソリン一リットルが二三セントだが、モロッコでは三倍の価格だ。それゆえ、毎日六〇万リットルのガソリンがアルジェリアからモロッコに運ばれる。この地域では密輸は実入りの良い商売である。

夜になると、じっとして動かない黒い人間を後部座席と後部座席の下、さらにトランクに乗せた車が国境を越える。ここでは合法的に通過することは誰にもできない。

私たちは、従来から計画していたことを敢行できるかどうか長いこと検討した。つまり、不法に国境を越えることだ。私たちはそれを決行できるし、首尾よく成し遂げるだろう、私たち白人は。つかまった場合には、ひょっとして罰金を徴収されるとかいくらか面倒なことはあるだろうが、おそらくたいしたことにはなるまい。そのような面倒が生じたとしても金で解決できるだろうからだ。だが、ジョン・アムパンにとってはまずいことになろう。捕まれば、ヨーロッパへ戻る可能性は閉ざされる。たとえ捕まらなくても、問題は残る。モロッコの入国スタンプがないから、モロッコからスペインへ出国する際に、厄介なことになるだろう。

「頼むから、それだけは止めてくれ」とジョンは言う。むろん彼の言うとおりだ。それで、私たちはラバトかカサブランカまでは飛行機を利用し、その後別の側からふたたび国境に接近し、そこから私たちの旅を再開することにする。

しかし、飛行機に乗るにもジョンはビザが必要だ。午前中にモロッコ大使館に出向くと、短いブロンドの髪に色鮮やかなロングドレスを着た外交官のマリカは、ビザは問題ないと言う。「きょうの午後もう一度来ていただいて、航空券を提示してくだされば、ビザはすぐに出せます」。

だが午後になると、彼女は前言を翻して、そんなことは言わなかったと言う。午前中に彼女が言ったのは、ビザ申請の審査をする約束をしただけであって、それ以上ではない。いやいや、自分は何も約束はしていない、それは誤解だ、と言う。彼女はまくし立てるが、その際に私だけを見ていて、つまり白人だけを見ていて、彼女の国に入国しようとしている――これを彼女は阻止しなければならない――黒人男性を見ようとはしない。今朝は言葉の問題があったのだ、とマリカは宣う。しかし、彼女はジョンと同様に、英語もフランス語も流暢に話す。ビザ申請の審査には二、三週間かかると彼女は言う。そうね、残念だけど、どうしようもない。ほんとうにお気の毒、それで、まだ何か質問でも？

ジョンは震えている。

黒人でありながらそれでもなお旅をしようとすることは惨めなものにちがいない。

私たちは警察と彼らの道路封鎖から逃れるために、鉄道で海岸沿いにオランまでの五時間弱の旅をすることに決める。それから山岳地帯を抜けて、国境地域へ出る。そこから船でスペインに渡り、スペインからモロッコに戻ってきて、そこから、つまり国境の向こう側から私たちの旅を続けるというプランだ。

ジョンはオランへ向かう列車のなかで眠っている。彼はジーンズにジョギングシューズを履き、左手には腕時計、裏地のついたグレーのデニムの上着にグレーのバスク帽、少し角ばった眼鏡をかけている。左頬にはファンティ族の印があるが、それは半月のように見える。

私はジョンを起こす。ジョン、きみの旅はその後どうなったの？

一九九三年の夏。アルジェリア警察によって砂漠での死から救出されて、つまり逮捕されてふたたび砂漠に放り出されたジョン・エコ・アムパンはもう諦めようと思った。彼はガーナに帰ろうと思って、言葉を探した。この旅をヴァイダーにどう説明できるかよくよく考えてみた。この残酷さ、この渇き、この孤独にどんな言葉がありえただろうか。彼がこの過去一年半の間に故郷を遠く離れて考えたことをどうやって表現できただろうか。彼がやり遂げられると思っていたことがいかに無知で愚かであったかをどう言えばよいのか。

旅の途上がこれほど孤独だとは想像だにできなかった。旅がひっそりとしていて、果てしないこと。他の人間に対して不安を抱くこと、裏切りや罠、盗みを恐れること。はたまた気性が荒くなり、希望をなくすこと。笑いを失ってただ先を急ぐことをどうしたら説明できただろう。

「ぼくは疲れて、消耗しきっていた。家に戻りたかった」とジョンは言う。

警官たちの目を逃れた金がまだ少し残っていた。ジョンはニジェールの首都ニアメに向かうミニバスに乗った。さらにブルキナファソの首都ワガドゥグーへ。それからさらにアクラへ戻るつもりだった。しかし、ワガドゥグーのバスターミナルには三人の若者がいて、彼らからモーリタニアのことを聞かされた。彼らの話では、現在のパラダイスはラスパルマスだという。漁船がモーリタニアから出ていて、ラスパルマスへ行けると三人は言う。これは確実な情報で、スペインの官憲はまだそこまで手を回していない、遠くもないし、危険もないと言う。

アフリカからヨーロッパに行くルートは四つある。リビアからイタリアのランペドゥーザ島へ。フェンスを越えてスペインの飛び地のメリリャとセウタへ。モロッコの海岸からアンダルシアへ。しかし、ここは監視が厳しい。そして、第四のルートはモーリタニアからカナリア諸島に向かうもので、「カユコス」と呼ばれる漁船で一二〇〇キロの航海だ。それは、風向きが変わり、高い波のなかを三日ないし四日をかけて一二〇〇キロを乗り切ることを意味する。二〇〇五年一一月から翌年の五月までの七ヵ月間にこの航路上で二〇〇〇人の難民が死んでいると、モーリタニアの赤新月社は推計している。

「オーケー」とジョンは言った。

彼ら四人のガーナ人は一つの計画の下にチームを組むことになった。彼らはワガドゥグーで靴磨きを始めた。だがそこでは多くの人間は靴を履いておらず、しかも靴を他人に磨かせようとする者はなおのこと少数だったけれど。四人は一つの部屋に寝起きし、一緒に食べ、分け合った。金を手に入れた者は他の全員の分を負担した。一三〇〇万の人口を有するブルキナファソは一九六〇年にフランスから独立し、六〇の部族が六〇の異なる言語で暮らしている。彼らは戦争もなく平和裏に共存している。彼らには綿花を輸出する以外は何もない。ジョンがここに到着したとき、短い希望の期間はすでにすぎ去っていた。

アフリカには多くの堕落した国家がある。アフリカでは強力な労働組合や長期的かつ計算できる政党がほとんど存在しないか、まれだ。また期間限定で委嘱される権力および敬意を払われる野党による建設的な批判というシステムが欠けているが、これを習得するにはヨーロッパもまた努力を要した。他方、アフリカには選挙結果を無視する軍事国家がある。それゆえ、アフリカはイディ・アミンやモブツ・セセ・セコのような独裁者に事欠くことはなかった。権力を維持し拡大することのみが彼らの唯一の目標だった。しかしその一方で、アフリカには南アフリカのネルソン・マンデラ、タンザニアのジュリウス・ニエレレ、ガーナのコフィ・アナンのような人物も存在する。彼らは温和と英明をもって、暴力を用いることなく、寛容の政治を貫こうとした。

「その希望には名前があった」というのはしばしば感動的《パセティック》であるが、真実そうであることはまれだ。だがときにはそう言うことが許される場合がある。すなわち、永遠に乾燥したサバンナ気候のために永遠に相争うブルキナファソの牧畜家と農耕家すべての、全部で六〇の部族の希望にはトーマス・サンカラという名前があった。彼は狡猾で当意即妙で、革命家であり、闘士だった。一九八三年に当時のオートボルタ〔ブルキナファソの旧名〕で権力の座に就いたとき、彼はまだ三三歳だった。「われわれは未来を発明しようではないか」というのが彼のスローガンの一つだった。トーマス・サンカラは三年をかけて、二五〇〇万の子どもたちに予防接種をおこない、一千万本の植林をし、「反文盲の一大キャンペーン」をスタートさせた。彼は国名をブルキナファソと改名したが、これは「高潔な人間の国」を意味する。村の長や族長は無力化され、年貢や人頭税は廃止された。公務員の親類はあくまでも親類であって、自動的に公務員になることはなくなった。そして実際の公務員は節度を守り義務をわきまえるべきである、とサンカラは説いた。

どれほど彼が国民に愛されていたか、そしてまた古いエリート層の間ではどれほど憎悪されていたことか！

革命の日々の同志で友人であったブレーズ・コンパオレがトーマス・サンカラを裏切って、彼を処刑した。ワガドゥグーの門の外で。

ジョンと彼の新しい友人たちがやって来たとき、ブルキナファソはふたたびその未来を失っていた。ワガドゥグーはすでに塵埃と死の苦悶《アゴニー》の都市に戻っていた。そして、陸軍大尉で裏切り者のブレーズ・コンパオレが新たな大統領になっていた。

私はこれまで二度ブルキナファソとかかわりがあった。その過程で、この国の何がしっくりこないのかについて少し学ぶことができたと思う。

最初の出会いは、国連事務総長コフィ・アナンが彼の故郷のアフリカ大陸を横断する旅行に随行したときだった。水曜日の晩の八時三〇分、ワガドゥグーでのことだった。コフィ・アナンは三〇〇人の聴衆を前にマイクロフォンの前に立った。彼は大統領宮殿の庭で円柱とヤシに囲まれて立ち、投光器が彼の背後から後光のように彼の銀髪を縁取っていた。

アナンはエジプトを飛び立って、アフリカ上空を飛行したのだが、スーダン（軍によって途中着陸を余儀なくされた）とチャド（パイロットが給油をする必要があった）に着陸した。チャドでは赤い絨毯の上を歩んで、大臣たちとお茶をともにした後、ふたたび飛び立った。アナンはワガドゥグーで演説するためにUnited Nations（国際連合）と書かれた古い白のボーイング七二七型機で九時間を過ごした。そして今演説をしようとするところだった。だが、マイクロフォンは故障していた。彼の話は聞こえない。

アナンはフランス語がさほど巧みではない。おまけにしわがれ声だ。そして、敢えて彼を止めて、マイクロフォンを直そうとする者は誰もいない。ときおりなにやら聞こえてくる。「……ワタシハ……ココニ……トテモシアワセ……デス」。彼はとにかく終りまで話して、腰を下ろした。人びとは拍手をし、コフィ・アナンはブレーズ・コンパオレ大統領の隣に座っていた。両者は何も話し合うことはなかった。両者は食事をし、沈黙していた。人びとは、二人の悲しげな人物が食事し、沈黙するのを眺めていた。しかし、その後コンパオレはにやっとし、笑って、カメラマンたちに合図を送った。見るがいい、ここにいるのはノーベル平和賞の受賞者だ、ここに世界でもっとも偉大な人物の一人がいる、彼は私に敬意を払うためにやって来たのだ。コンパオレはあらゆる身振りでそう伝える。

というのも、ブレーズ・コンパオレのような支配者にとって重要なのはプレゼンスであり、効果であり、体面なのだ。ワガドゥグーは物乞いの町であり、故郷の村々で魔女とされた年老いた女たちが恐ろしいゲットー「第一二セクター」に閉じ込められている町であり、学校のない町であり、泥水を飲む町だった。電気といえば、発電機頼りだったから金持の専用だった。ともあれ、コフィ・アナンと三〇〇人の客人たちの晩餐《ディナー》には四品の料理とフランスワインが出された。倒錯以外の何ものでもない。

ブルキナファソとの二度目の出会いはＷＴＯ（世界貿易機関）について取材したときで、ブルキナファソのような国にとって現代の世界に歩調を合わせることがいかに困難であるかを思い知らされた。いつか後れを取り戻し、世界の列国に伍すことはほとんど不可能ではないかと思われた。

舞台はジュネーブだった。それは世界経済を震撼させた日、ボーイング社がエアバス社を貿易戦争に引き込んだ日、アメリカ合衆国が欧州連合を提訴した日だったが、ムーサ・Ｂ・ネビにとってはなんら特別な日ではなかった。ムーサ・Ｂ・ネビは仕事をしていた。彼はジュネーブのルイ・デュナン通り七番地の狭くて暗い事務所に座っていた。ブルキナファソの国旗を背にして、大統領の写真を背にして、故国と電話で話していた。彼はアフリカの同僚たちと話し合い、報告書を書いた。綿花についてであって、ボーイングについてではない。

「私たちにとって重要なのは綿花です。私たちにとってはいつでももっぱら綿花だけが問題なのです」とブルキナファソ共和国の大使ムーサ・Ｂ・ネビは言った。それゆえ、ブルキナファソにとってはいつでもどこでも綿花以外のことは何一つ問題にならない。なぜなら、ブルキナファソでは三〇〇万人が、住民の四分の一が綿花に依存している、絶対的に依存しているからだ。彼らにとっては生きるか死ぬかの問題なのだ。だが、アメリカ政府は選挙キャンペーンを通じて南部諸州の農業ロビーに担がれているから、テキサスやアーカンソーの二万五〇〇〇の綿花栽培農家は年間十億ドルの補助金を得ている。これはブルキナファソの年間総収入にほぼ匹敵する額だ。この補助金のために世界規模で価格は下落し、そのためにブルキナファソのような国は唯一の輸出産品を輸出しても利益を上げることはできない〔綿花はブルキナファソの輸出の七割弱を占める〕。大使の誇りとするところは、彼の国が綿花を遺伝子操作技術で改良する試みを認めたことで、新しい遺伝子は綿花を食い荒らす害虫から守ってくれるはずだと言う。そこまで考えているのは西アフリカ諸国ではブルキナファソが最初の国である。それはすごいことなのだが、それでもとうてい十分ではない。というのも、それだけでは綿花の売却に際しては役に立たないからだ。ムーサ・Ｂ・ネビの見るところでは、アメリカとヨーロッパは開かれた市場について大いに語るが、その意味するところは、他国の市場のことだ。「彼らは接近したがる」。同時にアメリカとヨーロッパは、自国の農業を保護するために、他国を自身の市場からは遠ざけておこうとする。「問題はそこです。自由化はいつか全員にとって同じ意味になることが重要なのです」とムーサ・Ｂ・ネビは言った。それゆえ、彼はこの日もいつものようにジュネーブで弱者の提携を、すなわちマリ、チャド、ベナン、ブルキナファソの綿花連合を結成しようと苦心していた。

　世界貿易は反貧困に寄与する。自由な国境と関税の撤廃は全員の利益になるからだ。それゆえ、世界貿易は、全員が利益を得ることが可能なゲームだ。これこそがＷＴＯ（世界貿易機関）の教義であり、理論だ。彼らはそれを信じて疑わない。

　ブルキナファソ対アメリカ合衆国。これが現実だ。そしてムーサ・Ｂ・ネビのような人物は、彼の国がジュネーブのブラックリストに載ることを阻止しなければならない、アメリカにとって不都合な国々すべての名を載せたリストに載せられることをなんとしても阻止しなければならない。ワガドゥグーのアメリカ人が電話をかけてきて、貴国の大使は残念ながらひどい大使だから、召還されるべしなどと言わないようにしておかねばならない。両国の相互関係が損なわれてからではもう取り返しがつかない。彼の国の政治家がその見解を売りわたしたり、やがていつかジュネーブや香港の人目につかぬところで綿花のことなどおくびにも出さない文書が取り交わされたりするのを阻止しなければならない。

旅の途上にあったとき、ジョンは、難民は現代人にとっての生活必需品を持たずに旅をしているのだということに思い至った。鍵束、身分証明書、現金などだ。難民はしばしば自分の名前さえもどこかに置き去りにする。もちろん写真や電話番号など、あらゆるものを。そして、彼らにこれらのものが欠けているお陰で彼らは目に見えない存在になる。この事実はまた逆にもなる。彼らは目立たずに旅ができるように、これらのものを後に残す。彼らが発見されても、彼らを送り返すことが不可能になるように、手がかりを誰にも与えないように、彼らは痕跡を残さない。そして、ふたたび目に見える存在になること、それが難民の目標だとジョンは考えた。みずからの名前を明かして、どこから来て、どこへ行くつもりなのかをふたたび言えるようになること。

ともあれ今やふたたび仲間ができた。

旅の小さなグループのスポークスマンはチャールズだ。もっとも賢いのはブライト。さらにもう一人物静かな教師がいた。彼は国で仕事を失っており、ヨーロッパでまた教師になるつもりだと語っていたが、ジョンには彼の名前が思い出せない。

彼らはまずマリ共和国を抜けて西へ向かった。有名なトンブクトゥ〔世界遺産に登録されている〕もただ通過しただけだった。「砂漠の女王」という愛称をもつトンブクトゥはかつて盗品の集積所としてトゥアレグによって建設され、泉の見張りを言いつけられた女奴隷の名にちなんで命名された。すなわち、「大きな臍《へそ》の女」という意味の「ティンボクトゥ」である。* 今日のトンブクトゥはトーチカのような泥砂色の家々が立ち並んでいるだけで、サハラ砂漠のなかに埋没しそうに見える。四人の一行は首都のバマコを通過し、ガオ〔ガオはバマコの東に位置しており、原著の誤りと思われる〕へ、さらにケーズに向かった。これらの町々は苦難に満ちた砂漠の国々の一つであるマリの中心地だ。マリは一二〇〇万の人口を有し、綿花のほかには、いくらかの家畜とほんのわずかな金が産出される。そして、旱魃と砂漠。さらにバッタの大群による被害が頻繁に生じる。世界でもっとも低い就学率ともっとも高い出生率(女性一人当たり七人を超える)。しかし、マリには他のアフリカ諸国にはまれなものがある。民主制、安定性、寛容だ。マリはイスラーム国ではあるが、女たちはニジェール川で裸で水浴し、男たちは岸辺に腰を下ろしてビールを飲んでいる。

それはわけても、マリ共和国で「アテテ」(ATT)と呼ばれるアマドゥ・トゥマニ・トゥーレの功績だ。一九九一年にマリの独裁者ムーサ・トラオレがデモ隊に発砲するように軍に命じて、一〇〇人以上の人民を殺害した当時、トゥーレはマリ軍の空挺部隊の中佐だった。ムーサ・トラオレは、アフリカの多くの支配者がそうであるように、二六年にわたってマリを支配した。自己陶酔的、専制的、残酷に。そして、マリに入ってくるわずかな金の大部分を自分の懐に入れた。ただし、自国民への発砲はあまりにも度がすぎていたから、トゥーレ中佐は軍事クーデターを先導し、そのち慣例となっていることを述べた。「私は人民に奉仕し、マリに自由をもたらしたい」。しかし、アテテは慣例となっていることはせずに、まさに彼が予告したとおりのことを実行した。すなわち、みずからは権力の座に就くことなく、人民に選ばせた。歴史家のアルファ・ウマル・コナレが二期大統領職を務めた後、アマドゥ・トゥマニ・トゥーレ将軍はようやく軍を辞して大統領選に立候補し、当選した。二〇〇二年の夏にヨーロッパ人の人質一四人の解放に助力したトゥーレ大統領を、ドイツの外務政務次官ユルゲン・クロボークは、「沈着で、自負心を持ち、断固とした人物」と評した〔急進派ムスリムによってアルジェリアで誘拐されていたドイツ人九人、スイス人四人、オランダ人一人の観光客が六ヵ月ぶりに無事解放された〕。スイスのアフリカ特派員ゲオルク・

ブルノルトはかなり好意的に大陸について報告しているが、ひょっとしてそれはトゥーレのマリを念頭においてのことかもしれない。「地球上の他の多くの共同体が暗黒大陸から学びうるであろうと思われるのは、アフリカの生命力に溢れた陽気さだけではない。さらに――これはまったく知られていないことだが――アフリカには寛容を受け容れる基盤が存することであり、もっともありそうにない共存がアフリカでは確固たるものとして自明になっていることだ。傷を負わせるのではなく、傷を治癒させる大陸、数百万の難民を生み出すだけでなく、つねに彼らを包み込みもする大陸、信じられないほど多くの人間の移動に耐えるのみならず、あらゆる他の問題をも耐える大陸――この果てしない大陸とその生命力がたしかに存するのである」。

それからジョンたちの一行はさらにセネガルに向かって進んだ。彼らはトラックや列車に飛び乗り、バスを利用した。彼らは多くを語り合った。自分は一人ではないとジョンが思ったのは、数年来初めてだった。ロッソでセネガルとモーリタニアの国境をフェリーで渡って越えた〔両国は旧フランス領西アフリカに属していたが、独立後セネガル川が国境となったため、川を挟んでロッソ・モーリタニアとロッソ・セネガルがある〕。ジョンはもう金が尽きていたが、他の三人が助けてくれた。彼らはプジョー四〇四コンビの座席をなんとか確保した。前部座席、後部座席、さらにトランクに三人ずつ乗り込んだ。

サヘル地域を、さらに西サハラを進んでゆくのは容易ではなかった。いたるところに穴があり、

＊　この地名は「ブクトゥの泉」を意味するとされるが、女奴隷の話は伝説的な色合いが濃いようだ。フランスの言語学者ルネ・バセによれば、古ベルベル語からの派生で、「遠く離れた」あるいは「隠された」の意である。またドイツの探検家バルトによれば「トンブト」が正確な名称で、「砂丘のなかの土地」の意であるという。最近の研究では、トンブクトゥは元来トゥアレグの野営地であったが、その後この地に興ったガーナ王国、マリ帝国、ソンガイ帝国によって建設されたという。（以上はウィキペディアの英・独語版及びJ. O. Hunwick. *Timbuktu and the Songhay Empire*, Brill Academic Publishers. に拠る）。

深い溝があった。いたるところに移動砂丘があった。さらに、未舗装路には深くて滑りやすい砂利や岩があった。いたるところで生じる砂嵐は、数分もしないうちに進路を埋め尽くし、視界は奪われる。

動物を見ることはなくなった。潅木もなければ、人間の姿もない。砂、石、粘土ばかり。ときおり粘土でつくられた小屋が立ち並ぶのが目に入るが、住民は姿を見せない。

日中の暑さ、この炎暑、これはほとんど耐え難い。白熱する灼熱の時間帯。そしてその後には、夜の冷気が訪れる。夜間は互いに身体を寄せ合って暖めあい、ゴキブリやサソリを追い払う。夜間走行はしない。運転手は暗闇の霊を恐れるからだ。

五時半にはあたりは明るくなり、八時には暖かくなり始める。一一時には暑くなって、火炎のときが訪れる。

一メートル一メートルと車は進んだ。ときに車の一輪だけが大地を噛んでいて、他の車輪が空転したり、動かなくなったりすることがある。そうなると彼らは車を降りて、車を砂のなかから掘り出さねばならない。

この絶えざる渇き。サハラでは一日に約八リットルの水分が失われる。絶えざる発汗のためだ。金のない難民がこの水分の収支をコントロールすることはほとんど不可能だ。井戸の見つからない日々は危険な日々である。

「ここでの生活は絶えざる戦いであり、常態から逸脱して揺れ動く危うい生と死のバランスを見いだす日々新たな試みである」とリシャルト・カプシチンスキは書いている。

それでも二週間後、四人のガーナ人はヌアクショットに到着した。モーリタニアが一九六〇年に独立した後の首都である。モーリタニアもまた惨めな国だ。一〇〇万平方キロの国土はドイツの三倍の広さだが、大半は砂と岩塊だ。人口はわずか三〇〇万人で、平均して一日あたり一ユーロで生活している。彼らは長らく戦争を耐え忍ばなければならなかったし、たびたび入れ替わるものの結局はいつも腐敗する政府を我慢するほかない。奴隷制は一九八〇年に廃止された、公式には。モーリタニア人の八〇%はアラブ・ベルベル系で、二〇%が黒いムーア人だ。彼ら少数派の黒人は、今日なお奴隷制は廃止されていないと言う。そしてまた、モーリタニアは偽りの国である。二〇〇五年八月に選挙で選ばれた大統領を失脚させて、「ついに平和をもたらし、不正に終止符を打つ」という名目のもとに「正義と民主主義のための軍事評議会」を設置したエリー・ウルド・モハメド・バル大佐はじつは先の大統領のためにかつて国家治安部隊を率いて、特に反対派の処刑にかかわっていた人物だ。「ビダン」（いわゆる白いムーア人）は少数派で、人口の四〇%にすぎないが、彼らはかなり容赦ない姿勢で国を支配している。

　モーリタニアの砂漠は年に九キロメートルの速度で広がっている。アンドレアス・アルトマン〔ドイツ人旅行作家〕はこの国について次のように書いた。「モーリタニア人は内気で世間知らずだ。おまけにたいへんな宿命論者ときている。彼らは何も持たずに生活し、しかもほとんどすべてを背負っている。海岸で魚網を手繰り寄せている猟師たちは血だらけになった手をタバコの灰で消毒する。蟹に針金の首輪を付けて散歩に連れ出す子どもたち。少年と盲目の老人が鉄の鎖でつながれて、おいおいと泣きべそをかきながら通りを行く。二人は離れることができない。老人が南京錠の鍵を捨ててしまったからだ。この子は私の目なんだよ、と老人は言う。七年来、二人は片時も離れたことはない。老人が死んでようやく、少年は開放される」。

　首都ヌアクショットは砂漠の国々の首都すべてに共通する問題を抱えている。人口過多と水不足だ。一九八〇年代末には八万人分の給水が整備されたが、今や人口は九〇万人に膨れ上がっている。

むろん水不足になる。水は高圧給水によって五〇キロ離れたトゥレザから大統領宮殿脇の給水塔まで運ばれる。そして、給水システムは存在しないから、手押し車や給水車が路地のなかを回ることになる。人びとはバケツや桶や鉢をもって水を待っている。なかには空のオイル容器を持っている者もいるが、そのような容器から子どもたちに水を飲ませることがいかに危険であるかを言ってやる者はいない。水不足の結果、野菜の栽培が禁じられる。こうなると人びとは渇くだけでなく、飢えることになる。

ここでジョンと彼の仲間たちは一人の同郷人に出会った。ウォタ・アッタという名の理髪師で、彼はすでにフランスで暮らしたことがあったが、追放処分にあって、今やこの人種差別的で、犯罪的で、賄賂の横行するアフリカの西海岸の国で、つまり大陸の諸国のなかでももっとも不安定な国──このことはアフリカのような大陸にあってはきわめて重要なことだ──で動けなくなっていた。

四人はウォタ・アッタを「おじさん」と呼んだが、この呼び名には尊敬の意が込められている。彼らは彼のところに三泊した後、自分たちの部屋を見つけて、仕事を探した。仕事はなかった。それで新しい仕事をつくりだした。朝の五時に起き出して、ドーナツをつくった。油で揚げた甘いドーナツ。彼らはこのドーナツを山のように頭に載せて、貧しい人びとの国モーリタニア中に運んだ。そして、この甘い食べ物を売った。これはうまくいった。ジョンは一ヵ月で五〇ドルから一〇〇ドル稼いだ。この国では大金で、彼はその大部分を貯金に回した。また、ある友人の友人がタクシー運転手を探していた(その友人は三台のタクシーを所有していた)。ジョンはかつてラゴスで運転手の経験があることを話して、タクシー運転手の副業を始めた。

ジョンがアクラの自宅に電話をすることはめったになかった。彼がやっていることをどう説明できただろうか。彼に何が言えただろうか。電話をかけて沈黙が入り込む時間のために金を費やしたくはなかった。

彼には為すべきことがあるし、成し遂げることができる。彼は今またそう思っていた。

しかしその後、彼は警官に見つかって、タクシーから有無を言わさず引っぱり出された。ジョンがよそ者に見えたからだ。もちろん彼は滞在許可証を持っていない。いったい誰がそんなものを持っていようか。ジョンは二日間留置されたが、三人の仲間たちが賄賂を使って彼を監獄から救い出してくれた。だがその後仲間は別れ別れになった。チャールズはラスパルマス行きを試みると言った。彼らはその間に、現実が以前に聞かされていたすてきな話とはかなりちがっていることは認識していたけれど。つまり軍のボートが外の大西洋をパトロールしていること、そしてヌアディブから出る船の運賃は高価で、一度の挑戦が一五〇〇ドルだった。

チャールズは計画を実行に移した。ジョンが後に聞いたことが正しければ、チャールズは実際に目的を遂げた。

ブライトと物静かな教師は資金が足りなかったので、ガンビアに向かった。彼らについてジョンはその後何も聞いていない。

ジョンはもう一人別の仲間に出会った。その男はハーバービュー、つまり「港の眺望」という名前だったが、それは彼の両親がアクラのホテルにちなんで付けた名だった。ハーバービューとジョンはラスパルマスに行くには足りないが、モーリタニアを出るだけの金は持っていた。そこで二人はモーリタニアの南部から来る列車を待った。ズエラート鉱山の鉄鉱石を北へ運ぶ七〇〇キロの鉄道だ。列車が来ると、二人は飛び乗った。深いアフリカの夜。

「鉄鉱石を積み上げた貨車の上は危険で、寒い。屋根はないし、保護してくれるものは何もなかった」とジョンは言う。

二人はモーリタニア北部の港町ヌアディブに着いた。するとそこには警察がすでに駅で待ち構えていて、二人は逮捕された。なぜ？　見当もつかなかった。何の説明もない。だがそれはどうでもいいこと。というのは、質問に答える必要はなく、ただ問題を解決しさえすればよかったからだ。「問題解決」（to settle）が呪文だった。支払いを済ませると、彼らはふたたび外に出た。ジョンはここでもまたタクシー運転手の仕事を見つけたが、荒野のただなかの忌々しいこの町ではさほど金にならなかった。ヌアディブにはかなり多くの西アフリカ人が足止めを食っていて、カナリア諸島まで運んでくれるボートが出るのを待っていた。「ビドンヴィル」と呼ばれるスラムはコンクリートとナマコ板とプラスティックシートでできている。「ブランジュリ・モンディアル（世界パン屋）」という店があるが、それは穴の開いた屋台で、その穴をとおしてパンが手渡される。通りは砂だらけだ。四〇〇〇もの木製ボートが港に係留されている。ピローグと呼ばれる丸木舟で、六〇人から八〇人もの人間が詰め込まれる。海は緑がかった色で、風がある。そして、警官たちは無線機を持っていないことを嘆く。難民を捕まえるのに、高速艇もヘリコプターもないと言って嘆く。

ハーバービューは機転の利く若者で、生きる術を心得ていた。彼はここヌアディブの生まれで、大胆でもあった。イスラームの国でジンを蒸留して、それを宅配するというのはかなり大胆なことだったが、「そうやって金持になれるのだ」というのがハーバービューの言い分だった。彼はジョンにいっしょに小さな会社を立ち上げるつもりはないかと尋ねた。ジョンは同意した。

工場は砂漠のなかの一軒屋だった。小屋のなかには大きな樽が二つ、小さな樽が一つあった。アフリカ製のジンのレシピは以下のとおり。

材料：砂糖一包み、酵母四袋、水

つくり方：材料を混ぜて、九日間放置する。混合物を弱火で暖める。混合物の入った容器にパイプと卜字管をセットする。管を冷たい水に通す。炎が混合物を熱すると、しゅんしゅんと音を立て、沸騰する。管から滴り落ちて、瓶のなかに落ちる液体は四〇度から四五度のアルコール濃度を有する。

肝心なのはアルコールの濃度だけで、味はどうでもよかった。モノは強くなければならず、味を求めるのは贅沢というもの。

一年間はうまくいった。二人はしこたま金をもうけた。モーリタニアのムスリムもときにはしたたか酔っ払いたいのだ。しかしあるとき、隣人の誰かが、あるいは敬虔なムスリムが警察に垂れ込んだらしい。警察はまずハーバービューを逮捕して、殴ったり鞭打ったりして拷問を加えた。その後、ジョンがちょうど二〇リットルのジンを得意先に配達しようとしたとき——午前二時だった——、あるバーの前で警官たちが彼を待ち構えていた。

警察はジョンからすべてを——蒸留会社は誰の所有で、仲間は誰で、工場はどこにあるのか——聞き出そうとした。しかし、警察は名前を取り違えて混乱していた。というのも、密告者が警察に告げた名前はエコだったからだ。ジョン・エコ・アムパンは警察に、彼の名はジョンだと言った。警察は、逮捕した男が単なる使いの者にすぎないのか実際の蒸留業者なのかについて確信がなかった。彼らはジョンに目隠しをして、縛り上げ、砂漠へと連れ出した。

拷問は二時間続いた、とジョンは言う。警官たちはジョンを殴り、足で踏みつけ、地面に寝かせてランドローバーに縛りつけた。そうして車を発進させて、砂のなかを引きずり回した。だが、ジョンは蒸留工場のことは何も知らないと言い抜けた。ジョンは言う。拷問されれば、誰の名前でも明かしていただろう、だがこの友人ハーバービューだけは裏切れない。なぜなら、彼はジョンを救ってくれたし、信頼してくれたし、ハーバービューとはもうとっくに兄弟になっていたからだ。

彼らはジョンを殺さなかった。ジョンは数時間どこかに放置された後、ふたたび市内に連れ戻された。搬送代金として一五〇ドル要求されたが、ジョンはこれを支払った。二〇リットルのジンはむろん没収された。それから警察はジョンを道端に放置した。ジョンは帰宅し、身体を洗い、ベッドに横たわって、一週間そのままだった。

もう沢山だ、とジョンは思った。モーリタニアはもうこりごり、彼は先に進もうと考えた。数日間ジョンは夜のうち蒸留工場で眠った。できるだけ早くできるだけ多くの金を稼ぐために、密かにできるだけ多くのアルコールを蒸留した。それから彼は一五〇ドルで旅券を買った。旅券はイギリスのものだった。ジョンはその旅券に彼の写真を貼り付けた。「モリス、サンドラ」と書かれていた。ジョンは今やミスター・サンドラ・モリスだった。

モロッコへ行くランドローバーのチケット代金は一八〇ドルだった。

ジョンは西サハラのダフラの近くに到達した。そこには国連の平和維持部隊がキャンプを張っていて、誰も入国させない。西サハラは問題のある地域で、再三戦争状態にあった。そこの住民は独自の国家を建設しようとするからだ――「サハラ・アラブ民主共和国」。モロッコはこの地域を占拠し、自国の領土に算入しているが、この二六万六〇〇〇平方キロメートルの土地をドイツその他のEU諸国はモロッコの一部とは認めていない。地雷原の広がるこの地域は、今も昔も厄介な地域だ。

四日間ジョンは国境で待った。すると、国境はまた開かれた。ジョンは向こう側へ行くことが許された。

ヨーロッパはもうすぐだった。

オラン、アルジェリア、五〇七五キロ

鉄道線路の脇にはゴミがある。駅には錆びついた車両があちこちに見られる。オランの建物は六階ないしは七階建てで、東欧のブロック諸国の趣がある。バルコニーには洗濯物が翻っており、屋根には衛星テレビ受信用のパラボラアンテナが並んでいる。

オランは没落した都市だ。だが、かつての美しさが垣間見える。コロニアル様式の古い建物のファサードは白く、木製の窓の鎧戸は緑色、旧市街の家々の間には樹木が茂り、いたるところに小公園がある。

オランは地中海の湾を取り囲む山々の上に位置している。オランはもちろんフランス的で、現在もなおいくらかはこのフランスふうの魅力を残しているが、それも消えつつある。なぜなら、五〇年来補修や洗浄がなされていないように見えるからだ。たとえばグラン・オテルはかつて美しかったことを感じさせるが、今ではもう廃墟だ。シャワーと洗面台は茶色で、客室には小動物が跋扈《ばっこ》している。

町はイスラームふうだ。女たちは顔をベールで覆って通りを行きすぎ、男たちはジーンズかトレーニングスーツを着ている。彼らは聖なるカトリックの大聖堂のなかにカフェ、市場、書店などを開設して、世俗化した。

難民たちはこの町の闇の世界で暮らしている。

彼らは人目につかない。隠れているからだ。ヨーロッパはもう遠くない。もはやいかなるリスクも冒すわけにはゆかない。姿を見せたかと思うと、すぐにふたたび姿を消す。彼らは数分間光のなかで過ごすと、もうそこにはいない。非合法移民はそうであるほかない。つまり、地味で目立たないこと、匿名性を保持すること、物静かであること、従順で勤勉であること。彼らは、賄賂を要求する警官をけっして批判してはならないし、外国人労働者をその時々の事情で誘引したり駆逐したりする政治家を批判してはならない。社会の下層に属していて多くを失う者が、上層に属する者を侮辱することはない。なぜなら、彼にはもう目的地が見えているからだ。彼らはオランの町中にある「バドル」のようなホテルに住みついている。ラゴス出身のウィリアムやアンソニーのような男たちだ。私たちは彼らとあるカフェで落ち合って、ホットミルクを飲みながら彼らの生活ぶりを話してもらった。

彼らは総勢五人で、ダブルベッドの入った一室に住んでいる。どうしても外に出なければならないときでも、それはドアの前だけにかぎられる。その場合には、一人が前方をもう一人が後方を見張っていて、いつでも逃げ出す用意を怠らない。部屋代は一日三〇〇ディナール〔二〇一〇年の換算で、一アルジェリア・ディナールが約一・二円〕。彼らは毎日ゼロから始める。婦人たちの買い物袋を市場から運ばせてもらえれば、五〇ディナールになる。八時間物乞いをして五〇ディナール。夜になると、いつも全員で合わせてなんとか三〇〇ディナールになる。しかし、旅を続けるための金を貯めることはできない。

これはネットワークのない地下生活だ。アルジェリア人はウィリアムやアンソニーのような人間を狩り立て、逮捕し、強制送還するのだと、二人は言う。彼らはすでに三度投獄された。獄中での唯一の栄養分は缶入りミルクの水割りだった。その後彼らは三度追放されて、また三度戻ってきた。金があるかぎりは、彼らに宿を提供してくれる者をみつけることができたが、逆に彼らを裏切る者もいる。「国にいるわれわれの友人もおそらく相変わらず文無しだけど、相互に助け合っている。彼らはおそらく結婚していて、まあなんとか生活を営んでいるわけ」とアンソニーは言う。「衣服も、食べ物も、友人もない生活というのは、笑いのない、人間としての尊厳を欠いた生活だ」とウィリアムは続ける。「黒人が輝きを放ち、成功するのを、誰も欲していないのさ」。

私たちはさらに二人のリベリア人を見つけた。彼らはかつての少年兵で、その証拠に今でもなお首に当時の印を付けており、彼らの身分証明書からもこれは明らかだ。私たちは二人を食事に誘った。

インドヴェ・サム（三二歳）はオリーブとハムのピザを食べている。迷彩帽にブルーのプーマのトレーニングシャツ。彼の両目はひどく離れていて、眼差しは落ち着かない。たえずドアと窓のほうに視線を走らせる。インドヴェ・サムはシエラレオネのフリータウンの生まれで、国家試験に落第した。そうなると、将来の見込みがありそうなのは軍隊だけだった。彼はモンロビアのＢＴＣ（トレーニングセンター）でリベリア軍兵士としての訓練を受けた。その後八年間兵士を務めて、最終的な地位は二等軍曹だった。「俺はこの殺し屋を守っていたのだ。だが、奴は俺のことなど知るはずもない」。インドヴェが言うのは、国家元首チャールズ・テーラーのことだ。「俺は戦士として力を持っていたけれど、結局は、奴がいつでも俺に権力を振りかざしていた。最後には、奴らは給与を支払わなかった。何年も待たされた挙句の果てに、もう金はない、ソーリー、どうしようもない、というわけさ」。

「ぼくの生まれた国」。それ以上のことはジョンの口からは出てこない。その後、彼は会話から消えてしまう。彼は一〇年以上も生まれた国に戻っていない。

リベリアは金《ゴールド》の国であり、ダイヤモンドの国であり、熱帯ジャングルの国であり、多数の小部族から成る国だ。長年の戦争のために、抑制もタブーもないアフリカの戦争によって変えられ、苦しめられ、最終的に破壊された国々の一つだ——ルワンダのような、スーダンのような、シエラレオネ、ソマリア、コンゴ、エチオピアのような。以前は首都モンロビアには建物が並んでいた。しかしその後、数万もの難民が首都に流れ込んだ。家が爆破されたり、燃え尽きたりすると、難民がやって来て、まだ使える残り物を集め、それで掘っ立て小屋を建てた。現在ではモンロビアはバラックと廃墟の都市で、建物には閉じるべきドアもなければ、窓のガラスもない。この町の色は灰色だ。

リベリアの戦争の歴史は一八二一年に始まる。当時「アメリカ植民協会」の使者として軍人のロバート・ストックトンがモンロビアに派遣された。ストックトンは、その地域最大の部族の長であるピーター王の額にピストルを押し当てて、彼の土地を売ることに同意させた——マスケット銃〔火縄銃の一種〕三丁とビーズ一箱と引き換えに*。アメリカ人たちの意図はまったく高尚なものだった。奴隷制という犯罪を償うために、アメリカ植民協会はかつての奴隷たちを彼らの父祖の地に「帰還」させようとした。

一八四七年までに六〇〇〇人が大西洋を渡り、リベリア共和国が成立した。しかし、アメリカ人が当初想像していたのとは何かがちがっていた。かつての奴隷たちは奴隷制の社会秩序しか知らず、そのために、彼らは父祖の地に今やアメリカ式の奴隷社会をつくりあげようとした。しかし今回は、彼ら自身が主人になった。ひょっとしたら、隷従状態のなかで育ち、他のことは何も知らない者は自由と民主主義を評価できないというのが真実だったのかもしれない。「アフリカ大陸が彼自身の仲間に対して犯す犯罪は、その規模において、また不幸なことにその在りようにおいても、別の大陸で為された歴史的な犯罪の記憶を絶えず呼び起こすように思われる類のものである」とナイジェリアのノーベル文学賞受賞者ウォーレ・ショインカは書いている。

その後、ありがちなことが起きた。一方はみずからを支配人間と宣言し、その他全員を劣等人間としたのだ。すなわち、合衆国から来たアメリコ・ライベリアンたちは、彼らのみがリベリアの市民であり、住民の九九％を占めるすべての先住民を「未開人」と宣言した。ともあれ二つの社会は長いこと並存した、空間的に分け隔てられて。支配者たちは大西洋の海岸沿いに留まって、燕尾服に白い手袋、さらに山高帽をかぶり、良きバプティスト〔浸礼派。プロテスタントの一派で、幼児洗礼を認めず、成年後の浸礼を重視する〕として教会に通った。その他の諸部族は内陸部に留まった。すでに当時から上下間の結婚は禁じられており、したがってすでにアパルトヘイトの制度ができ上がっていた。とりわけかつての奴隷たちはこれを鼓舞推進した。そして、族長の誰かが反旗を翻したりすると、首都から懲罰部隊が派遣されて、収穫物は焼き払われ、反逆者は首をはねられた。そして、捕縛された者は奴隷にされて、市場で売りに出された。

支配人間を代表するホイッグ党が唯一の政党としてリベリアを支配した。彼らは一〇一年間権力の座に居座り、この国のすべてを決定した。政党の党首は自動的に国家元首であり、先住民たちはもちろん政治に参画することは認められなかった。

一九七〇年代の大統領はウィリアム・トルバートだったが、大陸の多くの為政者と同様に、もっぱら自分の富を築きあげるために権力を濫用した。トルバートは車、旅券、金などの取引をおこない、彼がなんらかの特権と結びついた役職を誰かに与える場合にはつねにその見返りを求めた。しかし、一九八〇年四月に一七名の兵士がトルバートの大統領宮殿を襲って、大統領を八つ裂きにし、その臓物を犬たちの吠える中庭に投げた。この襲撃部隊の司令官はクラン族のサミュエル・ドウ軍曹だった。

* Allan Yarema, *The American Colonization Society*, university of America によれば、マスケット銃、ビーズ、タバコ、鉄、食器類、衣服、鏡、食料、ラム酒といった三〇〇ドル程度の品と引き換えに植民地として岬（ケープ・メスラド）を獲得した。

サミュエル・ドウはリベリアで「バヤイェ」と呼ばれる男たちの一人だ。つまり田舎から都市に出てきて、電気も水道もない地域に将来の展望もないままに住みついている若い失業者たちのことだ。軍を編成しようとする司令官はドウのような人間をすぐに雇うことができる。

サミュエル・ドウは「制服を着た文盲たち」（カプシチンスキ）の一人だった〔ドウは初等教育を受けていたが、読み書きは十分ではなかったと言われる〕。彼は自身を大統領に任命し、さしあたりまず処刑に取り組んだ。トルバート政権の一三人の大臣は死ななければならなかった。政府の支援者、すべての敵対者、新大統領を暗殺する可能性のありそうな者すべて、全員が死に値した。商店は閉じられ、人びとは姿を隠した。クラン族は支配カーストに成り上がり、森の住民はモンロビアの邸宅に引っ越した。その他の残りの人間は恐怖に慄《おのの》いた。道路は建設されず、いかなる発展もなかった。サミュエル・ドウは彼の宮殿で金縁の眼鏡をかけて、部下の戦士たちとチェッカーをし、女たちを呼び寄せた。そしてクラン族は、彼らの奢侈を妬む者たちを皆殺しにした――大統領の祝福を得て。アフリカではほとんどいつもそうであるように、ヨーロッパとアメリカがその際に果たした残忍な役回りも真実の一端だった。つまり、サミュエル・ドウは共産主義者との戦いにおける忠実な盟友、つまり冷戦における同盟国だったから、彼をロナルド・レーガンは多額のドルをもって支援した。

一九八九年一二月にチャールズ・テーラーはサミュエル・ドウに対して蜂起した。テーラーはかつて大統領の忠実な部下だったが、ドウの金を盗んだために不興を買った。彼はアメリカに逃げて、そこで経済学を学び、ボストンでガソリンスタンドの給油係として働いた。公金横領容疑で逮捕されるが、逃走し、コートジボワールにふたたび姿を現わした。当初テーラーは六〇人の兵士を従えていたにすぎないが、やがて一軍隊になった。将来の分け前をめぐって争いが生じたとき、テーラーの参謀役だったプリンス・ジョンソンが離反し、今や三つの軍隊が権力と地下資源をめぐって争うことになった。

一九九〇年九月にサミュエル・ドウは暗殺者の仕掛けた罠に落ちた。モンロビアの港で彼を待ち受けていたのはジョンソンの手下たちで、彼らはドウのボディーガード全員を殺害し、ドウの両脚を狙い撃って彼を捕え、連れ去った。

その後起きたことは今日なお見ることができる。

実写ビデオがあって、アフリカの市場で買える。

売れ行きは良好だ。

ビデオでは太ったプリンス・ジョンソンが映し出される。汗をかいている彼の傍らに若い美女が立って、扇子で彼に風を送っている。プリンス・ジョンソンはビール瓶を手にしている。彼の前にはサミュエル・ドウが横たわっている。裸で流血しており、泣いて慈悲を請う。顔は腫れて、両腕は奇妙な格好に捻じ曲げられている。すると、ジョンソンが、銀行の口座番号を言え、と叫ぶ。金はどこだ？　ドウは、言うよ、と答える。しかし、ジョンソンはもう叫んでいる。「奴の耳を切り落とせ」。兵士たちは大統領に歩み寄って、銃剣で耳を切り落とした。「もう一方もだ」とプリンス・ジョンソンは叫ぶ。

血の陶酔。ドウは両耳を失い、血まみれになって、立ち上がり、前方に倒れる。ジョンソンはむかついているようにも見えるし、退屈しているようにも見える。映像は一〇〇分以上も続く。サミュエル・ドウはなお四時間生きていたという。

その後、プリンス・ジョンソンとチャールズ・テーラーの一騎打ちになった。アフリカの数ヵ国は介入部隊の編成に踏み切った。凄惨な闘争が続いた。その後介入軍はモンロビアを制圧した。だが、ジョンソンとテーラーが国を支配しており、テーラーのほうが一枚上手だった。彼はダイア鉱山のある地域を占領していたからだ。彼は少年兵の軍を編成して、彼らにクラックやヘロインを与えた。テーラーはダイヤモンドを売って武器を購入し、その武器を少年兵たちに与えて、こう言った。「さあ、なにか食べるものを取ってくるんだ」。

これもまた一種の教育だ。リベリアのような国々の子どもたちはこれをすばやく習得する。学校は役に立たないし、仕事も役に立たない――金をもらえる、飢えることはない、俺は強い。俺が銃を向ければ、みんな俺のことを怖がる。

チャールズ・テーラーは古典的な軍司令官だった。富をますます積み上げるために、もっとも貧しい者たちから奪った。「私たちは、窮乏が一方の人間に死の宣告をし、他方の人間をモンスターにする世界を移動している」とリシャルト・カプシチンスキは書く。そして、インドヴェ・サムはこのチャールズ・テーラーについて語る。強くなり、もっと強くなり、最後には国で最強になった武器商人について語る。その一方で国は貧しく、さらに貧しくなり、焼き尽くされた。もはや誰もが他人を信用せず、誰もが他人から奪われ、強姦され、殺害される国。

テーラーは一九四八年の生まれで、一九九七年には七五％の得票率でリベリアの大統領に選ばれた。「彼は私の父を殺した、彼は私の母を殺した、私は彼を選ぶ」。テーラーの支持者たちはモンロビアの市街でこう叫んでいた。そしていつものように、この大陸ではいたるところでそうであるように、これらの支持者たちは彼らの指導者を神格化した。チャールズ・テーラーは神に比すべき存在だった。彼は不死身であり、彼の純なる霊魂は神の盾によって銃弾から守られていた。むろん思慮深く、無謬で、慈悲深かった。

テーラーの七年におよぶ戦争でおよそ三〇万人が死んだ。テーラーは虐げられた国のダイヤモンド、生ゴム、木材を売り、その収入を少年兵たちのための武器の購入費用に当て、残りは外国の銀行口座に溜め込んだ。税収および木材やダイヤモンド取引による収入の七〇〇〇万ドルから一億ドルをテーラーは自分の懐に入れたという――一年当たり。テーラーの資産は三〇億ドルになると調査官は見積もる。テーラーは国境を越えてシエラレオネにまで戦争を拡大した。それは、シエラレオネから裏切られることを恐れていたからだ。元国連難民高等弁務官のルード・ルベルスは、リベリアは「西アフリカの危機の震源」だと言う。

二〇〇二年には世界中で三〇の戦争があったが、そのうちアフリカを舞台にした戦争は一一に上った。「新しい戦争」と呼ばれるものの本質的な問題として、社会学者は国家による権力独占の消滅を指摘する。受け継がれた憎悪の歴史、水や資源や土地をめぐる争い、宗教や民族起源による住民の分極化などが人びとを戦争へと狩り立てる。崩壊した国家にあっては、暴徒が戦争を始めるのにさほど多くの金を必要としないし、格別の信念も必要ではない。そうなると、その戦争は略奪と殺人を正当化し、暴徒グループの存在を正当化することになる。繰り返し自分自身を正当化するのだ。

チャールズ・テーラーは仰々しくナイジェリアへの亡命を果たした後、二〇〇三年に大統領職を辞した。二〇〇四年には四九ヵ国から一万五〇〇〇人の国連平和維持軍がリベリアに入った。リベリアの三二〇〇万人のうち五〇万人が今なお難民キャンプで生活している。二〇〇六年の春に、テーラーはナイジェリアで逮捕されて、シエラレオネに引き渡された。戦争犯罪および人道に対する罪など一一の罪状でまもなく国連の法廷〔シエラレオネ国際戦犯法廷〕に引き出されることになっているからだ。

このリベリアに関する話の途中には長い中断があった。インドヴェは、イスラエル人、南アフリカ人、ナイジェリア人たちによって教育されたと主張する。彼は「殺人について話す」ことはできないと言う。彼の兄弟は戦闘で射殺され、非常に多くの友人も死んだ。ともあれ「武器で生きる者は、武器で死ぬ」と彼は言う。何たる明察。

ところで、きみ自身は村々に入っていって強姦や殺人を遂行した死の中隊のメンバーだったの?

「それについては話せない」とインドヴェ・サムは言う。それで、彼に代わって友人が語る。

＊

**コロネル・ラヒム・トゥーレ、兵士番号：〇〇五四六一九、モンロビア、リベリア**

リベリアの子どもは銃を撃つことしか教わらない。それ以外は何も。罪のない人間を殺す。とにかくそうする。なぜって、誰かが命令したから。それ以外には何も習うことはない。それ以外には何もできない。そしていつか、人を殺しても何とも感じなくなる。そうなるともう殺すだけだ。ぼくは六年間学校へ行った。でも一三になったとき、殺しを始めた。ぼくたちの部隊はSBUと呼ばれていた。スモール・ボーイズ・ユニットだ。ぼくは今二二歳。もううんざりだ、疲れたよ。

これは人間の生活ではない、ぜったいにそうではない。でも、武器があれば、いつも食べ物にありつけた。ぼくは弱くなかった。今ぼくはもう武器を持っていない。で、何をしているかって?物乞いをしている。

ぼくは怖い。海が怖い。ぼくたちは少しずつ前に進む。旅は楽じゃない。でもいつか海岸に着いて、ボートに乗る。ぼくは泳げない。海は暗くて深い。海はものすごく冷たいと聞いたことがある。泳ぐことを習わず、殺すことだけを教えられた者にとって、海は脅威だ。

**ザ・バレー、アルジェリア、五二四〇キロ**

今回のアフリカの旅では、事前に予想していたのとは異なっていることがたくさんあった。その一つは、ヨーロッパの威嚇戦略、移住者に対する攻撃、軍、鉄条網、夜間監視機器、壁、多額の資金の投入、これらの施策がある意味で実際に機能しているという印象を得たことだ。旅を始める前は、難民たちがまさに繰り返し言うように、移住をストップすることは不可能だと私たちも考えていた。壁がいかに高かろうとも、探索技術がいかに近代化されようとも、そんなことはものともせずに、アフリカ人はいつでもなんらかの方法をみつけるだろうと考えていた。

今ではもうそれほど確信がない。

もちろん、何人かは今後も通り抜けるだろう。たとえばギリシャの島々は守りきれない。島の数が多すぎるから。徐々にこのルートが知られるようになっている。だがそこにはやってくるアフリカ人はごくわずかだ。距離が遠すぎるのだ。難民の数は減少している。やがてヨーロッパ諸国の大臣たちは彼らの戦略の成功を称讃するであろう。

しかしだからと言って、アフリカの人びとが故郷に留まって、そこで何かをつくりあげるということではない。彼らは今後も旅に出るだろう。だが、旅の途上のどこかで難破する。彼らはアフリカのなかをリビアへあるいはアルジェリアへ移動する。最新の噂を頼りに、仕事があるところへ、抜け穴があるところへ流れてゆく。マグニアの市場で布地を売っているガンビア出身のラミンのような男たちがそうだ。マグニアの市場では、トマト、オレンジ、繊維製品、ドイツからの古着、ブランドジーンズの海賊版などが供給過剰になっている。ラミンは市場の真んなかに立って、彼の雇い主から一日五〇ディナール（八七ディナールが一ユーロ）を貰う。彼の乾燥した皮膚には奇妙な斑点がある。しかし、医者に行く金はないし、旅をするための金はなおのことない。

労働力と青春の浪費、健康と情熱の何たる浪費であろうか。ラミンのような人間は誰からも必要とされない人間だ。だが、どこかに良いことがあるのではないか、彼らを歓迎してくれるところがどこかにあるのではないかと期待してきた人間だ。だがしかし、彼らは何を学ぶのか？　故郷では、彼らは経済的な意味で無益であり、それゆえ余分な存在であり、社会にとって重要ではなかった。しかし故郷には彼らを愛する者たちがいた。だがここでも彼らは無益で、余分な存在で、彼らの周囲の人間にとって煩わしいかあるいはまったくどうでもいい存在なのだ。

空しく費やされる生。

国境の前では数千の人間がチャンスを窺っている。金を、そして、誰もが自身の人生で手に入れられるこのチャンスを、少なくとも一回のチャンスを待っている。アルジェリアとモロッコの国境にある「ザ・バレー」はちょっとした町だ。

「ザ・バレー」はマグニアの手前五キロの地点にある。それは峡谷《キャニオン》で、岸壁の高さは約二〇メートル。ここには一六〇人が生活しており、大部分はガーナ出身者で、その他はマリ、セネガル、ガンビア、カメルーン、ナイジェリア、コンゴ、ブルキナファソ、コートジボワールの出身だ。

彼らはボール紙でつくられた小屋に住んでいる。ボール紙は釘で木に打ち付けられ、その上にナマコ板がかぶせられる。さらに新聞紙があれば、壁の内側に貼り付ける。そのような小屋に彼らは住んでいる。何年も。小屋の大きさは幅五メートル長さ一〇メートルで、その空間に一〇人から二〇人が寝起きしている。もちろん小屋のなかでは火が焚かれる。アルジェリアの山中は寒いからだ。だが、この炎が危険だ。しょっちゅう小屋は焼け落ちる。ここの人間は後にも先にも行く場所がない。彼らの町はゲットーだ。ここにいるのは、砂漠のなかに放置された人間、密航斡旋業者から巧みにあしらわれて追放された人間だ。彼らにはもう金が残っていない。

ザ・バレーにはサッカー場がある。穴だらけででこぼこだが、二つのゴールがある。ザ・バレーには大統領、司法兼国防大臣、兵士たちがいて、事務局、警察、留置場がある。水汲みのために外へ出る者たちの護衛もいる。法廷と規則がある。盗まないこと、殺さないこと、汚職はノー、これらがここの掟だ。ザ・バレーの直前の峡谷《キャニオン》の入口には守衛所があり、八人の男と四頭の犬がいる。ここの美点は、絶望者たちの谷が人びとにふたたびいくらかの尊厳と役割を与えていることだ。ここにいる二〇歳から二五歳くらいの若者たち、賢い者たち、体力のある者たちは、私たちの世界では何の役割も何の尊厳を与えられない。

「これこそエコワス、すなわち西アフリカ諸国経済共同体〔Economic Community of West African States で ECOWAS と略される。一九七五年に設立された地域共同体で、西アフリカ一五ヵ国で構成され、共同の平和維持軍を有する〕だ」と大統領N・アダム・プログレスは言う。「これこそ真に完璧なアフリカ国家だ」。プログレス大統領の小屋の壁には世界地図が掛けられ、五台の携帯電話と二台のリモコンが机の上に置かれている。多くの黄色のメモ用紙が背後の壁に貼り付けられている。

　私たちは大統領を招待し、私たちも招待された。N・アダム・プログレスは二〇〇一年にガーナを出た。徒歩で、あるいは事情が許せばいつも車で前進し、二〇〇三年にザ・バレーに到着した。それ以来ここにいて、先に進むチャンスを待っている、あるいはそれはもうまったく望んでいないのだろうか？　N・アダム・プログレスはドレッドロックス〔ドレッドヘアのこと〕に赤・黄・緑色のレゲエ・ブレスレットを着けている。プログレス大統領に付き添うのは、ハッサン・アダムとJ・O・アウワで、前者の肩書きは大統領顧問、後者は大統領秘書官だ。

　大統領の二人の助手はかつてモロッコ内のスペイン領の飛び地メリリャに到達していた。そこで彼らはメリリャのフェンスへの突撃の場に居合わせた。多くの難民が通過できたのは、集団で突進し、相互に助け合ったからだった。しかしその後、兵士たちは催涙ガスを持って来た。ハッサン・アダムとJ・O・アウワはフェンスからぶら下がったままだったから、スペインの警官たちによって下に突き落とされた。そのとき三人のアフリカ人が制服姿のモロッコ人によって射殺されるのが見えた。二人は拘束されて、金と携帯電話を差し出さねばならなかった。その後彼らは追放され、砂漠に放り出された。そして、なんとかここにたどり着いたというわけだ。ハッサン・アダムはこの四年間息子に会っていない。彼の妻は彼からの送金を待ち望み、彼を待っていようと思い、また彼の後を追おうとも思ったが、その間に別の男と結婚した。

「アフリカでは、自分の家族を養うことができなければ、家を出て行かねばならない。妻は夫を待つことなく、彼女を食べさせてくれる男を選ぶ」とハッサン・アダムは言う。「アフリカはそういう大陸だ。それがわれわれのすばらしいアフリカなのさ」。

＊

N・アダム・プログレス大統領、タマレ、ガーナ

われわれがここにいるのは、故郷に戻ることができないからだ。帰郷すれば、それは挫折であり、断念であり、敗北だろう。それではだめだ。空手で帰る者は、成功するまで何度でも新たに出直さねばならない。だから、そもそも帰郷するわけにはゆかないのだ。

私が故郷を離れたのは、申請していたビザが入手できなかったからだ。それでも私は自分の人生を自分の手で切り開きたかったし、何かを達成したかった。私はコンピュータ技術者で、ビデオや写真も扱える。私が仕事用の器材を所有していて、わずかなりとも仕事の依頼があったならば、故郷に残っただろう。しかし何もなかった。まったく何一つなかった。私は生き延びることができる場所に行こうと思ったのだ。要求が高すぎるってことはないだろう？　働くことができて、何がしかの金を得られること、それは大それた望みではない、ちがうかい？　故郷を出れば、三つの可能性しかない。成功するか、死ぬか、挫折するかだ。

この谷にいるわれわれは挫折者だ。

しかし、われわれはここまで遠い道のりをやって来た。いろいろなグループがある。あるグループの三〇人のうちでここまでたどり着くのは一〇人だけ。残りの者たちはサハラ越えに失敗したのだ。サハラで死んだり、後に海で死んだりする者たちのことは誰にもわからない。彼らの名前を知っている者はいないし、死者の数もわからない。

われわれがこの谷のゲットーで成し遂げたことは、ありうるアフリカの姿だ。われわれはここで出会い、助け合う。問題があるのは当然で、つねに金が絡んでいる。しかし、誰かが武器を持ち出せば、五日間留置場にぶち込まれる。正直なところ、ここではアフリカのどこよりも問題は少ない。なぜなら、われわれは結束しており、敵対して戦うことはないからね。

だがしかし、永遠にうまくゆくことはないだろう。彼らがわれわれを憎んでいることは承知している。アルジェリア人のことさ。彼らがナーバスになっているのは、彼ら自身仕事がないからだ。それで、できることなら、彼らはわれわれを殺したいと思っている。きみたちヨーロッパ人は、彼らがわれわれを狩り立てる手助けをする。きみたちは彼らにいつも従来以上の金を与えて、われわれを追い払うように要請する。そのような攻撃性や怒りは私には理解できない。人間を捕えて、サハラ砂漠に置き去りにする、そんな冷酷無情な仕打ちがどうしてできるのか？　捕縛し、連れ去り、放置し、死ぬに任せる。これをモロッコ人たちはおこなう。これをアルジェリア人たちはおこなう。そして、それに対してきみたちヨーロッパ人は金を払う。どこの誰がどうやってそんなことを決定できるのか？

二つだけ言っておこう。第一に、白人は非合法の移住者としてアフリカに足を踏み入れたこと。奴隷狩りをした者たちはビザを持っていただろうか？　第二に、アフリカの「放浪の旅《オデュッセイア》」にストップがかけられることはないということ。きみたちがわれわれを止めようと思うなら、海の真んなかに壁を築けばよい、天まで届く壁を。

*

しかし、ヨーロッパの内務大臣たちが推進していることはたしかに効果を挙げている。アフリカ人たちは怯えて、遠ざけられ、押しのけられる。故郷を出る難民が少なくなることはないであろうが、目的を達する難民はやがて少なくなるだろう。なぜなら、アフリカ人が陽動作戦や奇抜な思いつきをもって戦いを挑んでも、高速艇や夜間監視機器に対して勝つ見込みはないからだ。

それゆえ、ヨーロッパの内務大臣たちはいつか彼らの計画が功を奏すると考えるだろう。そしてアフリカはひとり取り残されることになろう。というのも、本来双方にとって必要な構想、つまりアフリカの真のビジョンは、ヨーロッパの観点からすればもはや必要でなくなるからだ。

難破者、挫折者、彼らがアフリカの未来になるだろう。

エリ・ヴィーゼル〔ルーマニア出身のユダヤ人作家。ホロコースト体験を記して、一九八六年にノーベル平和賞を受賞〕はこう書いている。「難民たちは分断された世界で生きている。彼らが生きることのできない国々の狭間で、彼らが足を踏み入れることが許されない国々の狭間で生きている」。

その後、私は『デア・シュピーゲル』誌の旅行部門主任のアンドレアに電話をして、彼女とフェリーと航空機の便についてとことん話し合う。そして、私たちが必要とするものを告げる。というのは、私たちはヨーロッパの旅券とクレジットカードを持っているからだ。アンドレアは必要なものを予約する。明日になれば、万事うまく行くだろう。私たちの計画した旅の完璧さとテンポがこれほど具合の悪いことになったのは今回が初めてだった。

ガザウエトの港の税関。彼らはジョンを検査する。彼らはジョンの旅券に押されているスタンプを信じないし、彼が私たちと同行していることを信じようとしない。それでも半時間後、フェリー「シウダード・デ・サラマンカ」号への乗船が認められた。こうして私たちは、ジョンのヨーロッパ滞在認可を危険に曝さないために、方向転換していったんスペインへ渡り、そこからふたたびモロッコに戻ることになった。

フェリーの船上で、サンドイッチ三個に、コーラ、レモネード、コーヒー各一杯を注文する。合計一五ユーロ。手元には一〇ユーロしかなかったが、ディナールとアフリカフラン〔CFA。アフリカ金融共同体フラン〕は十分にある。だが、これらの貨幣は受け付けてもらえない。ジョンは怒りの発作に襲われる。彼がそんなふうになったのを私は見たことがない。ジョンはバーの奥にいる男に向かって怒りの声を上げる。「あなたたちはアフリカ相手の商売をしていて、船をわれわれの大陸に乗りつける。ところが、あなたたちの言い分にしたがってことは進められる。ここのアルジェリア人はこの船の上でどうやって支払えばいいんだ？　これこそまさにヨーロッパ的な政治だ。われわれはまだアフリカの港にいるんだぜ。それなのに大真面目でユーロしか受け取らないと言うのか？」

「いや、ドルでもいい」とバーの奥の男は言う。

それから数時間、アフリカは私たちの背後に隠れる。緑の山々、丘陵、霧、その上には雲が浮かんでいる。何という旅であろうか、難民たちが耐え忍ぶことに比べれば。私たちはアルジェリア・モロッコ間の国境が閉鎖されているのを恐れて、こうしてヨーロッパ経由の寄り道をして、それからまたアフリカに戻る。一方、難民たちは国境の手前の山中で相変わらず足止めされている。

逃亡――それは、平常《ノーマル》という言葉がもはやなんらかの意味のある概念ではない場合に生じる。

それは、まさに飢えや渇きのなかから、汚れのなかから、わけても孤独や未知のなかから自身の力を搾り出すことを意味する。
というのも、逃亡しなければ、破綻するからだ。

# 第五章　海

これをもってアフリカは終わりにする。後々アフリカに言及することはもはやあるまい。というのも、アフリカは歴史的な大陸でないからだ。そこには変化や発展は見られない。

G・W・F・ヘーゲル

## タンジール、モロッコ、五七四〇キロ

彼らはモロッコの海岸のいたるところから出発する。ここからはヨーロッパが見える。ヨーロッパはすぐそこだ、二〇キロしか離れていない──悪魔的な近さ。ここからヨーロッパの匂いをかぐことはできない。匂うのは海の自由、危険でリスクを伴う自由だ。まだヨーロッパの音は聞こえない。ここからはアンダルシアの風力発電の風車が見える。建物と入江が見え、夜には明かりが見える。だが、地中海がいかに危険か、このような海峡では風と潮流がどれほど強いかは見えない。ここを通過するタンカーがどれほどのパワーを持つかは見えない。また船首に立つ波頭がどれほど高くなり、船尾にできる波の谷間がどれほど深いか、これらは見えない。

死んでゆく者たちは見えない。難破船の残骸、エンジンがはずれて外の大西洋に流されるゴムボート、あるいはタンカーの船首の波に呑み込まれて転覆するボートは見えない。タンカーからはボートは見えない。レーダーに映らないからだ。

海はとても静かで、危険はないように見える。ヨーロッパは手を伸ばせば届きそうなほど近い。

カルサギール。タンジールから七六キロ離れた村で、彼らが出発する村々の一つだ。古い城砦が湾の上に立ち、砂浜の海岸線が優雅な弓形を成している。道標には「ラ・プラージュ」とある。

夜な夜な彼らはここから発つ。ここからは、対岸のスペインの冷暖房の効いた監視塔に座って、夜間監視機器を用いてジブラルタル海峡――ローマ教皇庁の『オッセルバトーレ・ロマーノ』紙は「巨大な墓地」と表現する――に目を光らせる警官たちの姿は見えない。EUは二億三六〇〇万ユーロをかけて「電子監視システム」（SIVE）を導入した。世界最新の国境監視システムで、これには長距離レーダー、夜間監視機器、サーモグラフィーカメラ、ヘリコプターが含まれる。

彼らはそれでもヨーロッパを目指す。そして、モロッコの警察がふたたびボートの残骸を回収し、積み上げ、火をつけても、じじつパテラ〔小さなボート〕の薪の山が燃え上がっても、それが意味するのは現実的な問題であって、状況を変えるものではない。すなわち、ボートがなくなり、金が失われること、だがそれで渡航者が怯むことはない。

北アフリカの中心都市であり、港湾都市であり、交易都市であるタンジールでは、難民たちは茶房や旧市街のメディナの小路にたむろしている。緑色の窓の鎧戸のついた白いコロニアル様式のホテル・コンチネンタルの周辺だ。

タンジールは数十年にわたって「北の真珠」と呼ばれ、ビートジェネレーションのいわば第二の故郷だった。ポール・ボウルズ〔小説家〕はここで執筆し、ジミー・ヘンドリックス〔ギタリスト〕とボブ・マーリー〔ジャマイカのレゲエ歌手〕はここで演奏し、マリファナを吸った。というのも、今日なお浮浪者の町であるタンジールは当時は伊達男《ダンディー》たちの中心地だったからだ。アレン・ギンズバーグ、ジャック・ケルアック、ウィリアム・バロウズはホテル『エル・ムニリア』を定宿にしていた。ギンズバーグは精神病院を退院したばかりだった。アルコール中毒者だったケルアックは、新しい紙を震える手でタイプライターに挟む必要がないように、いつも五〇枚の用紙を糊付けしていた。バロウズは彼の妻を射殺したばかりだった〔一九五一年、酒に酔ったバロウズがウィリアム・テルごっこをしていて、誤って妻ジョーンの頭を撃ってしまった事件〕。彼はここタンジールで『裸のランチ』を書いた。

ただし今日では、たとえば『ル・モンド』紙は「タンジールはテロリズムの工場なのか？」と問う。それは、二〇〇四年三月一一日にマドリッドで一九二人が殺されたテロ事件の容疑者のうち六人がタンジールの出身だったからだ。その間に住民の数は七〇万以上になっている。彼らの大部分は、サダム・ハウマのような町の周辺部にある錆びた鉄屑とゴミの山の間に立つ赤い煉瓦造りの家に住んでいる。非常に多くの仕事のない若者たちがあたりにたむろしている。というのも、毎年三〇万人の若者たちが仕事を求めるが、職場は一五万人分しかないからだ。

モロッコは一九九六年の憲法によれば、「立憲制の、民主主義的、社会的な君主国」である〔正式国名はモロッコ王国〕。国王は国家元首で、一九万六〇〇〇の兵士と七四四台の戦車、むろん三〇〇〇万の臣民を配下に置く最高司令官である。国王は統一と安定の保証人とされ、さらにこのイスラーム国家の宗教に関する最高権力者でもある。国王が首相を任免する。国王が放送局や新聞の許認可権を有する。投獄、処刑、恩赦を決定するのも国王だ。現在の国王はムハンマド六世で、国王になる前は学生で、「ＥＵとマグレブ諸国との協力」に関する学位論文で博士号を得た。またＥＵの委員長だったジャック・ドロールの助手を務め、陸軍少将の経歴を持つ。一九九九年七月に彼の父ハッサン二世が死亡し、皇太子ムハンマド六世が王位に就いた。国民は国王を「Ｍ六」と呼び、国王が自分の乗った車列を赤信号で停止させることを評価している。彼はコンピュータの専門家であるサルマ・ベンナニと結婚して、二〇〇三年五月八日に王位継承者ムライ・ハッサンが誕生すると、その権力を行使して四万七八九九名の受刑者に対して大赦を実施した。

タンジールの旧市街では、ハシシ、骨董品、女などを提供する商人がいたるところにいる。「あんたたちどこから来たの？」とある男が話しかけてくる。「欲しいものは何でもあるよ」。私たちが何も言わずにいると、彼はこう聞いてくる。「人種差別主義者なのかい？」。

ホテル・コンチネンタルのテラスに立つと、眼下にタンジールの港が見える。港の手前にはトラック用のターミナルがあり、渡航を待つトラックが幾重にも並んでいる。これもまた難民たちの関心の的だ。つまり、これもまた彼らの目的の一つなのだ。

トラック運転手のフランクに話を聞く。彼はオスナブリュックのマイヤー&マイヤー運輸会社から派遣された旅の途上にある。フランクの身長はほぼ一メートル九五センチ、グレーの頭髪に無精ひげを生やしている。彼はMAN社のトレーラートラックの牽引車《トラクター》に座って、「役立たず」と言う。「なぜって、窓の位置が高すぎて、明るすぎるのさ。眩しくて仕方がない」。彼は茶とコーヒーを交互に飲み、タバコを吸う。大量の喫煙のせいで、指先は黄色く変色している。

＊

フランク、トラック運転手、ドイツ

彼らはしょっちゅうやって来る。ちょっと目を離すと、もうどこかにもぐりこんでいる。ケーブルやロープが垂れ下がっていれば、彼らはどこでも這い上がる。それにしても、彼らは用心深い。何かを破損することはない——そのかぎりでは、単なる非合法移住だ。さもないと、捕まったときには、さらに器物損壊の罪まで帰せられるだろう。

彼らは上のトレーラーにへばりつき、缶詰を開けるようにブリキカッターで屋根を切り開こうとする。このトレーラーの屋根はスティール製だから、彼らに勝ち目はない。むろんこじ開けることはできない。別のやり方としては、彼らはトレーラー後部の積載用の蓋を押し曲げ、それを何人かが両脚で押し広げている間に、他の者たちはその隙間から身をよじってなかに転がり込む。だから運転手はドアのノブを特殊な締め具《クランプ》で安全確保しておく必要がある。さもないと、大変なことになる。あるいはまた、彼らはタイヤの上によじ登ってエンジンルーム内の隙間に入り込み、エアフィルターの脇にぴったりと身体を押し付ける――その状態でトラックが急勾配の山を登ってゆけば、そこはひどく熱くなって、彼らは蒸し焼きになってしまう。

正式にではなく、もちろん正式ではないに決まっているけど、でもきちんと首尾一貫して一緒にやらないかとしょっちゅう誘われたよ。つまり、組織的な人間の密輸だ。特に女で、むろんヨーロッパの売春宿に押し込められる。そこでは金になる。田舎出の処女ならばもっと儲かる。黒人よりも北アフリカの女の人気が高い。黒人の女たちは問題を起こしやすい。仲間になって一緒にやれば、一戸建ての家が持てる。でも、同僚のオットーは今スペインのムショ暮らしだ。そのわけは、当局に捕まった難民の誰か一人が、奴は組織の一員だと供述すれば、もうそれで十分だからだ。そうなれば俺も即ムショ入りだよ。そして、牽引車《トラクター》は没収されて、雇い主からはもう相手にされなくなる。

以前にコンボイを組んで走行したときのことだ。アフリカを出ると、最初のトラックから一人の男が転がり落ちた。そしてその上を他のトラックがみな走りすぎてゆく。三〇トンもの重さが身体に乗り上げるんだぜ。その後の光景といったらひどいのひどくないのって。またあるとき、俺は警察の検査を受けていた。すると一人の警官が俺にもう行っていいと合図をした。もう一人の警官も合図をするので、俺は車を出した。だが、ちょうど一人の難民がすばやく這い出ようとしていたんだ。俺は二本の車軸でその男を轢いちまった。一〇トンにさらに積荷の重さが加わったわけだ。今じゃ奴さんは身体障害者だ。

俺たちはフェリーまでトラックを転がしてゆき、向こう岸のスペインに渡る。向こう側の検査はますます厳しくなっている。彼らは今や二酸化炭素センサーを持っている。それでコンテナ内の二酸化炭素含有量を測り、それによって、コンテナ内に生物がいるかどうか確認できるんだ。でも、もちろん抜取り検査だ。国境でそれ以上のことはできない。トラックの数が多すぎるからね。難民がいったんトラックのなかに入り込んでしまえば、彼らのチャンスはそれほど少なくはない。

*

タンジールでは難民たちが待っている。彼らにとってタンジールは同時にいくつもの意義をもつ場所だからだ。まず情報市場として、同時にまた夢の場所であり、目的地直前の展望台であり、隠れ家でもある。つまり、タンジールは彼らの居間なのだ。ここではいつでも同郷人の誰かと会える。つい最近のことだった。難民たちはタンジールのペンションに住んでいた。タンジールのメディナの小路は二メートルの幅だ。それは迷路で、三つ目か四つ目にひとつの家の入り口は彼らのペンションのいずれかに通じている。これらのペンションは「アメリカン」、「コロン」、「セビリア」、あるいは「シェンゲン」〔一九九〇年にEU域内の国境規制廃止の協定が調印されたルクセンブルクの町の名〕と呼ばれている。あるいは「アガデス」と。「アガデス」は、ベニンシティ出身のジェーンとピーターの夫婦が、地中海を渡るのに十分な金を貯めようとしていた例のペンションだ〔本書三二頁を参照〕。

しかし、数ヵ月前に軍がタンジールにやって来た。それからは警察の手入れが続いた。あらゆるペンションが明け渡されて、難民たちはいなくなった。

現在彼らは家賃を払って、さる個人宅に潜んでいる。その家の所有者は多額の家賃を取って二〇人の男たちに一二平方メートルの大きな地下の穴倉を使わせている。彼らはそこで終日することもなく、彼らを向こう側に渡してくれるはずのボートを待つ。外出は夜間のみ。家の外へ一歩踏み出すことによって旅の出発点に連れ戻されることになるかもしれないとは、いったい何たる生活であろうか。

私たちはメディアの小路のなかを歩き回る。タンジールのゲーテ・インスティトゥート〔ドイツ政府の文化政策の一環として、外国人向けのドイツ語教育を推進する機関〕の所長ハンスが市場やカフェや建物の中庭などを案内してくれる。何度も道を尋ねてついに、ムハンマド・ベルガッシュ通りで黒人の若者たちのグループを見つける。彼らは所在なげに立って、壁に向けて小石を投げている。ほとんどしゃべらない。二〇歳から二五歳くらいだろうか。突然バルコニーからモロッコ人がこちらに向かって叫ぶ。下着姿の白人で、後頭部にはもじゃもじゃの毛髪がわずかに残っている。「黙れ、失せろ、お前たちの原始林に帰れ」と彼は叫んで、黒人たちに向けてビール瓶を投げる。瓶は割れて、地面から跳ね上がった破片が黒人青年のうちの一人ビクターに当たる。

バルコニーの男は窓を閉めると、一分もしないうちに下に降りてきて、野球のバットを振りまわす。マルクスはこの男の写真を撮る。すると男はマルクスに襲いかかる。私たちはみなで彼を取り押さえて、彼の家の入り口に押し返す。

「浅ましい、呪われた、人種差別のくそ国家」とフェリックス・ジャスティンは言う。「みずからの意思でここへやって来る唯一の理由、それは、ヨーロッパへ行くためにはここを通過しなければならないからだ」。

三六歳のフェリックス・ジャスティンは家の壁にもたれている。彼は友人たちとともにタンジールで捕縛されない方法を編み出した。つまり、彼らは外出時には少なくとも四人で行動を共にする。急いで歩き、旧市街の交差点以外では道路を横断しない。そこでは各自が一方向を注視し、警官あるいは警官と思《おぼ》しき男を発見した場合には、ただちに口笛を吹く。そして全員が走り去る、というものだ。

さて、フェリックス・ジャスティンが話し出す。その間は四人の仲間が周囲を見張っている。

顔一面に髭を生やしたフェリックスはジーンズに黒のセーターを着て、白いスポーツシューズを履いている。一〇年前にラゴスの大学を卒業した後、一〇年間仕事を探していたが、未だに無職。彼は航海術の技師で、海上掘削基地で働く訓練をすでに終えていた。じじつ、シェルとエクソンモービルの採用面接を受けたことがある。そこで仕事を得るには賄賂が必要だったと彼は言う。彼にはそれができなかった。

三六歳で、良い教育を受けていて、一〇年来無職——「どうすれば良かったと言うんだい？」と彼は問いかける。

フェリックスは、旅の最初の部分——アクラ・カサブランカ間——を飛行機で飛び越えるだけの十分な金を持っていた。そのためにサハラの砂漠越えをせずに済んだ。あるいはフェリックスがそうした裏には、彼にはいずれにせよことを成し遂げるだけの十分な自信があったためかもしれない。「ぼくたちはクレバーだ」と彼は言う。「ぼくたちは、軍と戦っていることを承知している。でも、ぼくたちは抜け目なく行動するし、多士済々だ。エンジニア、電子技術者、物理の専門家がいる。ぼくたちはパトロール隊を観察して、間隙《かんげき》がどこにあるかを見つけ出す。一〇〇万のカメラを設置するがいい、そこにフェンスを建設するがいい、天に達するような。一〇〇〇万の兵隊を配置するがいい。それでもぼくたちはセウタに到達する。そうとも、まちがいなく。ちょっとした穴が見つかれば、それでぼくたちには十分だ。その穴をぼくたちは見つけ出す。不安はない、必死だからね。これは技術と絶望的な必死さとの戦いだ。断言するけど、絶望的な必死さのほうが強いのだ」。

私たちはその日をフェリックス・ジャスティンと彼の仲間たちとともに過ごす。タンジールの旧市街にたむろする三〇人のナイジェリア出身者たち、彼らはヨーロッパ行きのボートを待っている。あるいは彼らにセウタの壁を抜ける方法を教えてくれる賢者を待っている。

そのときが来るまで、彼らにはすることがない。金を稼ぐことは、この町にいるこれらの人間にとってほとんど不可能な話だ。それゆえ、金を使わないこと、この一日を耐えること、この一日をやり過ごすことが肝心、警察に捕まらずに。今日という日はとにかく一つの目的がある。一九時四五分にチャンピオンズリーグの試合が始まる。ウアド・アハルダム広場のカフェ・アリーシャには階下にスクリーンが一面、階上にテレビ一台が置かれている。

一五時にはナイジェリア人たちはそこに座っている、固い木製の椅子に。椅子はブラウン管とスクリーンに向けてびっしり並べられている。だが、店主は装置のスイッチをまだ入れていないから、何も見えない。屋根に出るための天窓が閉じていないことはフェリックスとその仲間たちによって確認済みだ。階下に警察が進入してくる場合に備えて、屋根に逃げる避難路を確保しておかねばならない。何人かの男たちは頭を両手で抱えて横になり、眠っている。何人かはじっと地面を見つめている。数人が金を出し合って、一〇ディルハム〔モロッコの通貨。西サハラにおいて広く通用する〕で、つまり一ユーロ弱でジョイントを一つ買って、それを注意深く切り開く。同じく紙巻タバコを五、六本切り開いて、分けたハシシをタバコに詰めて吸う。

私はその場の全員におごる。全員が「アメリカン」と呼ばれるティーバッグ入りミルクを注文する。彼らは六時間このグラスを前に座って、三〇分間かけてちびちびと飲む。

二七歳になるエゼ・オビシもここにいる一人だが、すでに放浪の旅《オデュッセイア》を経験している。彼のような例は多くはないだろう。エゼは一九九九年以来旅の途上にある。当時彼はヨーロッパに行くためにナイジェリアを出たが、三度拘束され、砂漠に連れ去られて、放置された。その後、マリ、ニジェール、リビア、アルジェリア、モロッコの間を転々とし、南北間の移動を繰り返した。そして、三度目にラバトに到着し、靴職人としてなんとか暮らしを立てていたが、あるとき茶を飲んでいるときに数人の密航斡旋業者と知り合いになった。彼が事情に通じていることを物語ると、彼は密航の手引きをする会社に引き入れられて、「旅行ガイド」になったという。それ以来、彼は難民を南からモロッコへ運び、彼らに砂漠を抜ける道を教え、国境を越えるのを助け、彼らをタンジールまで連れてくる、地中海まで。そうして難民たちを送り届けると、ふたたびマリに戻って次のグループを連れてくる。

彼には二人の子どもがいる。ジョンとジョゼフだ。エゼは子どもたちに会うのだろうか？「いつか俺自身が向こうのヨーロッパに行くんだ」とエゼ・オビシは言う。「もうすぐにそうなるさ」。一八時だ。

店の主がテレビのスイッチを入れる。クイズショー。商人が入ってくる。彼は固く茹でた卵がぎっしり入った袋を持っている。一個五ディルハム、これがここにいる男たちの一日で唯一の食事だ。店主は階上に上ってゆく。一九時四〇分、キックオフまであと五分だ。彼はテレビのスイッチを切る。スクリーンも暗くなる。そこで彼は黒人たちに向かって怒鳴り声を上げる。何か飲み食いしなければいけない、さもないとテレビを見せるわけにはゆかない。二人の男が「ファンタ」を注文する。店主にはそれで十分だ。螺旋階段を降りてバーに向かいながら「アフリカ人の糞ったれ」と彼は言う。

そしてここは、タンジールで多少なりとも故郷を提供してくれる場所、ナイジェリア人たちに出会える場所だ。ここでなら手っ取り早く故郷の気分を味わえるからだ。

「それ以外はすべてひどいよ」とフェリックス・ジャスティンは言う。

チェルシー対リバプールがスクリーンに映されている。まるで影がプレーをしているかのように、映像はぼんやりしている。影のマッチはゼロ対ゼロだ。

店主が二階に上ってくる。彼の稼ぎは十分ではない。手にしたビール瓶を階段の手すりにぶつけて打ち砕く。「お前らの面なぞ見たくもない」と彼は大声を張り上げる。

ＡＣミラン対シャルケはテレビでやっている。ゴールが入って、三対二になる。

男たちは矢継ぎ早に質問を投げかけてくる。どうしたらドイツ人女性をみつけることができるかを知りたがる。ドイツはどれほど寒いのか、ドイツはナイジェリア人を好むかどうか、どの町がきれいで、もっとも高収入を得られる職業は何かを知りたがる。彼ら同士の会話は粗野だ。ほんの数語で意思の疎通を図り、自分のルートを、費用を言い合う――途中で経験したことは話さない。控え目であることと無頓着であること――この二つが自分自身の苦難体験と他人の苦難体験とのつきあい方だ。

ここにいたケリー・オサロは、私たちがスペインに戻ったらすぐに彼の兄に電話をしてくれと頼み込んでくる。ケリーが脚を骨折して、緊急に金が必要だと伝えてくれ、と言う。

ケリー、きみの兄さんに嘘をつけというのかい？

「ぼくはここで身動きできない、実際に金が必要なんだ。ぼくが入院していると聞けば、兄は金を送ってくれる」。

試合終了の笛。彼らは家へ、地下室に帰る、四つのグループにわかれて。誰もが小路に目を配る。そして、明日は新しい一日だ。サッカーのない一日。

## ジョン・アムパンの初心者のためのアフリカガイド

16. ヨーロッパ人にはあって、アフリカ人にはない能力がある。それは自己批判の能力だ。あなたたちヨーロッパ人は、欠陥の原因を究明し、弱点を探す。あなたたちの行動が間違っている、あるいは破壊的であることが判明すると、それを修正する。われわれは、何かが生じるとそれを他人のせいにする。よそ者、神々、祖先、敵のせいにする。もちろんあなたたちヨーロッパ人のせいにする。

ジョン・エコ・アムパンは、サンドラ・モリスという名のイギリス人の旅券を所持して、国連のコンボイでモロッコに入った〔モリスについては本書二四〇頁を参照〕。それからバスでアガディールへ、さらにマラケシュに行った。そこのキャンプ場で三日間休んでからさらに列車でカサブランカへ、そしてついにタンジールにやって来た。

彼はもうリスクを冒してもいいだろうと考えた。自分の幸運を試すのだ。失敗するかもしれないが、それでもやはりうまくゆくかもしれない。チャンスは五分五分。それで彼はスペイン行きのチケット、つまりフェリーの乗船券を購入した。

乗船するフェリーが見えると、ヨーロッパはにわかに身近に感じられた。ほんの数メートル。だがその後、もうちょっとどころの距離ではなくなった。国境管理官にとっては、旅券とジョンの顔を一瞥するだけで十分だった。

サンドラ・モリス？

「イミグレーション」と書かれた看板の前でジョンは逮捕された。管理官たちは、ジョンの言うことは信じられない、旅券の写真は差し替えられている、それは一目瞭然だ、と言う。ジョンは四日間タンジールの刑務所に入れられた。それから審判があった。ジョンは旅券偽造および不法出国未遂の廉で禁固二週間をくらった。その後ふたたび外に出たとき、ジョンはかなりさびしい思いを抱えてタンジールの通りを歩いていた。そのときイギリス国教会の聖職者、助任司祭グレゴリーに出会った。グレゴリーはジョンを教会で働かせた。ジョンは家具や窓を掃除し、修理することになった。

ジョンは一日に五〇ディルハムを稼いだ。ホテル「オリド」の相部屋の分担金はわずか一〇ディルハムだった。オリドは、当時五人から六人、ことによると一〇人から一五人が一部屋に寝起きするペンションの一つだった。住人たちは門番が警察に懐柔されていないことを願っていた。オリドは有名なホテル・コンチネンタルから遠くない、つまり港に近かった。

そして夕方になると、ジョンはセネガル人の友人アルベールと地面に座って、旅の計画について議論し、結論を出した。セウタ行きを試してみよう。

彼らはさっそく実行し、ほぼやり遂げた。当時はまだセウタの周囲には壁がなく、低いフェンスがあって、その両側に兵士がいるだけだった。そこに二人は立っていた。目的地は近いように見えた。「このヨーロッパはぱっとしないなあ」とジョンは言った。「長い年月をかけた旅の後にしては、目的地はひどくちっぽけで、語るに値しないものだった」。

簡単だろう、と彼らは考えた。ほんの数歩じゃないか。だが、彼らは思い違いをしていた。チャンスはすぎ去っていた。ひょっとして彼らの待機時間が長すぎたのかもしれない。一瞬躊躇しすぎたのかもしれない。ジョンとアルベールをサーチライトで捕え、追跡し、結局捕縛したのはモロッコの兵士だった。兵士たちは二人をテトゥアンに連行した——ジョンにとっては人生の夢が破れる瞬間だったが、兵士たちにとっては日常業務だった。テトゥアンでは今回のようなケースの法廷が開かれていた。装飾のない白い建物のなかで判決が言い渡された。禁固一週間。

二人は自由の身になると、セウタに戻り、その日の晩のうちに今度もまたフェンスの間近にやって来た。だがそこで、二人はまたもやサーチライトに照らし出された。テトゥアンの白い裁判所の裁判官は——一週間前と同じ裁判官だった——警告した。「今回は二週間だ。さらにもう一度やったら、六ヵ月になるぞ」。

アルベールとジョンは話し合い、その結果、セウタでの国境突破を断念した。二人はタンジールの小路に戻った、オリドへ。そしてそこで、多くのことを約束し、移住については何でも知っていると主張する男たちの一人に出会った。

この男を信用してよいものかどうか？　しかし、それ以外に彼らに何ができただろう？

誰かを信用するほかはない。誰かに心を開き、自身をさらすほかはない。逃走は賭けだ、いつでも。人は、実際に知っているわけではないけれど真実だと思う人生に賭ける。目的地に達して金持になる者もあれば、目的地に達しても貧しいままの者もいる。また目的地に到達できなかったが、結局はそれで良かったと思う者もあれば、目的地に到達することなく死ぬ者もいる。なぜなのか？

難民たちの生活にあっては、それはほとんど説明不可能だ。直線的な展開はなく、すべてが偶然にすぎない。誤りを犯す者もあれば、あまりにも無知すぎる者もいる。そして、多くの者は訳もなく憂き目に合い、わずかな者が少しばかり幸運をつかむ。

「旅をするのは浅ましくも腹立たしいことだ。見ず知らずの人間を信用すること、そして我が家と友人たちのぬくもりから離れることを強いられる。旅人は絶えずバランスを失う。旅人に属するものは何もない。絶対的に必要なもの以外には何もない。つまり、空気、眠り、夢、海、空——これら永遠とかかわりのあるもののほかには旅人に属するものは何もない」と、チェーザレ・パヴェーゼは『生きると言う仕事（日記）』のなかで書いている。彼が語っているのは、まったく普通の旅行者のことで、難民のことではない。

その見ず知らずの男は一人当たり一〇〇ドルを要求した。二人はその男に金を渡した。二人はセウタに行き、徒歩で試みた。またしても兵士たちのサーチライトに捕えられた。だが例の男がジョンとアルベールを円錐形のサーチライトの輪のなかから外へ引っ張り出して、森へ連れて行った。危険は去った。二人はまたタンジールに戻り、一週間待った。すると約束したとおりに、例の男がまたやって来て、二度目のトライが始まった。

二人は山々をよじ登った。耕作地と草原を走った。国境の無人地帯を忍び歩いた。まったく遮るもののない帯状の土地、だがサーチライトが彼らを捕えることはなかった。一九九五年一一月のある日の朝六時三〇分にジョン・エコ・アンパンはヨーロッパに着いた。

ほぼ四年にわたる旅だった。

ほっと息をする間も、喜ぶ間も、緊張を緩める間もなかった。ヨーロッパはよそよそしく、冷たく、路上には誰も見えなかった。ガーナの青年がここで歓迎されていると感じるわけがあろうか、今ここで。ジョンとアルベールは難民キャンプのことを耳にしていた。カラマンカロ――テントを張ったキャンプで、それが彼らの目的地だった。だが、スペイン治安警察《グアルディア・シビル》の車が通りすぎた。警官の一人が両手を振りまわし、もう一人が車を止めた。そうしてジョンとアルベールは警察車両に収容された。

警官たちは彼らを赤十字か難民キャンプに連れてゆくのだろう、とジョンは考えた。というのも、警官たちは親切だったからだ。だが、ジョンが見たのは国境だった。そして二人の警官はジョンとアルベールを車から降ろすと、国境の向こうのアフリカ側に押し出そうとした。二人のアフリカ人は抵抗した。「やめろ」とジョンは叫んだ。「そんなことはさせるものか」。諦めるには、辛苦は大きすぎたし、多くのことがありすぎた。断じて退くものか、と彼は思った。それなら、死んだほうがましだ。

それからジョンとアルベールは、彼らが今どこにいるのかを理解した。彼らはモロッコとセウタの間の、アフリカとヨーロッパの間の帯状地帯に、つまり無人地帯に立っていたのだ。モロッコの兵士は向こう側の奥にいた、銃を手にして。彼らは難民たちを押し返そうとした。スペインの兵士は反対側に立っていた、銃を手にして。彼らもまた難民を自分たちの側に入れたくなかった。失せやがれ。熱くて埃っぽい砂。それが無人地帯だった。どこにも日陰はない。それから別の難民たちがやって来た。最初の晩に五人。次の夜には一〇人になった。

一ヵ月後には難民は二〇〇人になった。大陸間の最初の野営地《キャンプ》ができ上がった。当時はモロッコとスペインが争っていた。難民は両者の間にうずくまっていた。厄介な人間、ただそれだけの存在。

ジョン・アムパンの初心者のためのアフリカガイド

17．アフリカ人はヨーロッパ人をリスペクトしている。つまりあなたたちがわれわれに対するのとはちがう。あなたたちはわれわれを上から見下す。ぼくがスズキに乗っているというだけで、停車を命じる――とにかく怪しい、盗んだものにちがいない、こんな車に黒人が乗っているわけがない。あたかもわれわれアフリカ人がみな貧しく、汚れていて、愚かで、危険であるかのごとく。われわれはあなたたちにはふさわしくない待遇を与えている、つまりあなたたちを優れた人間として、ご主人として遇している。

## 18. アフリカ人は、自分たちが黒人であることを片時も忘れない。この世界でどうしてそれを忘れられようか？

### 民族大移動の短い歴史（二）

難民は故郷を持たず、国を持たず、権利を持たない、とハンナ・アーレントは書いた。一九四五年には四〇〇〇万の難民がヨーロッパ内を移動した。およそ一四〇〇万のドイツ人が東欧から追放された。一九六一年に壁が構築されるまでに、旧東ドイツから旧西ドイツへの移住者または逃亡者の数は毎年二〇万七〇〇〇人に上った。

難民の法律上の地位に関する国連の協定、すなわちジュネーブ条約〔通称「難民条約」〕は一九五一年の夏に採択された。それによれば、難民とは、「人種、宗教、国籍、特定の社会的集団への帰属、あるいは政治的信条ゆえに迫害を受ける恐れがあるという十分に根拠のある恐怖のために国籍国の外にいる者であって、その国籍国の保護を請求することができない者またはそのような恐怖ゆえに国籍国の保護を請求することを欲しない者」〔同条約第一条の「難民」の定義の一部〕である。この条約に署名したすべての国は、難民を、彼らが脅かされている国々および地域へ追放しないことが義務づけられる。いずれにせよフランス人はこれをきちんと履行しており、彼らは他の者たちにユダヤ人の運命を想起させるとともに、彼ら自身の過誤を思い起こす。

これはもちろん高尚な文面だ。だが、国連の場合にはいつもそうだ。これは、つねに国民国家の利害を代表する交渉使節団がぎりぎり合意しえた文書なのだ。当時すでに特権と例外があった。つまり、本来の文書はヨーロッパからの難民だけを意図していたのだが、その後数年を経るうちにできるだけ多くの国々で署名してもらえるように、多くの地理的な条件が認められた。国連の難民救援機関であるＵＮＨＣＲ（国際連合難民高等弁務官事務所）によって難民と認定されるのは今日なお政治的に迫害される者だけだ。すなわち、「人種、宗教、国籍、特定の社会的集団の構成員であること、あるいは政治的信条ゆえに」迫害される者だけだ。

　貧困から逃れる者、あるいは疫病から、旱魃から、自然災害から逃れる者、彼らは難民とは見なされない。公式の難民ではない。今日テロルから、宗教的狂信者から、村々を焼き尽くす準軍事的な部隊から逃げる者、彼らはどうなのか？　それは解釈の問題だ。つまりそれらのいわゆる非国家による迫害は状況次第で、あるときは難民扱いされ、またあるときはそうではなくなる。すべては政治的な同盟、経済的な利害、一般の認知度と関係している。

　それは外交官の世界ではごく普通の言葉をめぐる争いだ。すなわち、大量殺人はどの時点で集団《ジェノ》虐殺《サイド》になるのか？　国際的な共同体はいつ「制裁するぞという脅迫」を検討するのか、いつ「制裁するぞという脅迫」を決定するのか、いつ制裁を決定するのか、そして最終的にいつ制裁することになるのか？　同じように言えば、故郷を逃げ出した人間は実際にいつ難民として扱われるのか？

　こんなわけで、今日外国人は二つの階級にわかれている。「難民」というのは、公式には、自分の国へ戻ることのできない者であり、「移民」とは、理論的には帰国可能な者だ。この定義によれば、コフィ・アナンの委員会が算出した一億九一〇〇万人の移民のうちで難民と認められるのはわずか九二〇万人にすぎない。難民に対しては援助が与えられる。これは国際法によって義務づけられている。だが、移民は自由意志で移動するのであるから、放任しておいてかまわない。難民救援機関ＵＮＨＣＲはここ数年間で多くの力と信頼を失ってしまったが、その責任は現場で働いている人びとにあるのではなく、主に委任された権限にある。「権限がない」――アフリカからの逃亡が問題になると、ＵＮＨＣＲの人びとはこう繰り返す。アフリカを放浪中の一七〇〇万人のうち四六

○万人がUNHCRの援助を受けているにすぎない。それも一年間に一人当たり五〇ドルだ。第三世界はどうしようもないほど人口過剰で、エイズは社会と家族を破壊し、津波、地震、飢餓が人間を他所へと追いやる――第二階級に属する移民であり、彼らは難民とは見なされない。地球上の五〇ヵ国以上で二五〇〇万以上の人間が故郷もなくさまよっている。「I．D．P．」すなわち「国内避難民」と呼ばれる人びとで、これらの人びとを救援するための機関によるレッテルだ。残念ながらこれらの人びとは彼らの国の国境内にとどまっている、したがって「権限がない」とUNHCRの人たちは言う。彼らはそう言わざるをえない。

というのは、国連とその救援機関の戦略目標を設定する国々の第一の関心事は、できるだけ統計上の難民を少なくすること、できるだけ移住者を減らすこと、できるだけ亡命者を少なくすることにあるからだ。経済的隘路の時代、テロルの時代。そして、テロルに対する恐怖の時代。

ドイツの亡命者の庇護権はかつて第二次大戦後の償いとして、補償として、新生ドイツの政治的自由主義《リベラリズム》の象徴と考えられていた。ドイツ基本法の第一六a条の第一項には、「政治的に迫害された者は、庇護権を有する」とある。これは岩のように堅固な命題だ。

ところがすでに一九七三年時点で当時の社会民主党と自由党の連立政府は「募集停止」を決定した。政府にはドイツの労働市場が「飽和状態にある」と見えたからだ＊。

当時は外国人労働者のほかに、毎年約一〇万の難民が現在のEU地域にやって来た。それよりもっと多いときもあった。たとえば七〇年代半ば頃には、インドシナから「ボート・ピープル」と呼

＊　戦後のドイツ経済の好況に伴う労働力不足を補うために、ドイツ政府はヨーロッパ諸国と政府間協定を結んで外国人労働者の導入を図ったが、一九七三年にこの募集を停止した。その後は外国人労働者の家族に一時金を支払う帰還政策を実施したが、その効果は乏しかった。

ばれる人びとが一〇〇万以上も逃れてきた。その後、エチオピア、ローデシア、スリランカ、イラン、イラクからの難民が続いたが、その数は非常に少なくなった。一九七六年には二〇万人がヨーロッパで亡命申請をした。五年後には一五八万五〇〇〇人になった。UNHCRベルリン支部のシュテファン・テレケンは、「黙って、為すにまかせよ（レッセフェール）が適用された。「ヨーロッパにたどり着いた者は、滞在が認められる」というのが原則だった」と語る。「その後、この了解は取り消された」。というのは、八〇年代になると、移民者数が倍増したからだ。そして九〇年代には、バルカン戦争の間に、一般的な風潮が逆転した。大量失業がヨーロッパとドイツの問題になった。ドイツの再統一もコストがかかった。エネルギー備蓄と豊かさには限界がありうることが徐々に明らかになった。難民は犠牲者であると同時にたいてい脅威と認識される。ヨーロッパはこの脅威から身を守らねばならないとする感情が定着した。

　もちろん地球上で危機が少なくなったわけではない。イラク、チェチェン、ルワンダ、シエラレオネ、リベリア、ソマリア、さらにエチオピアその他の飢饉があった。しかし今や、難民を犠牲者というよりはむしろ脅威と見なす傾向がますます強まった。それでも最弱者ほど圧力団体《ロビー》を必要とした、つまり最弱者ほどメガホンが必要だった。なぜなら、ロビーを持たない者たちは何も得られないからだ。UNHCRが一九八九年にアフリカ向けに支出した額はバルカン半島に投入した額の一〇分の一にすぎない。

　バルカン半島にはメディアが集結していた。アフリカにはアフリカ人しかいなかった。

　フランツ・ヨーゼフ・シュトラウス〔一九一五～一九八八年。バイエルン州の保守党の政治家〕は「経済難民」という言葉を用いた。歴代のCDU（キリスト教民主同盟）の内相は移民の流入を堰《せ》きとめようとし、ドイツの連邦議会は一九九三年に大多数をもって庇護権を制限することを議決した。手続きは迅速化され、認定のハードルは高くなった。亡命申請者に金が支給されることはもはやなく、それにもかかわらず働くことは認められなかった。申請が認定された後でさえ、労働許可はすぐには出なかった。ＳＰＤ（社会民主党）のオットー・シリーは相変わらず、「庇護権は限度を越えている」と言っていた。ローランド・コッホのヘッセン州のＣＤＵは、ＳＰＤと緑の党によって計画された二重国籍に反対するプロパガンダで輝かしい成果を収めていた。移民法は骨抜きにされた。今日では法律は存在するものの、移住そのものがなくなっている。

　認定基準はいつも定義によって左右されてきた。迫害されているのは誰か？　危険な状態にあるのは誰か？　逃亡したり出国したりする権利を有するのは誰か？　ドイツは長年ＥＵ加盟国のなかでは唯一、非国家的な迫害の犠牲者を庇護に値しないとして拒絶してきた。

　あたかも困窮を範疇化することが可能であるかのようにみえる。ルワンダのツチ族に真の犠牲者が出たのは、あたかもフツ族が政権の座に就いてからであってそれ以前ではないかのように、また、ツチ族が報復したためにフツ族もまた犠牲者になり被追放者になったことがあたかも真実の一部ではないかのようにみえる。*　ボンやベルリンの、あるいはドイツの地方で多くの官職に就いている誰かが、きわめて微妙な事例をきわめて明確に区別することによって、アフリカで、アジアで、あるいは世界のどこかで起きることをあたかも正当に評価できるとでも言わんばかりではないか。

＊　ルワンダの内戦。少数派のツチが多数派のフツを支配下において王国を樹立していたが、一九七三年の無血クーデターでフツが政権の座に就いた。一九九〇年に内戦が勃発、一九九四年四月にフツであるルワンダ大統領と同じくフツである隣国ブルンジの大統領の乗った飛行機が何者かによって撃墜されたことに端を発して大量虐殺が起きた。政府軍と暴徒化したフツによって、一〇〇日間に八〇万から一〇〇万のツチと穏健派のフツが虐殺されたと言われる。

ベルギー、フランス、ルクセンブルク、オランダ、ドイツは、一九八五年にワイン醸造で知られるルクセンブルクの田舎町シェンゲン近くのモーゼル川の船上で一つの協定に調印した〔シェンゲンはルクセンブルク・ドイツ・フランスの国境が交わる点に位置する〕。この協定によって基本的に二つのことが生じた。ヨーロッパ域内での国境管理がますます少なくなった。その結果、ほどなくEU市民にとっては域内国境はもはや存在しなくなった。その一方で、ヨーロッパの外部との国境はより強化されて現代の要塞と化している。仲間内の自由化を促進し、よそ者から保護すること、これがシェンゲンの精神だ。そして徐々にほとんどすべてのEU諸国が加入するようになった。今日シェンゲン加盟国は三三ヵ国でEUよりも少し多いが、ほぼEU諸国と重なる（例外はアイスランドとノルウェーで、この両国はシェンゲン国だがEUには未加盟）〔さらにスイスとリヒテンシュタインがこれに加わる。またEU加盟国のうちではアイルランドとイギリスがシェンゲン国ではない〕。この協定に含まれるのはわけても、多くの国々、特に多くのアフリカ諸国に課されるビザの提示制度だ。諸データはコンピュータの記憶装置に入れられて、交換される。亡命申請に対して権限を有するのは、申請者が最初に上陸した国であり、他のすべてのシェンゲン国はこの最初の国の決定を受け容れる。シェンゲン協定がEU戦略になったのだ。すなわち、庇護政策と外国人政策は「共通化されねばならない」と新しいEU条約には書かれている〔二〇〇七年のリスボン条約のこと。欧州憲法条約がフランスとオランダの国民投票で否決された結果を受けて、既存のEU基本条約を修正するための条約〕。

シュテファン・テレケンは一九年来UNHCRに在籍し、一九九九年以降はベルリン支部勤務だ。彼の執務室には1・FCケルン〔ドイツ・ブンデスリーガのサッカーチーム〕のマフラーとペナントが掛けられている。彼は白いシャツの上にブルーのセーター、楕円形の眼鏡をかけ、髪を額の中央で左右に分けている。シュテファン・テレケンは、シェンゲン国は迅速かつ精力的に国内法をEU規定に適合させている、と言う。「その結果、いたるところで庇護権の下方修正がなされる」。

これはEU用語では「調和化」と言われる。なんとすてきな言葉であろう。

ドイツに行こうとする二〇世紀の移民にとっては、三つの規定が厳として存する。

「出身国規定」というのは、ガーナやセネガルのようなドイツから見て安全な国から来た亡命申請者は、それぞれ個別の事情を提示して具体的な政治的迫害を説明しなければならないことをいう。これは故郷を遠く離れていてはたいてい不可能だ。つまり、彼らは強制送還される。

「空港規定」というのは、旅券のない、あるいは安全な出身国から来た亡命申請者は、その申請が最終的に決定されるまでドイツの空港のトランジット区域に留まらなければならないことをいう。遅くとも一九日後には手続きは完了する。申請が拒否されると、航空機は旅の出発地点へ向けて飛び立つ。

さらに特に問題になる規定として「第三国規定」がある。これが意味するのは、安全な第三国、つまりたとえばスペインやイタリアなどからドイツに来る外国人はもはや亡命申請ができず、ただちにこの第三国へ強制送還されうることだ。現実的に考えると、ドイツは安全な第三国に取り囲まれている。船やボートでドイツへ行こうとするアフリカ人は、ドイツでの認可のチャンスを得るためには、スペイン、ポルトガル、フランス、ベルギー、オランダなどを通過して、クックスハーフェン〔ハンブルクの外港〕で上陸しなければならない。ただし、その場合には出身国規定が問題になるだろう。これはドイツが閉鎖社会であることを意味する。あなたたちは外にいなさいというわけだ。「じじつそうなのです」とシュテファン・テレケンは言う。「国境の検問は厳重になり、移民に歯止めがかけられる。アフリカ人にとって、ドイツへの合法的な入国可能性はほとんどないも同然です」。

数字がこれを証明している。ドイツでは一九九五年に一二万七九三七件の亡命申請が出された。一九九八年には九万八六四四件。二〇〇三年には五万五五六四件。二〇〇五年にはわずか二万八九一四件にすぎず、これは一九八三年以降では最低水準だ。三〇年前には申請全体の半数が認可されたが、今日では一〇〇人に一人の割合だ。そして、アフリカ人にかぎれば、一〇〇〇人に一人になる。ドイツ内務省は、二〇〇四年に地中海を渡って北アフリカから「不法侵入した者の数」を三万二〇〇〇件と記録している。先進工業国は、「亡命を求める者たちに対してますます厳格な措置を導入することによって、迫害を逃れてやって来る多くの男女および子どもたちは閉じられた扉の前で立ち尽くすのではないかと自問するべきだ」と国連の難民高等弁務官アントニオ・グテーレスは言う。いずれにせよこの数字は、「増大しつつある庇護の問題についての議論が現実に即していない」ことを示している。

そしてもちろん、移住者たちは今後も彼らの試みを続けるだろう。政治家が合法的な移民を困難にすれば、移住者は非合法ルートに流れる。庇護という基本権を得るためのまっとうな道が閉ざされれば、そしてビザ所持の義務によって合法的な入国が妨げられれば、それは犯罪的という烙印を押された悪名高い密航斡旋業者に道を開くことになる。

そうなるのは人間的だ。移住者は夢見る。彼らは平和を欲する。彼らは生きることを欲する。

貧富の差はますます拡大している。五〇年前には最富国の人間は最貧国の人間の五〇倍の所得を得ていたが、今日では一三〇倍になった。むろん豊かな国は魅力的だ。人びとを引き寄せる。豊かな世界における生活ぶりが今日の貧しい世界に知られるようになったのは、グローバリゼーションの結果の一つだ。もちろん貧しい人びとは、ヨーロッパは豊かで近づきがたく、アフリカは貧しく、長くない一生を終えるまで自分の故郷に留まらなければならないことが神の御心であるとは考えない。人間はその生誕の地を生活の場としなければならないと、いったい誰が命じるのか？　読み書きのできない者は一生そのままであるべし、また電気も水道もない人間には、コンピュータ、携帯電話、飛行機の利用などがごく当たり前の現代人に連なる権利はないと、いったい誰が命じるのか？　貧しい人間は豊かな人間に出会ってはならないとでも言うのか？

移住者は私たちの社会を害するだろうか？　彼らが統合されず、また容認されなければ、さらにまた彼らがこのきわめて著しい偽善をもって遇されるのであれば、いずれにせよ誰も移民から利益を得ることはない。彼らが社会システムの外側で生活すれば、彼らには多額の費用がかかるし、彼らが税金を払うこともない。しかし、そうする必要はないのだ。国際的移住問題に関する世界委員会の報告によれば、移住者の五〇％は働いており、彼らは滞在国において約二兆ユーロの経済効果を生み出している。一九九〇年から二〇〇〇年の間のヨーロッパにおける人口増加の八九％は移民によるもので、二〇一〇年以降は一〇〇％になるだろう。移民がなければ、ヨーロッパ大陸の人口はこの五年間に四四〇万人減少していたであろう。移民は「危険を厭《いと》わず、強靭で、創造的である」とリータ・ジュースムート〔一九八八年から一九九八年までドイツ連邦議会議長を勤めた女性政治家〕は言う。彼らは遠方から彼らの故国の重荷を担っている。すなわち、彼らは二〇〇四年には銀行を介して一五〇〇億ドルを故国に送金し（これは世界規模で支出される発展途上国援助のほぼ三倍に相当する）、別のルートによる額は三〇〇〇億ドルと推定される。ソマリランド――破壊された国ソマリアの北部〔一九九一年に一方的に「ソマリランド共和国」として分離・独立が宣言された。国際的には未承認〕――では諸外国からの送金額は国家収入と同額であり、レソトへの送金額は国内総生産高の二七％になる。

　双方が必要とするものを調和させればよいはずだ。すなわち、ヨーロッパの関心は人口統計学上予想される今後の人口減少を調整することと、年金危機の問題を解決することにある。一方アフリカ（およびアジア）の関心事は海外移住だ。この双方の要望を調和させること、その後に適切な移民の割合が打ち出されるべきだろう。ルール、公正、真摯――二重底ではない移民政策が必要とされよう。そして、移住者を締め出すために何十億の金を支出する代わりに、移民の原因を克服しなければなるまい。国連事務総長コフィ・アナンは「コントロールされた移民政策」を要請する。「移住者はヨーロッパを必要とするが、ヨーロッパもまた移住者を必要としている」とアナンは言う。さらに大西洋と地中海での多くの死者について、「この無言の人権の危機はわれわれの世界にとって恥ずべきことだ」と言う。

政治学者たちに言わせれば、アフリカは戦争、危機、汚職、犯罪、相克、病気、資本逃避、破局からなる八Kの大陸だ〔これらの八つの概念はドイツ語ではいずれも頭文字がK〕。スイス人の社会学者ジャン・ジグレールは「夜の筏」という言葉を用いる。アフリカは徐々に私たちの知覚の地平から消えてゆく大陸だと言うのだ。アフリカは「地球社会の社会事例」として知覚されると書くのはライナー・テッラフとコルト・ヤコバイトだ。だがしかし、ヨーロッパは身近にある崩壊しつつある大陸を実際にこのまま崩壊するままにしておいてよいのか？　テロルや戦争、環境破壊や病気が否応なくすべての人間にかかわってくる事実は、グローバリゼーションの本質に存するのではないか？

北へ向かう途上にある多くのアフリカ人をほんとうに締め出すことができるのか？　溺死するのを放置できるのか？　犯罪行為に走らせてよいのか？　無視してよいのか？

テュービンゲン大学の民族学者トーマス・ハウシルトも「コントロールされた移民政策」を擁護して、こう書いている。「移住がコントロールされた明確な条件の下でなされるならば、私たちは移住者を、チャンスが与えられてしかるべき使節団としてパイオニアとして見るように努めようではないか。亡命申請者収容所はなぜいつも目立たぬ影の存在として扱われなければならないのか。（中略）今や不安が高じるあまり、隣人としてのいかなる人間的尺度も失われてしまったかのように見えるし、メリリャのフェンスをあたかも私たちの家の前庭だと勘違いしているように思われる」。かつてＩＭＦ（国際通貨基金）で仕事をしていた経験からアフリカを知っているドイツの大統領ホルスト・ケーラーは、「先進工業国の善人ぶった偽善」という言葉を用いる。「私たちが地上にある人間の倫理的なカテゴリーを真摯に考えるならば、この大陸を忘れることはできないし、その没落を座視するわけにはゆかない」。しかし、アメリカとヨーロッパはこの方向に目を向けずに、エチオピアの首相メレス・ゼナウィとかルワンダ大統領ポール・カガメのような人物を相変わらず「希望の星」に持ち上げ、多額の援助を与えているのが現実だ。ところがゼナウィやカガメはまさに今なお反対派をことごとく弾圧して、殺人と貧困の社会をつくりだしている。むろんその結果、ふたたび新たな難民が生まれる。

カナダの哲学者マイケル・イグナティエフは、「倫理的関心の革命」が必要だと言う。しかし、それでもまだ十分ではなさそうだ。というのは、「二〇世紀以上により良い規範があって、しかもより劣悪な現実があった世紀はないからだ」（デイヴィッド・リーフ）〔ジャーナリストでノンフィクション作家。スーザン・ソンタグの息子〕。移民の原因を現実的に把握すること、その後に行動が必要だ、とリーフは言う。それは良心の疼きを金の力で解消する以上のことであろう、と。

しかしなぜ特にアフリカ人はヨーロッパにおいて受けが悪いのか？　なぜこれほど悪意をもって攻撃的に扱われるのか？　私は歴史家ヴォルフガング・ベンツにインタヴューを申し込んだ。ベンツは一九四一年生まれで、ベルリンの反ユダヤ主義研究センター所長である。エルンスト・ロイター広場にあるビル〔二〇階建てのベルリン工科大学〕の一〇階の研究室を訪れると、ストライプのシャツを着た白髪の男が積み重ねられた書物と書類の山の間に座っている。ベンツは『難民とのつきあい——人道上の問題』と題される本を出版したばかりだった。彼は言う。「寛容でありうるためには、教養と豊かさが必要です。教養が低ければ低いほど、また社会的困窮度が高ければ高いほど、人間は劣悪な説明に対する抵抗力がより低くなる。自分自身の困窮の原因説明を求めて、なんら合理的な説明が得られない人びとにおいては、本来彼らに帰属するものがよそ者に、つまり権利のない者たちに贈与されているという確信がじつにすばやく定着するのです」。

それはわれわれのもの。そう考える白人は彼らに対する防御を固める。黒人に対して。

こうして偏見は敵対的イメージをつくりだす。ジプシーは強姦者に、ユダヤ人はぼったくり屋に、ポーランド人は盗人にされ、アフリカ人は読み書きができないことになる。アフリカ人はいわば猿の一種で、われわれの社会保障給付を欲しているだけだというのだ。ヴォルフガング・ベンツは、ドイツにはアフリカ人移住者を認知する二つの典型があると言う。「アフリカ人は陰険でずる賢い、あるいは単純で少し間が抜けているというものです。彼らはいずれにせよ二級人間であって、彼らにはまずもって労働のような価値を教えてやる必要がある。今日では黒んぼ《ネーガー》という言い方がもはや許されないことは一般に認知されました。しかし、アフリカ人はとにかくヨーロッパ人並みの生活権を持っていない低級な人間だと思われていることは事実ですね」。

ウラジーミル・ナボコフは、亡命者の眼差しは「いつでも過去に向けられている」と書いた。マンドラ・ランガ〔南アフリカの作家〕は、亡命者は烙印を押された被造物で、「不具であり、彼らの思考は人生の破綻という運命的な瞬間ゆえに停止する」と書いている。

難民は同情に値する善人とはかぎらない。ときには、今日の難民は昨日の迫害者だ。これが繰り返される、たとえばフツが後にツチによって駆逐されたように。

しかし、難民はつねに彼らの青春の夢を、そしてさらに多くのものを故郷に置き去りにしなければならない人間だ——家、友人、家族、故郷、言葉、仕事、持物、安全、それまでの生活一切を。

このような難民を差別し、彼らに汚名を着せる者は、彼ら難民を私たちから何かを奪おうとする人間に仕立て上げる。これこそ「汚名を着せること《スティグマティジールング》」の意味だ。イギリスが移住者を恐れ始めたとき、まず『デイリー・メール』〔保守的な日刊紙で、発行部数は『ザ・サン』紙に次いで第二位〕は「ジプシーの侵入」という表現を用い、ほどなくすべてがこれに倣《なら》った。『ザ・エコノミスト』紙までもが「流浪者の集団がやって来る」と書いた。

「よそ者」と表記されれば、その人物が共感を呼び起こすことはなく、拒絶されても不思議はない。なぜなら、「よそ者」は不安を掻き立てるからだ。

「所有物を失う不安、墜落に対する不安、安全喪失の不安だ」とヴォルフガング・ベンツは言う。「それゆえ、多数派は少数派をよそ者と決めつける。前者が後者を拒絶できるように。では、黒人に対する不安を持つのは誰か？　全員です」。

無人地帯の難民キャンプには食料がほとんどなかった。雨が降り、寒くなった。一二月だった。だが、ヨーロッパにも親切な人間がいた。赤十字の人たちが食料と毛布を持ってきてくれた。レポーターがやって来て、砂漠の敗残者たちの状況を書いた。すると二日後には人権組織、弁護士、別のレポーターたちがやって来た。

ジョンはキャンプのスポークスマンの一人だった。演説ができたからだ。スペインとモロッコの兵士たちがやって来たとき、ジョンはまずこう言った。「武器を置いてくれ。さもないとわれわれは話には応じない」。このことがあって、彼はキャンプの他の人びとから愛された。さらに、日曜日にはミサを執り行なったので、彼は「ハレルヤ」と呼ばれた。

二ヵ月半がすぎた。三〇〇人の難民がそこにうずくまり、動けずに凍えていた。難民の扱いをどうするかについて、政治家たちの見解が一致しなかったからだ。そしてあるとき、見張りが誰もいないと思われる夜がやって来た。ジョンには何もかもがあまりにも長く感じられ、希望をもてるような状態ではまったくなかった。逃げるならこの夜だ、と思った。彼は無人地帯を抜け出して、ヨーロッパ側に駆け込んだ。セウタ側に入ったのだ。

## セウタ、五七九〇キロ

セウタはニースのようにシックな町だ。壁は白く、いたるところに大理石が見られ、樹木があればよいと思われるところには樹木がある。すばらしいシーフード・レストランがいくつもある。税金の軽減措置もあり、ホバークラフトは速くて安い（スペイン本国までの渡航料金は二九・九〇ユーロ）。海岸にはエレガントな遊歩道もある。そこには六体の立像があって、それらには象徴的な意味合いが強く込められている。「エル・トラバホ」（労働）の像は、隆々たる筋肉、鉄床《かなとこ》、ハンマー、そして引きちぎられた鎖をもつ男。「ラ・パス」（平和）は豊かな胸と波打つ髪を持つ若い女の像だ。そして、「アフリカ」の像はターバンを巻いた奇妙な姿だ。その顔は何者かによって黒くスプレーされている。

セウタはシニカルな町だ。そこがニースとは異なる。セウタは一八・五平方キロメートルに七万六〇〇〇の人口を持つアフリカのなかのヨーロッパである。セウタは一五八〇年に初めてスペインの支配下に入り、一六六八年にスペイン領となった。この時代錯誤の飛び地をスペイン人にとって魅力あるものにしておくために、マドリッドの中央政府はあらゆることをおこなう。ここではヨーロッパが華やかに際立つ。途方もない努力によって人為的に維持されているこの都市でヨーロッパは人目を引く。ヨーロッパのすべてを見せようとする――モロッコ海岸の土地を手放すには、スペイン人は誇りが高すぎるのだ。そのために、ヨーロッパはもちろんここで自衛しなければならない。ムーア人とのかつての戦争時の城砦の壁がなお残っている。しかし今日、スペイン人が所有しているのは特に催涙ガスと強烈な弾薬、そして非常に高いフェンスだ。夜になると、このフェンスの前に密輸者たちが立って、向こう側からの合図の笛を待っている。合図が送られてくると、彼らは毛布や衣類の入った包みを向こうのアフリカ側に投げる。スペイン側のセウタには、公式の国境線の手前一〇〇メートルから二〇〇メートルにわたって店が軒を並べている。売られているのは、繊維製品、電子機器、食料品など。国境を越えることが認められている北モロッコ人たちは毎日こちらへやって来て、買い物をし、密輸する。女たちは三重から五重の衣服を身につけている。それはこの誰もが承知しており、黙認される。アフリカでの生活を容易にするのであれば。ただし、黒人がこの国境を越えようとすれば、それはもはや気楽な問題ではなく、法律とヨーロッパ大陸の危機を意味する。

両大陸を隔てる、つまり貧富と白黒を隔てるフェンスは、八キロの長さにわたって山々の高低に沿って蛇行している。フェンスは地中海の中から始まり、町の周囲をぐるりと一周して地中海の中で終わる。これが前線だ。緑の丘に続く灰色のフェンス周辺を兵士たちがパトロールしている。七〇年代のベルリンにいくらか似ている。ただし、ここには自動発砲装置はない。ここでは防壁の両側で羊たちが草を食んでいる。下水を集めた小川がフェンスの下を流れているが、その排水管にも格子がはめられている。

二つの世界の間にある防壁は目下のところ三つの部分から成る。モロッコ側に高さ三メートルのフェンスがあるが、このフェンスはさらに上積みされて、やがて六メートルの高さになるはずだ。このフェンスを越えると、幅五メートルの無人地帯がある。ここは兵士たちが見張っており、さらに三六〇度回転するカメラ四〇台で監視されている。これに続いてスペイン側に第二のフェンスがある。このフェンスは非常に目が細かいので、手を掛けることができない。高さは六メートルで、

アフリカ人の侵入を阻止するモダンアート

上部には有刺鉄線を円筒状に巻いたものが置かれて侵入を困難にしている。

そしてまもなくここには新たに考案された障害が設置されることになる。「シルガ・トリディメンシオナール」と呼ばれるもので、鋼鉄製ベルトが縦横に張り巡らされた一種の迷路だ。これがモロッコ側のフェンスの前に設置される。難民たちがフェンスに近づけないようにするためだ。この鋼鉄製ベルトはすばらしくカラフルで、人間を捕獲するすてきな罠になり、アフリカ人を遠ざけるための現代美術になるだろう。

一九九五年以前にはアフリカからの大量逃亡といった現象は見られなかった。いずれにしても、ヨーロッパ人やセウタの官吏の目につくことはなかった。当時、フェンスの高さは一メートルだった。しかし一九九五年に、突如五二〇人のアフリカ人がセウタ市内に現われた。それが始まりだった。一九九六年には七六一人になり、その後一九九七年は四一六人、一九九八年は一九九二人、一九九九年には七八七二人になり、これが頂点だった。それで一九九九年に防御壁が強化された。その後この壁を乗り越えてやって来る数は毎年一〇〇〇人から三〇〇〇人の間で推移した。近年では、一〇〇三人（二〇〇三年）、二七六三人（二〇〇四年）、そして約二〇〇〇人（二〇〇五年）という数字が出されている。

　これらの数字の管理人、つまり難民の統計をとっているのはロベルト・フランコ・ソラで、五階建ての建物の二階で鉢植え植物と彼の名札が置かれたデスクに座っている。建物の前には三つの旗――セウタとスペインとEU――が翻っている。髪を短く刈り上げたロベルト・フランコ・ソラはジーンズに緑のセーター姿で、セウタ市を代表して語る。彼の話によれば、市はこの事態を、迅速とは言えないまでも、着実に掌握している。「モロッコはとても協力的になっています。九月二九日の急襲後に、諸対策を集中的に強化したので、状況は安定しました。もう大丈夫」と数字の管理人は言う。「もう通り抜けることはできません。このことはもちろん向こう側でも広まっているので、この先彼らが国境突破を試みることはもはやありえません」。

　しかし、このような判断が実際に統計にもとづいているのか、または少なくとも経験にもとづいているのか、あるいはひょっとして希望的観測にすぎないのかは不明だ。たとえばバレリアーノ・オヨスはこれとはまったく逆のことを言う。「彼らは昨日やって来たし、きょうもやって来るし、明日もやって来るだろう」。彼は肩まで届く髪に縁なし眼鏡をかけ、シャツの胸元を開けて、親指に指輪をはめ、左右の手首に腕時計を着けている。「彼らの進む道をいかに邪魔立てしようとも、彼らを止めることはできないだろう。どうやって来るのかはわからない。泳いでくるのか、ジャンプしてくるのかわからないけど、彼らはやって来る。そうこうしている間に難民は政治的な駆引きの材料にされているのだが、彼ら自身にはこの駆引きが見通せないこと、これが唯一新しい点だ。ある国の政府は、ＥＵに圧力を掛けるために、難民をヨーロッパに送り込むが、別の国の政府は、ＥＵから金をもらえるから、難民を砂漠に追放する。ヨーロッパは問題の原因に即して対応してはいない。ヨーロッパにとっては、自分自身を守ることだけが大事なのだ。難民はこの駆引きを見抜けない。彼らにどうしてそんなことができようか？　だが、不法侵入できなければ、彼らは死ぬほかない」。

バレリアーノ・オヨスは長い通路の奥にある小さな事務室の茶色のレザー張りの椅子に座っている。彼は「移民のための一時滞在センター」（ＣＥＴＩ）の所長だ。難民収容所の入り口にある横木は赤と白に塗られており、入り口の脇でドイツシェパードが見張っているか、あるいは眠りほうけている。

ＣＥＴＩはセウタ市街から数キロ離れた山の上にある。扉は緑で、壁は白く、床は赤い。ここには子どもの遊び場とバスケットボール用の広場がある。ＣＥＴＩには六三〇人の難民が収容されている。食堂には固定された長いテーブルがあり、そこではジダンやロナウドのＴシャツを着て空腹を抱えた人びとが、ヌードル、フライドポテト、サンドイッチ、りんご一個、ヨーグルト、オレンジジュースが載せられたトレーを前に座っている。寝室は一〇人に一室が割り当てられる。ここではスペイン語とコンピュータの教室が開かれている。カウンセラーが二人、さらに弁護士がいる。ヨーロッパの外国人法の厄介な裁判手続きに対処するためだ。

ここにはピーター・クスティのような人間がいる。彼は一九七八年生まれで、スーダンのジュバ〔スーダン南部のコンゴ国境に近い都市〕の出身だと言う。戦争から逃げ出した当初は六〇人の仲間がいた。全員キリスト教徒だ。徒歩やトラックで、チャド、リビア、アルジェリアを通り抜け、やっとのことでモロッコに着いた。だが、セウタに到着したのは彼一人だけだと言う。彼は泳いだ。モロッコ側の海岸から沖に伸びているフェンスの先端を回って、ふたたびセウタの海岸まで泳いで戻ったと言う。

　そして、共同寝室の五号室のDにはジャフナが座っている。スリランカ出身の痩せた華奢な女性だ。二〇〇五年五月一〇日に幼子二人を連れて逃げ出した。彼女の夫が政治的な理由で逮捕された後に消息不明になり、戻って来なかったからだと言う。ジャフナはドバイへ脱出し、さらにケニアへ、その後チュニジアとアルジェリアを越えてモロッコまで逃げてきた。タクシーが（彼女の言うところでは）、人間密輸業者が（ヴォルフガング・ショイブレ〔CDUの政治家で、二〇〇五年来内務大臣〕ならばそう言うだろう）ジャフナと彼女の二人の子どもを闇にまぎれてセウタまで運んだ。

　この二人のような人間を診ているのは、カウンセラーのクリスティアン・ボオルケスだ。彼は言う。「ここでは特に二種類の問題があります。第一は、拷問、戦争、逃走などの後遺症、つまり心的外傷後ストレス症候群（PTSD）。第二は、ここの収容所への適合の問題です。二年、三年、あるいは四年を経てここに到着するというのは、文化ショックを引き起こします。人びとはここで、彼らの夢が破れたことを、ここでは働くことが許されないことを、おそらくほどなく送還されることを学ばなければならないからです。彼らは神経質になり、眠れなくなる。彼らが求めていたパラダイスは見つからなかったし、これからも見つからないことを認識しなければならないからです」。

　なぜなら、そんなパラダイスは存在しないからだ。

　ジョン・アムパンはセウタ市内を歩き回った。そしてサンタ・マリア・デ・アフリカという教会を見つけた。教区の主任司祭であるビガール・サンチェス神父は彼を受け容れてくれた。ジョンは難民収容所に居住し、神父宅で食事をすることが許された。その代わりにジョンは教会の清掃をし、スペイン語を習った。神父はスペイン本国にいる同僚のアンドレス神父に電話を掛けた。というのは、まずセウタに滞在していて、スペインからの招待状がある者は引き続きスペイン本国へ渡ることができるからだ。合法的に。

一九九六年三月に招待状が来た。

四月一〇日、ジョン・アムパンは、彼をヨーロッパ大陸に運ぶフェリーに乗船した。セウタからフェリーで本土へ行く場合、旅券審査はない。スペイン内部の移動にすぎないからだ。ジョンは幸運を掴んだ。

# 第六章　故郷（二）

私は、ふたたび戻ることのできない土地からやって来た
じじつその土地を二度と見ることはなかった。私が話していた言葉、
それを今ではもう操ることができない。ふたたび見《まみ》えることのない先祖、
彼らは神々を敬っていたが、それらの神々の名を私は知らない。

ニコラス・シェークスピア『タスマニアにて』

**アルヘシラス、スペイン、五八四六キロ**

ジョン・アムパンは一九九六年四月にアルヘシラスに到着し、四ヵ月間アンドレス神父の下に留まった。彼は難民援助組織「アルヘシラス・アコヘ」（ＮＰＯ）でスペイン語を学んだ。アンドレス神父は、バルセロナの西約一二〇キロのところにある町レリダ〔公式名称はカスティーリャ語でリエイダ〕に友人がいた。ジョンはそこへ行き、仕事を見つけた。さしあたり果樹園で時給五ユーロで働き、その後建設会社に移った。家族に手紙を書くことはまれだった。彼は故郷とのつながりを失っていた。いったい何を物語ることができただろうか。

レリダには三〇〇〇人収容可能な「ワンダフル」というディスコがあった。そこでジョンはロリーという若い女性に出会った。レリダにはナイトクラブもあって、そこでジョンはヨーロッパの人種差別を身をもって知らされた。「ファクトリー」のドアマンたちは彼をなかに入れなかった。ド

アの前に立つスキンヘッドたちはこう叫んだ。「おい、このサルを見ろよ」。しばらくして、ロリーが彼を両親に紹介しようとすると、彼女の父親はドアを開けるのを拒んだ。「黒んぼ《ネーガー》」が外に立っているうちはドアを開けようとはしなかった。結局、二人は別れた。

三年半の間ジョンはレリダで働き、故郷のヴァイダーに送金した。自分のために取り除けておいた金は貯金した。二〇〇〇年の二月にレリダで一軒の家を買った。その後、彼はなぜかいつも疲れていて、仕事に行くのが億劫になり、奇妙なめまいを感じるようになった。

二〇〇〇年三月、医師たちからＨＩＶ陽性を告げられた。

二つの世界の橋渡しをすることは難しいのかもしれない。私たちはほぼ二ヵ月半後にヨーロッパに戻った。しかし、イザベルはジョンに、どうだったかとは尋ねない。ジョンもまた話さない。

私たちはヨーロッパに戻った。アルヘシラスのジョンの家に、緑色の郵便受けと格子つきの窓のあるオレンジ色のテラスハウスに戻った。玄関脇の化粧タイルには25という家屋番号が描かれている。今回の痛ましくも目くるめく多彩な旅はほとんど終わりと言ってよい。たった今私たちは食料品を買い込んだところで、ジョンはガーナ料理をつくっている。後でジェーンとピーターのアイムフア夫婦が食事にやってくる。

ジェーンとは、ナイジェリアのベニンシティに三人の子どもを残してきた例の女性だ。私たちはすぐに彼女に子どもたちのことを報告し、写真を渡し、手紙を渡すつもりでいる。少しでも双方を結びつけるものであれば、何でも。

私の頭はひどく混乱している。これほど多くの写真、これほど多くの物語、これほど多くの悲しみ、これほど多くの勇気、中途で挫折した多くの人間、さらに繰り返し試みる多くの人間。

彼らの声。彼らの顔。彼らの匂い。

あれほど多くの国々。朝六時のサハラの光、夕方六時の光。「億万星ホテル」。五冊のノート、合計五〇〇ページは細かな文字で縁までぎっしり埋め尽くされている。スペースが足りなくなることにすぐ気づいたからだ。マルクスは五〇〇〇枚の写真を撮った。一本四〇分のフィルムカートリッジが一六本ある。住所。名刺。トゥアレグの剣、これはアガデスの市場で買ったもの。ベニンシティから持ち帰ったブロンズのフィギュア、これはボブ・イズアから投げ与えられたものだ。ナイジェリアが国家としてどうにもうまく機能しない多くの理由の一つが彼のような人物の存在だ。

私たちはジョンの居間に腰を下ろす。石の床は白、壁は黄色、衣装ダンスの側面には写真がたくさん貼り付けられている。グレン、アリス、エヴァ、ヴァイダー、そしてジョンの母親が女王のようにゆったりとした黄色と白の衣を纏っている。水槽がある。ベビーサークルに鳥籠。

私はイザベルに報告し始める。だが、ほどなく会話は中断される。すぐさま二人はテレビのスイッチを入れる。大音量の子ども番組。イザベルの息子アンドレスのためだ。

それでも、二つの世界に橋を渡すのはまったく簡単なことなのかもしれない。というのは、ピーターとジェーンが訪ねて来たからで、彼らは笑い、互いに手を打ち合わせる。涙を流して泣くかと思えば、跳び上がり、また腰を下ろす。

「どうだった？　子どもたちは元気？」

ジョンは二人にケン、オサス、イゾドゥワからのプレゼントの品々を渡す。絵と手紙、写真、それに一本のビデオフィルム。二人はこれらすべてを晴れ晴れとした、涙と笑いの入り混じった目でじっと見つめる。二人は質問し、私たちは報告する。それから私たちが質問する。二人は私たちに、ピーターは三週間拘留された後、強制送還の手続きがなされる前に釈放されたこと〔本書三〇頁を参照〕、しかしまだ仕事には就けないことを報告する。それはまだ必要な書類が整っていないからだが、それでも彼は自由の身で、ひとまず滞在することは認められた。

「自分の子どもを養うことができなければ、そして、自分自身の国よりもっと良い国があるのなら、そこへ行くのは父親としての義務だ」とピーターは言う。

＊

**ピーター・アイムフア、四五歳、ベニンシティ、ナイジェリア**

ヨーロッパへの旅は一九九二年に始まった。当時ジェーンと私には二人の子どもがあって、ジェーンは三人目を身ごもっていた。私は失業していた。そもそも仕事がなかった。仕事がありさえすれば、どんなことでもしただろう。しかし、まったく何もなかった。というのも、私たちの国はすっかりだめになっていて、破壊されていたからだ。ナイジェリアは、もはや人間が生活できる国ではなかった。ナイジェリアでの生活というのは軽度の戦争状態のようなものだった。何が起こっても不思議はなく、しかも良いことは何も起きない。自分の家族を養えない男はどうするか？ナイジェリアでは多くの男が飲んだくれている。神々に祈る。そして、多くの男たちは国を出る。

私は友人のガイウスとヨーロッパの話をした。彼はイギリスに滞在したことがある。ヨーロッパはどんなところ？「安全で、すばらしい」。仕事はあるかな？「あるよ、体力とやる気さえあれば」。それから私はジェーンと話をした。そのことは彼女からすでに聞いていると思うけど、彼女も一緒に行くと言った。いや、それはだめだ、と私は言った。彼女を愛しているし、けっして忘れることはないから、と私が言うと、彼女も納得した。

私は二五〇ドルでドイツのビザを買った。私が乗り込んだ飛行機はものすごく大きかった。それから一八日間ドイツに滞在した。しかし、ビザは偽物だった。だから、私はフランクフルト空港と強制送還される者たちの収容所しか知らない。一八日後にはすべてが終わった。ふたたびラゴスに戻った。私はジェーンに電話をした。「家に戻ってきて」と彼女は言った。しかし、私はもう一度チャレンジするつもりだった。今度こそはもっとうまく。

ラゴスからアクラへ、それからマリへ、セネガルへ、モーリタニアへ、バスとトラックを乗り継いで。一週間何も食べないこともあったし、旅の費用を稼ぐために、六週間物乞いをしたこともある。時がたてば、屈辱は忘れられる。旅の途中では誇りを忘れる。誇りを失い、自尊心を失う。かつての自分を失う。

モーリタニアからスペインに行くはずの船は「マリア・ユスティーネ」という名前だった。しかし、官憲に見つかって、捕まってしまった。それでも私は窓から逃げ出すことができた。三年間私はモーリタニアを抜け出せなかった。ジェーンは電話で、「帰って来て」と言う。「いや、それはできない」と私。モーリタニアでは自国民でさえ仕事がなかった。外国人には何一つなかった。

どこかで建設作業がおこなわれていれば、建築現場で働いた。それも頻繁にというわけではなかった。そこで私はスープをつくって、このスープは吹き出物を消す効果があると人びとに話した。旅費を稼ぐために、嘘をでっち上げたわけだ。私はラスパルマス行きの船で二度目のトライをした。ある男が私をかくまってくれるというので、彼に金を渡した。しかし、私は見つかって、一年間投獄された。ヌアディブだ。これについてはあまり話すことはない。モーリタニアの監獄では愉快なことは何もないよ、それならいくらでも話せる。一年後、われわれはトラックで砂漠へ連れてゆかれて、そこに放置された。それでもなんとか切り抜けた、西サハラを歩いて。私たちは五人だった。少しずつ先に進んだ。休みを入れながらそれでも前に進んだ。五人のうち四人がやり遂げ、一人は死んだ。あるとき砂漠のなかで男の死体を見つけた。死んだ男はまだ水を持っていた。私はそれを飲んで、生き延びた。そういうことなんだ、この旅は。それ以上何を知りたい？

私はタンジールにやって来て、待った。ボートは夜出航して、アルヘシラスに着いた。誰にも見つからなかった。友人たちがマドリッドへ行く道を教えてくれた。そこで掃除夫をやり、田舎で果物の収穫をした。八年間。そして、いつも家に送金した。

私の弟が電話をよこした。父が死んだと言う。そうなるともうヨーロッパに留まるわけにはゆかない。もうたくさんだ。家族のところへ行きたかった、子どもたちのところへ、ジェーンのところへ。もちろん、後でもう一度始めからやり直さなければならないことは承知のうえだ。しかし、そんなことはもうどうでもよかった。もうヨーロッパに留まることはできなかった。

次のことはジェーンから聞いていると思う〔本書三一一～三一三頁で、以下と同内容のことが記されている〕。私たちは三人の子どもに、私たちが二人だけで出発することを説明した、子どもたちを残してジェーンと私だけで。特にいちばん上のケネスに。そうして、私たちは別のルートで、つまりアガデス、タマンラセット、アルジェと進んだ。私たちはモロッコでさらに三人の子どもを得た。ジェーンは三人の子どもを連れてボートに乗り込み、私は彼らが発つのを見送った。私は、ふたたび金ができるまで待たねばならなかった。私はボートに乗船したが、ボートは流されてルートをはずれてしまい、アルメリアに漂着した。そこで私たちは捕まって、強制送還のための収容施設に入れられた。その後私は釈放された。仕事をすることはまだ許されていないが、やがてうまくゆくだろう。神のご加護で。私はそう信じている。

私の人生で唯一残念なことは、私がナイジェリアで生を受けたことだ。

ヨーロッパが私に対して、また私の家族に対してフェアであったことを感謝している。もし送還されていたならば、私の人生は終わっていただろうから。

私はヨーロッパで愚かなことはしない。私はもう年だし、普通のナイジェリア人はこんなに長生きはしない。私が望むのは、神さまが私たちに長い一生を恵んでくださることだけ。私たちが子どもたちの未来の礎を築いてやれるように。

*

私たちは海岸に沿って車を走らせる。シーサイド・バーでカメルーン出身のフランシスコ・エウォド（二五歳）と落ち合う。フランシスコは砂漠で兄のアーネストを埋葬した。私たちは西に向かって二〇キロ先のタリファまで行く。サーファーの姿が見えるヨーロッパの海岸はクールでセクシー、ラフでスポーティーだ。だがここの海岸は殺風景で、丘陵が続く。それらの山々の上には、風力発電の風車が、戦闘準備を整えた騎士よろしく立ち並んでいる。海からここへ上陸する者は、岩礁や海岸を走らなければならない。それから砂丘を越え、松林を抜けて、公園やキャンプ場を越える。すると、東から西へ向かう道路に出る。国道三四〇号線だ。運がよければ、誰かが車を止めて、どこかまで乗せてくれるかもしれない。運が悪ければ、警察の車がやって来る。

タリファの墓地の一角には、縦四メートル幅一二メートルほどの長方形に区画された場所があって、その中央には石碑が置かれている。"En Memoria de los Inmigrantes caidos en aguas del Estrecho"（ジブラルタル海峡で水難に遭った難民を悼んで）。

アフリカから連絡が入る。

ジョンの娘エヴァはこう書いてくる。「今どこにいるの？　皆あなたたちのことを思っている。

とても寂しい」。

N・アダム・プログレスが電話を寄越す。彼はどもり、息せき切って、必死に話す。より良いアフリカの大統領、つまり「ザ・バレー」の村長が連行されたという。私の方から電話をかけ直してくれないかと言う。私が折り返し電話をすると、彼は詳しく物語る。

「われわれは全員マリの砂漠のなかにいる。警官と兵士たちがやってきた、今朝早く。彼らは小屋をすべて破壊した。われわれは捕えられて、獄に入れられた。携帯電話は取り上げられた。さいわい私は二つ持っていた。彼らはわれわれをトラックに乗せると、砂漠へ向かい、そこでわれわれを降ろした。助けて欲しい、頼む」。

私たちはただちにUNHCRと「国境なき医師団」に電話をした。双方の組織ともに、放置された者たちの救援に向かうと約束してくれる。彼らは実際に難民を発見し、飲料水を供給し、難民たちが故国へ戻る手助けをしてくれる。翌日のドイツの日刊紙には、この件に関する短信が掲載された。

ウィーンのブルク劇場が再開五〇周年を祝ったとき〔二〇〇五年一〇月〕、ドイツ在住のムスリム作家ナビッド・ケルマニはヨーロッパについて感動的な演説をした。ケルマニはこう語った。「フランスとオランダでヨーロッパ憲法実現のチャンスがいかにも軽率に失われたことは、私には理解できないことです。私たちは、数十年前には互いに死闘を繰り広げた国々の間を旅券なしに旅行していま す」*。さらにケルマニは続けた。「一人の難民の溺死は、彼がいかなる理由で故郷を離れたとしても、それは一人の難民の溺死を意味します。故国を逃れてヨーロッパにやって来るのに、その理由を、人種的な迫害あるいは政治的立場に起因する迫害に限定する必要はないのです。みずからの生命を賭するには、さまざまの理由があります。一片のパンを欲する者は寄食者ではないし、犯罪的だなどということはありえません。彼は生命に対する権利を訴えているにすぎない。彼は、人間であるかぎり誰もが持つ直接的な衝動にもとづいて行動する。ところが私たちは、人間が生きることを日々妨げているのです」。そして最後に、次のように述べて彼は演説を終えた。「ヨーロッパはヨーロッパ人にとってはすばらしい土地です。その社会的かつ政治的な諸問題がいかに重かろうとも——ヨーロッパ大陸の歴史においてかつて今日ほど平和で寛容であったことはないのです。これはたいへんなことで、私たちはこのことをあまりにもしばしば忘れています。しかし、それでもまだ十分ではない。ヨーロッパがヨーロッパに属さない人びとに対して人間的であって初めて、ヨーロッパは「ヒューマニズムという超国家的な国」なのです。これは、シュテファン・ツヴァイク〔一八八一年生まれのオーストリアのユダヤ系作家。一九四二年に亡命先のブラジルで自殺〕が福音のように信じていた言葉です」。

それから私たちはアンドレスを訪ねた。一〇年前にジョンにスペインへの招待状を送って、スペインに呼び寄せ、手厚く世話をし、仕事を斡旋した例の神父だ。ジョンの友人になり、父親代わりになった人物である。ジョンは彼の息子の洗礼名を神父の名アンドレスとした。

当時——一九九〇年代半ば——ジョンはどこで感染したのか皆目見当がつかなかった。当時の旅の後としては考えられない診断だった。五年かけて彼は目的地に到着した。そこでＨＩＶ陽性の診断を下されるとは何たることか。

＊「欧州憲法」が二〇〇五年にフランスとオランダの国民投票で否決されたことを指す。さらに「欧州憲法」の改訂版である「リスボン条約」もまた二〇〇八年にアイルランドの国民投票で否決されたが、二度目の国民投票で認められて、二〇〇九年一二月に発効。その骨子としては、二七ヵ国に拡大したＥＵ組織の政策決定プロセスの効率化、大統領職創設、多数決決定される議案の拡大などが挙げられる。

この診断後、二度自殺を試みたことがある、とジョンは言う。一度は鉄道レールの上に座った。しかし、列車が来ると、這い出した。二度目は、高速道路上の橋に立ったが、やはり飛び降りる勇気がなかった。

彼は仕事を止めて、ある種の年金を貰うようになった。多額ではなかったが、ヨーロッパで暮らすにはそれで十分だった。それどころか、少しは故郷へ送金もできた。「ヨーロッパで手にするわずかな額でもアフリカではとても多くの問題を解決することができる」とジョンは言う。彼はアルヘシラスへ戻って、そこでイザベルと知り合った。彼女はジョンの世話をし、彼を病院に見舞った。「今ぼくがこうして生きていられるのは、彼女とアンドレス神父のお陰だ」とジョンは言う。

ジョン・アムパンは四六歳。現在イザベルと同じ家に住んでおり、彼女との間には健康な息子がいる。その間に何が生じたのか、詳しいことは誰にもわからない。ジョンは大量の錠剤を服用している。彼自身ほんとうにもう大丈夫だという確信はまた持てないが、前回のＨＩＶ検査の結果は陰性だった。ひょっとして最初の検査に誤りがあったのかもしれない。あるいは医師が少し混乱していたのかもしれない。なぜなら、ジョンはじじつ別の病気に罹《かか》っていたからだ。肝炎に苦しみ、膵臓も患っていた。ジョンの腹部には縦に長い傷痕がある。幾度も手術を受けたためだ。今でも体調良好とはいえない。

しかし、彼は生きている。ヨーロッパで。彼が生活したいと欲していたヨーロッパで。

彼は言う。「ぼくはまったく後悔していない。ぼくは多くのことを学んだ。それは辛く、悲しいことだった。でも、アフリカにいれば、もうとっくに死んでいたかもしれない。ぼくはパラダイスに到着したわけではないけれど、挫折したわけでもない」。

二度目の旅、つまり私たちとのアフリカの旅は彼を変えた、とジョンは言う。気持が揺れ動いている、と言う。「これからはもっと頻繁に故郷に帰ろうと思っている。故郷ではまだ多くのことに決着をつけなければならないことに気づいたから」。それからジョンは沈黙する。このところ彼は黙り込んでしまうことがよくある。しばらくすると、故郷のことを考えているのだと言う。「ぼくはたくさんのことを見てきた。そしてヨーロッパは本来の場所ではないという感じがする。ぼくは故郷に帰って、そこで自分の宿題を済ませければならない。ふたたび故郷で生活できるように、環境を整えることにトライするよ。なぜなら、そこがぼくの場所だから」。アンダルシア在住のアフリカ人ジョン・エコ・アムパンはそう語る。

ジョン・アムパンがアルヘシラスで最初に寝泊りした部屋では、現在一五人の男たちが木製の二段ベッドで眠っている。彼らにとってはパラダイスでの生活が今始まる。アンドレス神父は彼の教会サン・ペドロ・イ・サン・フランシスコ・ハビエルのなかを案内してくれる。教会のすぐ隣の建物では、強制送還を開始する治安警察《ガルディア・シビル》が待機している。アンドレス神父はもじゃもじゃの巻き毛に顔一面髯を生やし、赤いカーディガンを羽織っている。眼鏡の奥の眼差しは柔和だ。

アンドレス・アベリーノ・ゴンザレス・ペレス（六五歳）のような人間が必要とされている。というのは、海岸に漂着後ただちに強制送還のために拘束されることになる難民を援助し、彼らに次のように言ってやる人間が必要なのだ。「きみたちは弁護士を要求しなければならない。そして一言「亡命」と言うんだ。そうすれば、時間が稼げる。そうなれば、彼らはきみたちをあっさりと連れ去ることはできない」。ずぶ濡れの難民たちに毛布を与え、母親たちに子どものためのおむつを配り、家族に新しい世界での最初の家を世話する彼のような人びとが必要なのだ。アンドレスは三〇年来そうしてきた。当時、転覆した木製ボートが漂流しているのが旅行者たちによって発見された。人びとはみな海岸に走った。それが始まりだった。

最近は九歳、一〇歳、一一歳の少年たちも少なくない。スペインの海岸に着くやいなや、彼らは身を隠す。すると斡旋業者がやって来て、少年たちを連れてゆく。そうして少年たちはマドリッドやバルセロナの犯罪組織の手に落ちる。

「状況は変わりつつある」とアンドレス神父は言う。ここ数ヵ月間アフリカ人は以前ほど多くスペイン本土へは来ていない。最近は特にカナリア諸島が人気を集めているらしい。

しかし、アンドレス神父は、現在の状況がそのまま続くとは思っていない。移民は、雰囲気とか噂に左右されるところがある。だから、移民はいつも波のように生じる。神父は言う。「移民は、カナリア諸島に砦ができたことを確認すれば、彼らはふたたびアンダルシアに上陸するだろう。まちがいなく」。

まちがいなく?

そのとおり。

そして、アンドレスはこう語る。「強くて豊かな者たちが弱くて貧しい者たちを搾取しつづけるかぎり、われわれはこの問題を抱えて生きなければならないだろう——多国籍間の解決を探ることをせずに、難民が排除されるかぎりは。難民はパラダイスを見つけるために故郷を離れる。移民は今後もつねに存在しつづけるだろう。なぜなら、それにストップをかけることはできないからだ。移民は自由であるというのは人間の根本的な権利だ。人間が緊急事態に陥ったとき、移動するというのは、人間の本性にもとづいている」。

沈没したボートが発見されたのは直近では数週間前のことで、二二人が乗り込んだゴムボートだった。

二二の遺体はコスタ・デル・ソルの海岸に打ち上げられていた。

彼らがどこから来たのかはわからない。

# 謝辞

本書はジョン・アムパン抜きには考えられない。明敏で好奇心旺盛なジョン・アムパンの覚悟がなければ、本書は生まれなかったであろう。マルクス・マッツェルがいなければ、彼の知識、ユーモア、冷静さが欠けていれば、本書はずいぶん見劣りのするものになったことであろう。

イェルク・ボング、フローリアン・グレシング、マティアス・ラントヴェーア、ペーター・ジレム、マルティン・シュピーレス、エッカート・タイヘルトに感謝する。

私たちの作業環境をきわめて寛大に整えてくれた『デア・シュピーゲル』に感謝する。輸送・補給面ならびに資金面での支援がなければ、事態を理解しようとする衝迫がなければ、自由になる時間が与えられなければ、このようなプロジェクトは不可能だったであろう。

アイムフア家のジェーン、ピーター、ケネスに、そして私たちにアフリカ世界を提示し説明してくれたすべての人びとに、旅の途上で私たちを同行させてくれたすべての人びとに、私たちに信頼を寄せてくれたすべての人びとに感謝する。

エッセンの「ソウル・オブ・アフリカ」博物館、ポール・アカクポ、アクセル・ハルナイト・ジーヴァース、エソバン・チーフ・オデ、アーネスト・エデビリ、プリンス・チャーチル、オライェ、ヘド・タマト、カリマン・モハメド、セディック・メヒリ、アガリ・マリヤ、トゥアレグ・ヴォヤージュ、スヴェア・クチュケ、アンドレア・ルッツに感謝する。私たちの命を救ってくれたアルジェのドイツ大使館に、二日間のワルシャワ滞在を許してくれたリシャルト・カプシチンスキに、良い助言を授けてくれたロジャー・ヴィレムゼンに、無数の質問に回答してくれたコーラ・チェルマクに感謝する。

さらに、アフリカからの私の手紙を望み、かつそれに答えてくれたウルリーケ・フォン・ビューローならびに私の友人たちに心から感謝する。アフリカの長い夜、彼らとのメール交換は私にしばしの故郷を与えてくれた。

## 編集メモ

ジョン・アムパン、コフィ・アナンのブルキナファソ訪問、WTO、ジョイ・オフォニ、リシャルト・カプシチンスキについては、私はすでに『デア・シュピーゲル』誌にルポルタージュを発表した。これらに該当する部分は本書では多くの点で変更が加えられ、現状に合うように書き改められている。ラゴスで急いで書かれた電子メールには少し手を加えた。

# 訳者あとがき

本書の原題は、『人生の夢――アフリカのオデュッセイア』である。「オデュッセイア」とは、ヨーロッパを目指すアフリカ人の命を賭した旅を指している。ジブラルタル海峡で命を落とす難民の数は毎年二〇〇〇人に上ると推測される。なぜ彼らはそれほど危険な賭けを冒すのか?「人生の夢」とは、ヨーロッパで働いて金を稼ぎたいというアフリカ人の夢である。しかし、現実には「出口のない夢」である。それにもかかわらず、「経済難民」と呼ばれる彼らはヨーロッパを目指す。

本書の特徴は、アフリカの貧困や難民をテーマとする大部分の書物が理論的あるいは政治的な観点から書かれているのに対して、集団ではなく、個人の運命を追っている点にある。「メディアでしばしばみられる無定形な集団としての難民に具体的な人間の顔を与えた」(『南ドイツ新聞』)と評価される所以《ゆえん》である。さらに特筆すべきは、ルポルタージュの陥りがちな陥穽を避けるために再構成という方法が取られていることであろう。これを可能にしたのは、スペイン在住のジョン・アムパンの存在だ。著者に同行してガイド役を務めるジョンは、一四年前に妻子を故郷に残してヨーロッパを目指し、文字どおり生死の境を生き延びて、幸運にもスペインに到達した「経済難民」である。著者の一行はガーナの首都アクラでジョンの家族との一四年ぶりの再会を果たした後、トーゴ、ベナン、ナイジェリア、ニジェール、アルジェリア、モロッコを経てスペイン領セウタにいたる五八〇〇キロの道をたどる。その間にジョン・アムパンの当時の苦難の彷徨が挿入されることによって、「アフリカのオデュッセイア」が再構成される。

従来、多くのアフリカ諸国にみられる後進性は、欧米による植民地化や奴隷貿易などによって略奪・収奪された過去の歴史に起因するという見方がとられてきた。しかし現在では、アフリカ人自身の責任が大きいという見方が定着したように思われる。本書でも、アフリカの稀代の独裁者たちの腐敗ぶりに光が当てられ、今日なお賄賂なしには事態は動かないことも示される。

しかし、「人生の夢」を実現すべく命がけでアフリカ大陸内を移動し、「パラダイス」たるヨーロッパを目指す者たちの道は近年ますます険しくなっている。シェンゲン協定によってヨーロッパ内の移動が自由になる一方で、ヨーロッパ外に対する「要塞化」が進められているからだ。以下では、EUの移民・難民政策の現状について補足し、あわせて日本の課題についても若干ふれたい。

EUの統計機関によれば、二〇〇八年にはEU二七ヵ国でほぼ二四万人の庇護申請があったが、七三%が却下された。出身国籍別では、イラクからの二万九〇〇〇人を筆頭に、ロシア二万一〇〇〇人、ソマリア一万四三〇〇人、セルビア一万三六〇〇人、アフガニスタン一万二六〇〇人と続く(eurostat Data in Fokus 8/2009)。ノルウェーやスイスなどのEU非加盟国を含めたUNHCR(国連難民高等弁務官事務所)の二〇〇八年分の統計では、フランスの四万二五九九人を筆頭に、スウェーデン四万四九〇人、ギリシャ三万三二五二人、イギリス三万五四七人、イタリア三万三二四人、ドイツ二万八〇一八人、ノルウェー二万五〇五人、ベルギー一万七一一五人、スイス一万六六〇六人、オランダ一万三三九九人、オーストリア一万二八四一人と続く。二〇〇五年以降二〇〇八年まで四年間を通してみると、全体の総数に若干の異動はみられるものの、国別にみると、フランスは大幅な減少、スウェーデンは大幅な増加、他の内陸諸国はほぼ横ばいであるのに対して、地中海沿岸諸国(ギリシャ、イタリア、マルタ)の急増ぶりが目立つ。スペインは五〇〇〇人前後で推移しており、ギリシャやイタリアに比べるとはるかに少ない。これは本書で詳しく描写されている難民排除の防御網の存在が大きいと思われる。

現在EU諸国は各国独自に難民審査をおこなっており、その結果、認定されやすい国とされにくい国が存在する。この現状をEUも「宝くじ《ロッテリー》」のようだと認めている（http://ec.europa.eu/news/justice/091021_en.htm）。各国間での受け入れ率の格差をなくすために、EUはEU加盟国内に統一的な庇護手続きを導入しようとしているが、加盟国の足並みはそろっていない。「南欧諸国は各国に割当制を導入し、EU全加盟国に難民を振り分けることを要求するのに対して、アルプス以北の国々の多くがこれに反発しているから」（http://www.dw-world.de/二〇〇九年九月二日付）だ。

庇護申請できる「難民」とは、「宗教的、人種的、あるいは政治的な迫害ゆえに他国に逃れる」か「戦争や内戦のために故郷を追われた」者を指す。したがって、ジョンのような「経済難民」は庇護の対象にはならない。EUは、「合法移民を最適化し、非合法移民や人身売買を撲滅する」という名目で「包括的移民政策」を推進する一環として、AKP(アフリカ・カリブ・パシフィック)諸国との間に「送還協定」を結んでいる。二〇〇九年現在で一六ヵ国を数え、アフリカではアルジェリアとモロッコが含まれている。これと同時並行的に、各国が独自に第三国と締結する送還協定がある（たとえばドイツは二六ヵ国と協定締結済み）。しかも、国際人権NGO「ヒューマン・ライツ・ウォッチ」の報告（二〇〇九年九月二一日）に見られるような事例は後を絶たない。それによれば、イタリアは、難民約八〇人を乗せたリビアからのボートを公海上から、所定の検査をせずにリビアへ強制的に帰還させた。この措置は、難民を、迫害が予想される国や地域に追放したり強制送還したりすることの禁止を定めたノンルフールマン原則に反するものとされる。

このようにEU諸国は経済難民の流入を阻止する一方で、必要な人材の確保については積極的である。「特定の経済分野および地域では、経済的かつ人口統計学的な要請に見合う移民を必要としている」からだ。その根拠となるのは、EUが二〇〇五年に発表した「全人口における労働可能年齢の住民の割合は著しく後退すると思われる。つまり二〇〇四年の六七・二%から二〇五〇年には五六・七%になるであろう。これは五二〇〇万人の減少を意味する」という予測である。現在多くのEU諸国では就業率が低下しているのは事実だが、将来的に労働力人口が減少すれば、EU経済の持続的な発展に重大な脅威をもたらすことになろう。ここから「EUは少子高齢化対策として二〇三〇年までに二〇〇〇万人の移民を必要とする」という議論が生まれる。当面の急務として、「有能な人材」を優先的に受け入れるべく、二〇〇九年五月末に「EU域内共通の労働ビザ」とも言うべき「ブルーカード」を発行する案がEU閣僚理事会で採択された。これは「合法移民に関する政策プラン」の一部で、「高い技能を有する労働者」向けの制度である。他に「季節労働者」、「企業内転勤者」、「報酬を得る研修生」向けの制度が採択される見込みである。

本書で問題になる「経済難民」を「非熟練・単純労働者」として受け入れる案は、本書内でも言及されているように、その必要性を説く声はあるものの、EUレベルでの本格的な議論にはなっていない。もし二〇〇〇万人移民計画が本格的に実施に移されたならば、そこにアフリカからの経済難民は含まれるのか？　「人生の夢」を追い求めてヨーロッパを目指す彼らの「オデュッセイア」はなくなるのか？　これはまだ予断を許さない。

さて、日本にも「一〇〇〇万人移民受け入れ」構想があることはあまり知られていないのではないだろうか。今後五〇年間に一〇〇〇万人の移民を政策的に受け入れ、一億人の人口を維持する「人材育成型の移民国家ニッポン」構想である。この構想の出発点にあるのは、現在一億二七〇〇万余の人口が五〇年後には九〇〇〇万を割り込み、一〇〇年後には四〇〇〇万人台になるという予測である。たとえ「少子化対策」が功を奏したとしても、間に合わないというのである。二〇〇八年六月には、自民党の「日本型移民国家への道プロジェクトチーム」によって「人材開国！　日本型移民国家への道」という報告書が当時の福田首相に提出されている（http://blog.livedoor.jp/jipi/archives/51223756.html）。

その一方で、移民受け入れは絶対に容認すべきでないとする「排外主義者」も存在する。また、フランスやドイツにおける移民政策の失敗を挙げて、移民国家に反対する声もある。さらに、日本における移民の「統合」や移民との「共生」を危惧する声も聞かれる。五〇年後あるいは一〇〇年後の日本はどうなるのか？　どうあるべきなのか？　かつてヨーロッパからは六〇〇〇万人もの移住者が世界に散ってゆき、日本では南米その他への移民政策が取られた（過剰人口の「棄民」ともいわれる）。歴史的に見て、移住はつねに人口問題とリンクしているのである。この観点からすれば、「アフリカのオデュッセイア」も日本と無関係とは言えないであろう。本書の魅力はルポルタージュそのものにあることは言うまでもないが、日本の将来問題を考えるきっかけともなれば望外の幸いである。

最後にこの場を借りて謝辞を述べさせていただきたい。訳者が原著を入手したのは、妻の友人トラウデのお陰である。彼女はアフリカ旅行の土産話とともに原著をプレゼントしてくれた。本書の翻訳出版にあたっては新曜社の渦岡謙一氏のお世話になった。編集段階では髙橋直樹氏の綿密なお仕事ぶりに多々助けられた。アフリカの固有名のカナ表記に関しては、当地在住のアントニー（ナイジェリア出身）の助力を得た。訳者の質問に快く回答してくださった方々に厚く感謝申し上げる。

クレムス（オーストリア）にて　　渡辺一男

# 索　引

## か　行

## さ 行



## た 行

## な　行



## は　行

## ま　行



## や　行



## ら　行

## わ　行

# 参考文献


Abani, Chris: *GraceLand*, C. H. Beck, München 2004

Ackermann, Lea und Engelmann, Reiner (Hg.): *Solidarität mit Frauen in Not*, Horlemann, Bad Honnef 2005

Altmann, Andreas: *Weit weg vom Rest der Welt – In 90 Tagen von Tanger nach Johannesburg*, Rowohlt, Reinbek bei Hamburg 1996

Barnett, Michael: *Eyewitness to a Genocide – The United Nations and Rwanda*, Cornell University Press, Ithaca 2001

Barth, Heinrich: *Im Sattel durch Nord- und Zentral-Afrika – 1849–1855*, Edition Erdmann, Stuttgart 2000

Benz, Wolfgang: *Umgang mit Flüchtlingen – Ein humanitäres Problem*, Deutscher Taschenbuch Verlag, München 2006

Bergman, Carol (Hg.): *Another Day in Paradise – International Humanitarian Workers Tell Their Stories*, Orbis, Maryknoll, N. Y. 2005

Birnbaum, Michael: *Die schwarze Sonne Afrikas*, Piper, München 2001

Bitala, Michael: *Der Löwe im Keller des Palastes – Ostafrikanische Erfahrungen*, Picus, Wien 2003

ders.: *Hundert Jahre Finsternis – Afrikanische Schlaglichter*, Picus, Wien 2005

Chatwin, Bruce: *What am I doing here?*, Vintage, London 1989〔チャトウィン『どうして僕はこんなところに』池央耿・神保睦訳，角川書店，1999 年〕

Christoph, Henning u.a.: *Soul of Africa – Magie eines Kontinents*, Könemann, Köln 2002

Courtemanche, Gil: *Ein Sonntag am Pool in Kigali*, Kiepenheuer & Witsch, Köln 2004

Currle, Edda: *Migration in Europa – Daten und Hintergründe*, Lucius & Lucius, Stuttgart 2005

Därr, Klaus; Därr, Erika; Därr, Astrid: *Durch Afrika – Band 1: Marokko bis Benin*, Reise Know How, Bielefeld 2003

Diamond, Jared: *Kollaps – Warum Gesellschaften überleben oder untergehen*, S. Fischer, Frankfurt am Main 2005〔ダイアモンド『文明崩壊——滅亡と存続の命運を分けるもの（上・下)』楡井浩一訳，草思社，2005 年〕

Dugard, Martin: *Auf nach Afrika – Stanley, Livingstone und die Suche nach den Quellen des Nils*, Piper, München 2005
Elias, Norbert: *Über den Prozess der Zivilisation*, 2 Bände, Suhrkamp, Frankfurt am Main 1978 und 1979〔エリアス『文明化の過程（上）』赤井 慧爾・中村元保訳 /『文明化の過程（下）』波田節夫・溝辺敬一訳，法政大学出版局，2004 年〕
Fanon, Frantz: *Die Verdammten dieser Erde*, Suhrkamp, Frankfurt am Main 1966〔ファノン『地に呪われたるもの』鈴木道彦・浦野衣子訳，みすず書房，1996 年〕
Fuller, Alexandra: *Scribbling the Cat*, Penguin Press, New York 2004
Greene, Graham: *Journey without Maps*, Penguin Books, London 1971〔グリイン『地図のない旅』田中西二郎訳，新潮社，1954 年〕
Grill, Bartholomäus: *Ach, Afrika – Berichte aus dem Inneren eines Kontinents*, Goldmann, München 2005
Ignatieff, Michael: *The Warrior's Honor: Ethnic War and the Modern Conscience*, Metropolitan Books, New York 1998〔イグナティエフ『仁義なき戦場――民族紛争と現代人の倫理』真野明裕訳，毎日新聞社，1999 年〕
Kapuściński, Ryszard: *Der Fußballkrieg – Berichte aus der Dritten Welt*, Eichborn, Frankfurt am Main 1991 (PL 1978, *Wojna futbolowa*)〔カプシチンスキ『サッカー戦争』北代美和子訳，中央公論社，1993 年〕
ders.: *König der Könige – Eine Parabel der Macht*, Eichborn, Frankfurt am Main 1995 (PL 1978, *Cesarz*)〔カプシチンスキ『皇帝ハイレ・セラシエ――エチオピア帝国最後の日々』山田一広訳，筑摩書房，1986 年〕
ders.: *Die Erde ist ein gewalttätiges Paradies – Reportagen, Essays, Interviews aus 40 Jahren*, Eichborn, Frankfurt am Main 2000（ドイツ語で翻訳出版済みの複数の著作からの抜粋）
ders.: *Afrikanisches Fieber – Erfahrungen aus vierzig Jahren*, Piper, München 2001 (PL 1998, *Heban*)〔カプシチンスキ『黒檀』工藤幸雄・阿部優子・武井摩利訳，河出書房新社，2010 年出版予定〕
ders.: *Meine Reisen mit Herodot*, Eichborn, Frankfurt am Main 2005 (PL 2004, *Podróże z Herodotem*)
Klein, Stefan: *Die Tränen des Löwen – Leben in Afrika*, Schweizer Verlagshaus, Zürich 1992
Leuthardt, Bert: *An den Rändern Europas – Berichte von den Grenzen*, Rotpunktverlag, Zürich 1999
Lindquist, Sven: *Durch das Herz der Finsternis*, Campus, Frankfurt am Main 1999

Loescher, Gil: *The UNHCR and World Politics*: A Perilous Path, Oxford University Press, Oxford 2001
Mair, Stefan: *Staatszerfall und Interventionismus – Determinanten grenzüberschreitender politischer Neuordnung in Afrika*, Stiftung Wissenschaft und Politik, Ebenhausen 1999
Mankell, Henning: *Die rote Antilope*, dtv, München 2003
ders.: *Tea-Bag*, dtv, München 2005
Marr, David und Wilkinson, Mary: *Dark Victory*, Allen & Unwin, Sydney 2003
Moorehead, Caroline: *Human Cargo – A Journey Among Refugees*, Henry Holt and Company, New York 2005
Neudeck, Rupert: *Reise ans Ende der legalen Welt*, Lit, Münster 2001
Nkrumah, Kwame: *Africa Must Unite*, Panaf, London 1963〔エンクルマ『アフリカは統一する』野間寛二郎訳，理論社，1964 年〕
Nome, Frida: *Entlang der Schmugglerroute – Unterwegs mit Flüchtlingen, Seelenverkäufern und Schleuserbanden*, Heyne, München 2006
Park, Mungo: *Reisen ins Innerste Afrikas*, Edition Erdmann, Tübingen 1976
Rieff, David: *A Bed for the Night – Humanitarianism in Crisis*, Simon and Schuster, New York 2002
Ruf, Werner: *Die algerische Trägödie*, Agenda Verlag, Münster 1997
Said, Edward: *Reflexions on Exile*, Granta Books, London 2001〔サイード『故国喪失についての省察（1）』大橋洋一・近藤弘幸・和田唯・三原芳秋訳，みすず書房，2006 年 /『故国喪失についての省察（2）』大橋洋一・近藤弘幸・和田唯・大貫隆史・貞廣真紀訳，みすず書房，2009 年〕
Saro-Wiwa, Ken: *Flammen der Hölle – Nigeria und Shell*, Rowohlt, Reinbek 1996〔サロ＝ウィワ『ナイジェリアの獄中から』福島富士男訳，スリーエーネットワーク，1996 年〕
Schwelien, Michael: *Das Boot ist voll – Europa zwischen Nächstenliebe und Selbstschutz*, Mare-Buchverlag, Hamburg 2004
Signer, David: *Die Ökonomie der Hexerei oder Warum es in Afrika keine Wolkenkratzer gibt*, Peter Hammer Verlag, Wuppertal 2004
Sontag, Susan: *Regarding the pain of others*, Farrar, Straus and Giroux, New York 2003〔ソンタグ『他者の苦痛へのまなざし』北条文緒訳，みすず書房，2003 年〕
Soyinka, Wole: *Aké – Jahre der Kindheit*, Ammann, Zürich 1986
ders.: *Der Mann ist tot – Aufzeichnungen aus dem Gefängnis*, Ammann, Zürich 1987

ders.: *The open sore of the continent*, Oxford University Press, Oxford 1996
ders.: *Ibadan*, Ammann, Zürich 1998
ders.: *Die Last des Erinnerns – Was Europa Afrika schuldet und was Afrika sich selbst schuldet*, Patmos, Regensburg 2001
ders.: *Die Ausleger*, Ammann, Zürich 2002
Spencer, Sara (Hg.): *The Politics of Migration*, Blackwell Publishing, Oxford 2003
Tabori, Paul: *The Anatomy of Exile*, Harrap, London 1972
Tetzlaff, Rainer und Jakobeit, Cord: *Das nachkoloniale Afrika. Politik – Wirtschaft – Gesellschaft*, Verlag für Sozialwissenschften, Wiesbaden 2005
Theroux, Paul: *Dschungelliebe*, Fischer Taschenbuch Verlag, Frankfurt am Main 1990
ders.: *Dark Star Safari – Overland from Cairo to Cape Town*, Penguin Books, London 2003
Timm, Uwe: *Morenga*, dtv, München 1985
Willemsen, Roger: *Afghanische Reise*, S. Fischer, Frankfurt am Main 2006

以下の新聞および雑誌はアフリカおよび難民や移民について継続的に報じており，リサーチの助けになった。

*Afrika-Jahrbuch, Der Spiegel, Die Zeit, El País, Foreign Affairs, Frankfurter Allgemeine Zeitung, Internationale Politik, La Stampa, Los Angeles Times Magazine, National Geographic, Newsweek, Süddeutsche Zeitung, The Economist, The Guardian, The New Yorker, The New York Times, The Times.*

以下の機関や団体のウェブサイトは貴重な情報源である。
amnesty international, Ärzte ohne Grenzen (Médecins Sans Frontières), Eden Foundation, Global Commission on International Migration, Human Rights Watch, International Organization for Migration, Pro Asyl, Oxfam, Refugee Council of Australia, Refugees International, Refugee Studies Centre, Solwodi, UNHCR, World Refugee Survey.

**著者紹介**

クラウス・ブリンクボイマー（Klaus Brinkbäumer）

1967年生まれのジャーナリストで，1993年以降はドイツの週刊報道誌『デア・シュピーゲル』に寄稿。本書のもとになった『アフリカのオデュッセイア』は，2006年に同誌に掲載され，優れたルポルタージュ作品に授与されるエゴン・エルヴィン・キッシュ賞を受賞。本書のほかに『クリストファー・コロンブス，最後の旅』（2004年）など数点の共著がある。ハンブルク在住。

**訳者紹介**

渡辺一男（わたなべ　かずお）

1946年，神奈川県小田原市生まれ。東京都立大学大学院博士課程中退（ドイツ文学専攻）。オーストリア在住。
著訳書：『オーストリア日記』（現代書館，2004年），ジャン・ジグレール『私物化される世界――誰がわれわれを支配しているのか』（阪急コミュニケーションズ，2004年），ローベルト・クルツ『資本主義黒書――市場経済との決別』（新曜社，2007年），ゲッツ・W. ヴェルナー『すべての人にベーシック・インカムを――基本的人権としての所得保障について』（現代書館，2009年）ほか。

新曜社

出口のない夢
アフリカ難民のオデュッセイア

初版第1刷発行　2010年4月16日©

著　者　クラウス・ブリンクボイマー
訳　者　渡辺一男
発行者　塩浦　暲
発行所　株式会社　新曜社
101-0051　東京都千代田区神田神保町2-10
電話（03）3264-4973(代)・FAX(03)3239-2958
E-mail：info@shin-yo-sha.co.jp
URL：http://www.shin-yo-sha.co.jp/

印　刷　長野印刷商工(株)　Printed in Japan
製　本　渋谷文泉閣
ISBN978-4-7885-1194-1　C1036